西洋キリスト『教』とパウロ的『信仰』

名木田　薫　著

大学教育出版

西洋キリスト『教』とパウロ的『信仰』

目　次

序論

本書はアウグスティヌス、ルターあるいはパウロなどについての歴史的研究を意図したものではない。そうではなく日本に土着化した禅等の仏教にも、西洋に土着化し日本にいわば輸入されたキリスト教にも留まりえない境地に置かれた状況の中で、前二者に代表される西洋的キリスト教を反省しつつ、東洋的、禅的考え方を背景としたキリスト信仰を探究しようとの試みの一端である。

（一）パウロ

ユダヤ的人間像では、アダムの堕罪以前の状態のように、堕罪の有無にかかわらず人は元来神と一体的な世界に生きているのである。ただ堕罪が生じることによって人の生の様相が変わったのである。だが基本的に一体的な世界に生きていることに変わりはないのである。これはユダヤ教では神への信頼が直接的であると考えられていることと一のことである。

パウロではダマスコ途上でのキリスト顕現という形で彼の人生の中へ楔《くさび》が打ち込まれたのである。これは神が打ち込まれたものなので、誰もそれを除去することはできないのである。その楔《くさび》によって彼は一切を失ったのだが、それが同時にそのことを介して全宇宙を得ることでもあったのである。神は奪うと同時に与えるのである。前者なしには後者もないのである。一切を奪って一切を与えるのである。人間的一切から神的一切への転換である。少しでも人間的なるものが残っていると神的なるものは与えられはしないのである。人間的なるものの１％は神的なるものの100％を排除するのである。それほどの力（負の力）があるのである。罪の力はかくも強力なのである。「わたしは弱いときにこそ強いからです。」（第二コリント12,10）とパウロはいうが、まさにそうなのである。人間的なるものすべてを奪われることにおいて地に属すすべてが失われるのである。知的にも倫理的にも自律的存在としての人に属すものすべてが一旦失われるのである。

さて、人の理、知性で考えうるあらゆる可能性に限って考える場合には、人の理、知性では思いもよらぬ可能性、神の思いは人の思いを超えてはるかに高いという可能性を最初から、神についても人についても排除しているのである。こうして人間の考えうる範囲内へ“神”をもいわば閉じ込めるのである。そしてその中からこれまた人の理、知性で考えるという仕方では神の概念に相応しいと考えられる可能性、場合を割り当てることとするのである。だが神の思いは人の思いを超えて高いという事態を思うとき、丁度パウロがアテネのアレオパゴスで説教した時“知られざる神に”という祭壇もあった（使徒言行録17,23）ように、神については人には知られざる可能性というものを常に考えておかなくてはならない。とすれば人の理、知性で考えた範囲という有限な範囲の中から、これが神に相応しいとして決定することはどう考えてみても人の思い上がり、傲慢としか思えないのである。人から神を規定するのではなく、逆に神が人を規定しなければならない。常に人には分からない、知らされていない、啓示されていない可能性というものを神については念頭においておかなくてはならない。イエスがキリストであるという啓示そのものがそういう考え方を要請しているといえるのである。神の存在に関してそのあらゆる可能性が人に知らされているのであれば、啓示という考え方とは矛盾することになるであろう。しかも人に知らされていない可能性、部分をこそ重視しなければならないであろう。なぜなら人に既に知らされている部分を重視することは人を神より優先する結果になる危険があるからである。やはり神をより優先せねばならないであろう。人に今知らされていない部分を重視してこそ神を大切にすることであり、信じる（believe in）ことであろう。だからこそ信仰への飛躍ということも生じるし、飛躍の大切さということも理解されるのである。かくて人の論理を発動すればするほど信仰を安易にすることになろう。そうすることはしかし信仰をその分無力化することでもある。

最初の絶対的信仰における、一切を賭けて信じるという事態が何故生じるかについてだが、愛と義である神を信じることのみが人を人として究極的に生かしめる道であり、それ以外に人を生かし、立たせる道はないからである。一切を賭けてもそうするほかないというぎりぎりのところで一切を賭けるという飛躍は生じるといえる。弛緩（ゆるみ）はない。余裕は不可避的に弛緩を生むが、それがあると飛躍の方向へと人は赴かない。その必要はないからである。人には罪というものがあり、それが人を安易な方向へ誘導するからである。そうさせない要因としては、例えばイエスのいうように「心の清い人々は、幸いである」（マタイ5,8）ということが存している。こういう心の中の要因が人を余裕や弛緩のある方向へとは向かわせず、飛躍を経て神を見る（イエス・キリストの啓示）ところへと突き動かすのである。かくて罪の誘導力と心の清さの衝動力との葛藤がここにはあるといえる。そして後者がより強力であってはじめて飛躍の方向へと人を向かわせるのである。ただ旧約やパウロなどの場合、神を信じることが第一の問題であり、ここで述べたような人の内面での事情は二次的事項であるともいえよう。かくてたとえそういうことについての詳述が見られなくても何の不思議もないのである。

このように考えてみると、人の内に宿っている心の清さが神によって人の内へ蒔かれた種といえるかと思う。「石だらけで土の少ない所に落ち……日が昇ると焼けて、根がないために枯れてしまった。」（マタイ13,5以下）といわれている。こういう点を見ると、そういう種を心に蒔かれているか否かについては人の思惑を超えたことといえる。そしてこの種がそれ自体の重大さゆえに宇宙をも含めての可視的世界の広大さと人間存在の矮小さとの格差から生じる心の中の種々の煩悶をも消去しているのである。これは神よりの生来的な種蒔きであるが、これが唯一ではない。各人各様の仕方で神は種蒔きをされることであろう。そしてそれによって神は人を自己へと招かれているのである。人生の途上においてそういう事態はいくらでも生じるのではないかと思う。かくて心に蒔かれた種は人にとっては世に現れたイエス・キリストにも匹敵するものであろう。いわば見えないキリストと見えるキリストとである。神はこういう仕方で人の心の内に宿って外に現れた啓示へと人を向かわせるのである。ただいかにこの種が成長したとしても、我々のこの体がキリストの復活の体と同じになることはない。そこで先の広大と矮小とから生じる不可思議さという感覚が全く消去されることはないであろう。もしこれを現時点で完全に消去しようとすれば、それは神秘主義となるほかないであろう。しかもこの消去不可はそういう消極的性格を持つだけではないであろう。この事実は“天”ではなく、むしろ“地”の方へ人の目と心とを向かわせるという意義を持っている。地においてその務めを各人が果たすということの意義を各人に理解させ、深めさせるという意義である。つまり終末到来まではどこまでも人は地において生きており、そのことを忘れさせないようにとの神の意志ともいえる。もし神秘主義的に現時点で神的存在と合一してしまうと、地の方へ目を向けさせることは難しくなってくることであろう。なぜなら“地”というものの意義を積極的に感じることはできなくなってくるであろうからである。「苦難は忍耐を、忍耐は練達を、練達は希望を生むということを。」（ローマ5,3以下）というパウロの言葉にもあるように、世にあって神への信仰を持って生きるようにということが神の意志であるのである。「世で生きよ」ということである。そもそも広大と矮小との間での一種の違和感は人の罪の状況との関連で生じていることであり、もし仮に堕罪なくばそういう感覚自体も生じなかったであろう。霊的世界では元来大小は問題外の事柄なのであり、現時点においては霊が生きる、霊を生きる、霊として生きるとはこのように「世で生きる」ことと一のことなのである。世を霊が生きることを意味するのである。神秘主義的になったり、彼岸の世界に赴くことは世を生きることとは矛盾するのである。義・不義を損得より尊重することとこういう仕方で世を生きることとは一のことなのである。「あなたがたは世の光である。」（マタイ5,14）といわれるが、こういう生き方を生きることがそういうことであろうと思う。

パウロはダマスコ途上での体験の後、そこから血肉に相談もせずアラビアに退いて再びダマスコに戻り、その後三年経ってからエルサレムに上ったのである（ガラテヤ1,16以下）。このことも神の側からの働きかけが中心であることを示している。人の側からの求めに応じてのことではなかったことを端的に示している。一方、神的存在への探求をしつつ啓示の神やキリストが途中から入ってきている場合は、人間的な思考の枠の中へキリストが入ってきていることを意味する。ここのところが神中心か人中心かの違いを意味する。人中心という枠組みの中で神中心的な思索が展開されているといえる。パウロへのキリスト顕現後、「人々は彼の手を引いてダマスコに連れて行った。サウロは三日間、目が見えず、食べも飲みもしなかった。」（使徒言行録9,8以下）のである。自分の方からは何かをするという意欲は見られず、これぞまさにキリスト信仰的「心身脱落　脱落心身」である。ここではすべてを脱落させるということ自体も脱落させられている。たとえそれがよいことであれ、何かしたいということがある限り、心身脱落のうち少なくとも“心”は脱落してはいない。パウロでの律法精進と禅の修行での精神集中とは似ている。自己が徹底的にそこにおいて主張されている点において。パウロのいう「“霊”は一切のことを、神の深みさえも究めます。」（第一コリント2,10）ということはこういう経過なしにはありえない。心が世から離れれば離れるほど、こういう類の体験が質量共に深まっていくであろう。信仰のこのような背景があってこそ次の告白も生まれる。すなわちパウロが「わたしたちはいつまでも主と共にいることになります。」（第一テサロニケ4,17）というときには、それを他人事のようにはいってはいない。一方、異言を語るなどの神秘主義的行いについては他人事のように語っている。この点を考えても現在においての神秘主義的体験ではなくて、主と終末に相見えることが現在における信仰やそれに基づく行為と関係していることが分かる。こういう点にもパウロにおける自我崩壊による、論理的意味で整合的に考える考え方の克服、廃棄が形を変えて現れているといえるであろう。

（二）アウグスティヌス

西洋の神学から見ると、アウグスティヌスに流入したキリスト教はパウロのそれと根本的には同じであると考えるのが通例であろう。しかし次のようにも考えられる。すなわちパウロはキリストによっていわば乗っ取られているのである。キリストの囚人である。彼の自己探求はダマスコ途上でのキリスト顕現で断ち切られているのである。このことは異邦人伝道という使命の自覚とも一のことである。一方、アウグスティヌスでは自己探求から出発している。彼では肉欲へ崩れていけばいくほど、そこから逃れたいという——決して悪い意味ではないが——自我もその分強くなったであろう。神と魂とを知りたいと問うているが、これもやはり自我的なるものであることは先々で神秘主義的になることによっても分かる。パウロでは少なくとも回心後はこういう類のものはもはや何も存してはいないのである。ここに自我は崩壊しているといいうるであろう。しかもそういう問は徹底して問われなければ止まりえない性格のものである。そういう問い方はパウロでは律法精進の段階で回心前に既に行なわれていた過程といえるであろう。もとより人の生きていた時代的状況とその思想とは関連しているであろう。しかしそれは単にそれだけのことではなくて、やはり当人の人格、人間性がその思想へと結実している面も見逃すことはできないのである。人の人格とその思想とはまさに一対一で対応し、一のものであろう。

一般的にいいうることだが、イエス・キリストの啓示への直接的な信仰そのものから教義を構成するという目的で、人の論理を発動して啓示をそういう枠の中で理解できるようにしようとする方向へいくこと自体が問題なのではないかと思う。信仰を前提としての人間的世界を構築することになるからである。そして一旦そういうものができ上がると、その後はそれが原初的なものの代理をすることとなる。人の論理はそれ自体霊ではなく肉に属している。霊の世界ではもはや論理は不要であろう。アダムから罪が伝播すると考えること、これも論理的一貫性の追求、閉鎖性として神秘主義的要因と同一軌道上にあると思われる。このように考えてみると、そういう場合は生ける神ではなくて人の論理という鏡に映った神の影を礼拝しているようなもので、丁度プラトンでの洞窟のたとえで蝋燭の灯りで壁に映った影を見ているごとくであろう。

回心にあたり神の呼びかけを外からの声として聞き、貞潔という徳を神から与えられ、全面的に神によって回心させられたと解されている[1)]。とりもちのようにべたべたとくっついて離れない肉欲で長年苦しめられた状況からの解放なので、それを自分の力によってではなく神の力によると、さらには自己が神により無から創造されていると感じても少しも不思議ではない。換言すれば、この点はパウロも同じであろうが、人には自由意志があるが残念ながらこれは人を救う力は持ってはいないのである。ここから神と魂とを知りたいという願いが自ずから生まれるのであろう。ここが彼の出発点なので、ここがいわば中心点となりその点を枢軸としてその後彼の全存在が展開していくこととなるのであろう。ただ貞潔という徳を与えられる時、それを受け取る主体（自我）というものは存しているといえよう。パウロではそういう主体すら存してはいない。主体そのものが崩壊しているのである。アウグスティヌスでは自我は回心前は肉欲の方に崩れている。それと共に心も崩れつつ、そこから解放されることを熱望している。かくて心は分裂状態にある。そこで心は悪の中にあり堕罪している。回心後では自我が確立し、それにより心の分裂状態も基本的には解消し、哲学的に思索することも救われている。こういう仕方で霊と心とは自我の確立という形で一体となっている。パウロでは自我は回心前誤った律法精進と共に確立している。肉欲へ崩れたりはしていない。もしユダヤ教徒でなければ、哲学的に考えることも確立していたことであろう。実際にはユダヤ教徒なのでそういう仕方で思索することはしていない。心は自我の支配下にあり、誤った律法精進の方向へ引きずられている。回心後はそういう律法精進が崩壊し、同時に自我崩壊する。そして霊が代わりに入ってくる。そして律法自体への畏敬が救われることとなる。心は自我の支配下から解放され霊と一体化する。可能性としては哲学的に思索することも崩壊する。なぜならそういう活動はむしろ自我に属しているからである。しかし元来ユダヤ教徒なので回心の前後を通じて、そういう活動はしてはいないのである。かくて哲学的、論理整合的に思索することは、アウグスティヌスでは自我の崩れから確立へという事態と相俟って、その位置づけが悪い状態から良い状態へと変わる。それ自体において反省すれば、彼の考えは全般にそのとおりなのだが、より広い視野の中で考えると疑問なしとはいかないのである。パウロでは自我の確立から崩壊へという事態と相俟って、その位置づけが基本的には可能的に良いものから可能的に悪いものへと変わる。丁度逆であろう。

墜落を恐れ、同意も差し控えるよう心を保っていたが、かえってそのため宙ずりで殺されていたという[2)]。ここの言葉は回心前の自我が確立していない状況をよく表していると思う。こういう点を考えパウロと比較してそれを図示すれば下図のようになるであろう。

パウロ　　　　　　　　　　　　　　　　　　回心前――――回心後
アウグスティヌス　回心前――――回心後
　　　　　　　　（自我の崩れ）（自我の確立）（主体の交替）

自我の崩れ、自我の確立、そしてパウロでのキリストとの主体の交替という観点から見るとこのようになると思われるのである。

(三) ルター

神の義は人の心の清さとは次元が異なって高い。そこで神の義に対する時、心の清さは自我を強化することを余儀なくされる。もっとも当人にとって心の清さ以上に、例えば世俗の利害が大切であれば、かえって少なくともよい意味での自我は強化されないかもしれない。さて、本来的にはこうして強化された自我がイエス・キリストへの信仰において崩壊すると同時に、神の義が心の清さに対して恐れを持って迫ってくるという性格を失うのである。ここではじめてよい意味での人の自我も崩壊して神の奥義をも極めるということが許されることになるのである。しかしルターでは落雷に遭遇した時の誓約に基づいて修道院に入ったという逸話が示すように、神への恐れが極めて強い。これは父親への恐れと二重写しになっているのであろう。自己の罪的在り方への反省が生じ、それに伴って神の裁きへの恐れが強くなると、なればなるほど自己の罪とキリストの義との交換への探求はより強く感じられたことであろう。かくて特に回心前では神への恐れの前で自我は形成されると同時に恐れによって萎縮させられているという形で崩れているといえよう。そこで自我が確立するように、そういう仕方でイエス・キリストを受容するようになるのである。

ここで問題になるのはイエス・キリストの受容の仕方である。よい意味での自我を前提としたままで受容すると神秘主義となる。例えばルターでのキリストの義と自己の罪との交換のように。彼では回心後も時として神への恐れの感情の中へ落ち込むといわれる。このことは逆に回心において自我が確立して存していることを現している。存しているので、そういう心境にもなるのである。一方、パウロはそういうことはどこにもいってはいない。自我崩壊しているからであろう。恐れに陥るその元になるものが欠けているのである。回心後にあたかも回心前にもあったような心境に陥ることはそれ自体自我の存在を現している。そういうことを繰り返すという事態が自我の存在を示唆しているのである。キリストの義と自己の罪との交換ということだが、義を罪と交換して持とうとすることは信じるよりも持つことを優先する結果になるのではないかと思う。つまりこれは一種の行為という性格を持っているということなのである。イエス・キリストの出来事を人の罪の赦しの意味のある出来事として信じるという場合、そこには僅かの行為的要素も存してはいないのである。極論すれば信仰による義ではなく、律法による義を求めていることを意味するのではないかという疑問が生じるのである。自我が存しているとどうしてもそういう事態に立ち至ることが不可避なのであろう。持つという行いによる義となるであろう。たとえキリストの義を信じるからこそ持とうとするとしても、持つことで義とされようとするのは信仰義認の正しい理解とは思われないのである。むしろ反対に信仰義認論とは何かを持とうとする自己を全的に放擲することによって義とされることであろう。キリストの義、あるいはキリストは信仰の対象にはなっても、そうなるのみで所有の対象にはならない。反対に我々がキリストの所有の対象になるのである。我々の所有の対象になるものがあるとすれば、それはキリストの義とは別の神から給わる我々への義である。そもそも人を義とするのは神であってキリストではない。ただキリストの義となると具体的になるので所有の対象にされうるのであろう。一方、神から受ける義は、キリストの義ほど具体的ではないので、我々の所有の対象にはなりにくいであろう。だからこそ何らかの形で義を所有したいと思う場合には、神からの義ではなくてキリストの義というものを考えるのであろう。キリストという存在が地上に生きた一人の人として具体的なのに応じてキリストの義も具体的であるから。

（四）神への信頼という観点からの三者の対比

モーセなら燃える柴の葉の中から主の声を聞き、そういうものとして信じた。ここから始まる。パウロならダマスコ途上での出会い、ここでの顕現を「主」として信じた。ここから始まる。このようにいつも自己の外での、外からの呼びかけに対して人は飛躍して決断している。この際自己の側での一切を捨てている。自己の内への探求というアウグスティヌスのような場合とは最初から異なっている。彼ではキリストはいわば途中から入ってきているともいえる。彼は神を知りたいという。モーセ、パウロではいずれも人のそういう思いとは別個に神は働いている。神律的である。アウグスティヌスではそれに比すれば人間主導的である。ここでは魂も罪に堕しているとされている。肉欲へ崩れることについては魂もまた責任があるからであろう。回心前は魂も体も堕罪しているわけである。そこで回心後は双方共に救われる。そこから魂の働きである哲学的活動も是認されることとなる。一方、パウロでは回心前は自我が確立している。つまり魂は機能していて堕罪してはいない。そういう魂が回心後には回心前間違いをしていたことが顕わになる。つまり回心前では魂も間違っていたことを意味する。ただ間違いをしているといっても、アウグスティヌスでのように崩れているのではない。確立している。ただその仕方、ないし方向が間違っていたのである。

エレミヤでさえ神の召命を受けるか否か最初迷っている。だがそれも神への絶大な信頼あってのことといえる。そういう意味では自己信頼と神信頼とでは後者が先といいうるであろう。それに基づいて前者が生まれているといえる。そうであればこそ一度生まれた前者はいつまでも揺らぐことがないのであろう。エレミヤは神を信頼しすぎるぐらい信頼しているからこそ、その神の務めを自分のような若輩者では果たせないのではないかという心配をしているのである。一方、ルターは神からの罰を恐れて萎縮している。ここには神への信頼は欠けている。その結果として自己への信頼も欠けているのである。反対にエレミヤでは神への信頼あってこその自己への信頼が揺らいでいるのである。このように自己信頼の欠如の由来が異なっているといえる。アウグスティヌスも『ソリロキア』にあるように神を問うている。これはもとより神への信頼あってのことともいいうる。しかしエレミヤはそういう問い方はしていない。比較すると、後者では信頼が明瞭である。前者について、信頼ありとするには、人の判断を差し挟むことが必要である。少なくとも直接的信頼は欠如しているといえる。そういう問をする前に肉欲の方へ崩れていたことが影響しているのであろうかとも思う。しかしダビデも類似の罪を犯している（サムエル記下11章）。だが彼はアウグスティヌスのような問い方はしていない。神への信頼は少しの揺らぎもない。そもそも神が何かと問うという問い方自体が信頼の欠如を示している。ダビデのように信頼できていれば彼のように神に“ついて”問うということは不必要であろう。人の在り方が善くあろうと、反対に悪くあろうと、そういう人の在り方の様態とは無関係に神へ信頼しているのである。そうであってはじめて神が人に対して先行しているといえる。人の在り方によって神への信頼があったり、なかったりしたのでは真に神信頼が成立しているとはいえない。なぜならその場合人の側での事情に神信頼は依存しているからである。ここでは人の側の事情が神に対して先行しているのである。本末転倒である。無条件的信頼は欠けているのである。たとえ罪のために地獄に堕するとも、それも神と共にであるほかないのである。天国行きも地獄行きも神と共にである。

ではどのようにしてこういう直接的信頼が可能とせられるのであろうか。十戒を文字どおりの神の啓示として信じるという点に直接的信頼の根拠があるといえる。絶対的信頼を置いているのである。そのことによって神の一元支配の世界に直入しているのである。アウグスティヌス、ルターでは共に肉欲への崩れにしろ、神への恐れにしろそういう直入は成立していない。イエス・キリストにおける罪の赦しという契機がそういう直入の障害になっているともいえる。なぜなら赦しということは罪が神と人との間を裂いていることを意味しており、人としてそのことを自己の実存的状況への反省と相俟って重大視せざるをえないからである。なぜなら神の一人子が死なねばならぬほどの大事だからである。そういう意味では旧約時代の方が直接的信頼は成立しやすいといえよう。こういう点から考えても、イエス・キリストにおける罪の赦しについては十字架、復活をそういう意味のある出来事として信じることにおいて神への絶対的信頼を得るとすべきである。十字架と復活の出来事を、もとよりまったく無関係にという意味ではないが、決して自己の何らかの体験的要素に依拠して受容するという仕方で受容すべきではない。このことはイエスも「自分の十字架を担《にな》って」(マタイ10,38)というように、信仰が決してキリストの真似であってはならないことと固有な体験尊重という点でいわば逆対応したことである。行いによって義とされるのではない。どこまでもただひたすらイエス・キリストの出来事をそういう意義のある出来事として信じることによってである。以上のような事情は動物の犠牲が神の意に適うのなら、人の子供の犠牲はなおさらよかろうと人が勝手に考えたこととどこかで通じているであろう。人の罪より来ているといえる。

各自は「各自」の十字架を負うべきである。それが具体的に何を意味するかは各自が自己の現実の中で各自で考究すべきことである。決して各人一様ではありえないし、またそうであってはならないのである。そうでない限り“自分の”十字架を負ったことにはならないであろう。そういう霊による主体性が求められている。“真似”は肉に属している。なぜなら真似は絶対的信頼の欠如と連動しているからである。真似るというのは神を安易に信じようとする、人の心持の現れであろう。神につくことはそれほど簡単なことではないのである。もっともパウロは“倣《なら》う”ということもいっている（ローマ15,5）。しかし追体験的性格の行いであってはならない。そういう意味で体験重視を超えてはじめて主体的たりうるのである。キリストとも歴代のキリスト者たちとも信仰同価値的な行いでなくてはならないのである。そういう真の主体的行いにおいてはじめて自己の在り方の善悪如何にかかわらず神への絶対的信頼を生きることとなるのである。何事につけ真似るという行いは主体性の欠如を現している。その限り信仰ではありえない。真の主体性と信仰とは一であるほかないからである。前者なしに後者なく、後者なしに前者なしである。各人各々に固有な負うべき十字架があると考えて、それが何かを探求すべきなのである。そしてこれしかないという点に至りえてはじめてそのように生きることが当人にとってゆるぎない岩となるのである。

最初の絶対的信頼は啓示へ自己の一切を賭けることより由来している。それから外れている部分は残ってはいないのである。そのことによってその後の自己の善悪の在り方如何にかかわらず信頼は揺るがないと考えられる。一切を賭けているので、たとえどう転んでもそれを生きる以外方策はないのである。他の選択肢は端《はな》から奪われているのである。ではどのようにして一切を賭けることが生じるのか。それは神を義と愛と信じるからである。双方のうちどちらが欠けてもいけない。このことは人という存在が人格として創造されているという事態に呼応したことであろう。しかも啓示という局限されたところへ現れる神なればこそ人は自己の一切を賭けて信じることが不可欠なのである。さもなくば信じえないからである。「民が主を見ようとして越境し、多くの者が命を失うことのないように」（出エジプト19,21）とさえいわれている。そこで命を失わずに信じるにはそういう仕方で信じる以外方法はないのである。

こういう信じ方にあっては、アウグスティヌスなら神の助けによって肉欲へ崩れることから立ち直り、ルターなら神の裁きから助けられるというように何か当人にとって広い意味での自利があるということは特にはない。例えばキリストの十字架と復活において神は世と和解したと信じるのみである。それによって特にこれといった自利があるわけではない。もっとも義とはされるが、それが何らかの仕方で人の体験内へ入り込むという事態は生じないのである。イエス・キリストの出来事をそういう意味のある出来事として信じるには人の側での何らかの前提があると、そのことによって歪められるのである。いわば色眼鏡をかけて見るごとくになってしまうのである。つまり神の側での出来事を人の側へ余りにも引きつけて見ることになってしまうのである。神の側での出来事と人の側での出来事とは別個であるべきである。神の側からの出来事をそれ相応の意味のある出来事として信じることにおいて神の側での出来事は人の側の出来事へと接続しているのである。ここが唯一の接点である。この接点においては神は人のために自己を無化し、人は神へ向けて自己を無化している。無化と無化とが呼応しているのである。神は人のために自己を無化した。それに呼応して神は人が自己を無化することを求めておられるのである。ここに無化と無化とが呼応する理由がある。神がそれを求めているからである。神の意志がすべての背後で働いているのである。人の側に何らかの仕方で有が残っていると、無対無の対応にならないのである。神の無は人の無にしか対応しないのである。人の側での有の残滓は神の無に対応しえないのである。肉欲への崩れや神への恐れなどもこういう人間的残滓の一種と考えられるのである。常識的に考えると、電気でもプラスとマイナスとが引き合う。つまり異質ないし反対の性質のものが引き合うのが通例である。男女ということでもそうであろう。しかし人格的事象では反対に同じ性質のものが互いに引き合うのである。異質のものは反発し合うからである。自然的事象と人格的事象とではこのように反対である。悪い意味だが、"類は友を呼ぶ"というがごとしである。こういう面も自然的世界と人格的世界とが異質であることを示している。自然のものは異質のもの同士が引き合い、人格的なものは同じもの同士が引き合う。この違いは人格は各々が主体であるからである。自然のものはいわば宇宙全体が一つの世界であってその中のものは部分部分である。そこで各々の部分は主体性を有しているのではない。全体として一でしかない。これに反し人は一人ひとりが全体的一であり、主体的であるからである。またそうでなくてはならない。そうである程度が下がるにつれて自然的存在へと人格性を喪失し、非人格的、自然的存在へとレベルダウンしていくのである。こういう主体的存在なればこそ神と対話しうる存在でもあるのである。このように考えてみると、人と自然的存在とを連続的に考えるのは理に適っていないといえる。人は一人ひとりが主体的一として全宇宙に比肩しうる存在であるからである。こういう側面から考えても、全宇宙がどれほど広かろうと狭かろうと信仰的、人格的観点からは問題外である。

ルターではたとえある時は神秘主義的にキリストの義を受け入れることができても、再びそれ以前の地獄へ転落するという事態が生じる。このように回心後といえども回心前の状況は解消してはいない。アウグスティヌスでは確かに肉欲への崩れからは立ち直る。だが神秘主義的になったりする。また哲学的でもある。こういう傾向は肉欲への崩れがいわば裏返された形で生きている証しともいえよう。最初に全的、直接的信頼があるかないかはこのようにいつまでも消えることなく、その陰影を投じているのである。これは極めて自然なことであろう。

（五）自我の確立、崩壊という観点からの三者の対比

パウロでは自我が確立していたのが崩壊してキリストを信じている。そこでこういう心境からは自我を確立しようという心の動きは生じない。現にキリストを信じているのでいわば終点に達しているからである。それに対してアウグスティヌスでは自我が肉欲へ崩れた状態から出発するのであるから、自我を確立しようとする心の動きは不可避的に生じる。そしてここへキリストが入って来ることとなる。つまりキリスト信仰はここで初めて成立するのである。自我の確立とキリスト信仰の成立とは同時ということになる。ここではどちらか一方のみ成立ということはないといえる。現在崩れている自我はキリストの助けなしには確立しえない。もし後者なしに確立しうるのならキリストの助けなど求めはしないのである。反対にキリストの側に立って考えると、人の側での実存的必然性とでもいうべき要因が存しない限り人の存在へ入り込む契機を欠くこととなろう。つま

りキリストは人にとって無関係のままの存在に留まってしまうであろう。ここではキリスト信仰は全く成立しないのである。かくて双方確立か双方不確立かである。いずれにしてもキリスト信仰の成立が終点と考えるべきである。かくてキリスト信仰が成立すれば人の心はそこへ留めつけられて、そこからはどこへ向かっても動きはしない。反対に成立しない限りキリスト信仰が成立するまでは動き続けることは不可避である。かくてパウロは自我崩壊してキリスト信仰したのであるから、自我崩壊した状況が持続すると考えられる。アウグスティヌスでは自我が崩れた状況から出発して確立してやっとそこが終点ということとなろう。この場合自我の確立していく過程全体に対して霊という性格が付与されることとなろう。自我の確立にとってキリストの霊が不可欠であればあるほどそういう事態が生じるであろう。かくて自我の確立とキリスト信仰とは分離しがたく結合しているといえよう。

肉欲からの崩れから立ち直ろうとすることは以上のようなことを意味するが、ただ人がもとより無意識的に自我を確立しようとしている限り、自我は健在であるといえる。つまり崩れてはいるが崩れ切ってはいないのである。パウロでは崩れ切っているといえる。このように考えてみると、アウグスティヌスでは自我は崩れてはいないともいえる。肉欲の方へ崩れたり、ルターのように神への恐れの前で萎縮するという仕方では崩れ切るところへは至らないのである。しかるにキリスト信仰にはこの「切る」という契機が大切なのである。なぜなら「切る」という要因が欠けていると不可避的に人間的要素を信仰の中へ混入させることになるからである。アウグスティヌスは肉欲の方へ崩れ、ルターは神への恐れの前で萎縮している。いずれも自我はある一定の方向を見いだすことができず、散逸した状況にあるといえる。つまり自我に対して圧倒的な力を持っているものが迫ってきて自我を支配しているのである。一方は肉欲の力であり、他方は義なる神の力である。自我が崩れていないとは肉欲に対してにしろ、神への恐れに対してにしろ中庸を保ちえていることを意味する。回心前のパウロではアウグスティヌス、ルターで中庸を保ちえないで崩れる方向へいっているのとは反対の方向へいっているといえる。崩れるのとは反対の方向へ中庸を「超」えているのである。その結果としてキリスト者を迫害することともなっている。中庸を保ちつつの律法精進に留まっていれば、そういう結果にはならなかったであろう。そういう「超」という点に自我の主張を読み取ることができるであろう。主張があってこそ次の段階で崩壊もまたありうるであろう。アウグスティヌス、ルターでの崩れは人としてそこに留まりえないそれである。一方、パウロでは崩壊とキリスト信仰とが一なので、人としてそれ以上はありえないほど確かな場といえるのである。

一般的にいって人が何かを達成しようとする、志すところに自我の存在が伺われるといえる。かくてアウグスティヌスでは自我の崩れから立ち直ろうとするところにである。一方、パウロではそういう要因はダマスコ途上でのキリスト顕現においては何もないといえる。つまりここには人の自我にかかわる要因は欠如している。パウロは律法精進に一切を賭けていたが、それを失いただただ呆然とするのみである。ここでは人として善悪いずれにしろ何かをしようというような意志は働きえない。そういう余裕はないのである。それに対してアウグスティヌス、ルター両者ではそういう意志がまだ働いている。その限りここにはパウロに比すればまだ余裕があるといいうる。たとえ本人が肉欲のため、あるいは神への恐れのためどんなに苦しんでいたとしても。両者ではパウロでのようにキリスト信仰的「心身脱落　脱落心身」という事態は実現していないのである。パウロがいかに呆然とした心境にあったかは、その後「三日間、目が見えず、食べも飲みもしなかった。」（使徒言行録9,9）と書かれていることでも分かる。パウロではダマスコ途上での顕現において自分から何かをしようとする力は少しも残ってはいないのである。両者ではいずれもそれに比すればまだ自己の側に力が残っているであろう。アウグスティヌスは『ソリロキア』において神と魂とを知りたいと表明している。パウロにはもはやそういう余裕はなかったといえよう。そういう表明自体が自我を生む、あるいは自我がそういう働きをしているともいえよう。ではそういう心の動きが何故自我という性格を持つことになるのであろうか。一般的にいえることだが、その一半の理由としては人があることを目指す場合は他の事柄はその目指す一事のために犠牲にせざるをえないという事情が生じるからであろう。そういう代価を払ってその一事を大切にし自己を賭けることになるからであろう。そこで途中でそのことを投げ出すことはできなくなるからであろう。なぜならもしそんなことをすると人として何をしているか分からないからである。しかもそういう事態が深く静かに進行すればするほど自我は強固にされていくことになるのである。

ただ肉欲からの解放という倫理的なことはよいこととして観念されている。そこで回心後にもこの点は生きている。そういう解放がよいことという考えは回心の前後を通じて妥当しているのである。しかもこのことは哲学的思索を行なうことへと通じていくのである。否、もっと積極的にそういう面を評価することとなろう。その解放が神の助けによるのであれば、それと連携した哲学的思索も神的な性格のものとなるのである。問題があるとすれば、概念の中へ神やキリストが取り込まれることによって、つまり概念化されることによって人間化されいわば非超越化されることである。かくて人を超越的世界へと飛躍させる力を失うのである。こうして人は自らの手で自らの救いの門を閉じているのである。回心後は、ルターで神への恐れが大いに緩和されたように、アウグスティヌスでは肉欲が影を潜めたことであろう。両者で肉欲への崩れと神への恐れとが交替しているのである。そしてそういう解放が神の助けによって達成される点が共通している。パウロでは何かから解放されたいというような主体はもはや存していないのである。ただ人として基本的な義と愛への共鳴ということ自体は存しているであろう。ただダマスコ途上でのキリスト顕現に際しても、そのときそういうことを特に自覚していたということはないであろう。しかしこういう共鳴が存していることは人間であるということと同じことである。しかも人間であること自体を止めてしまうことはできないのである。

神秘主義においては気持ちの高揚と落ち込みとの交錯があるとされている。これはやはり自我の確立と信仰とが一であることによるといえる。両者でもおそらくそうであろう。一方、パウロでは自我崩壊と信仰とが一であるのでこういう交錯はないであろう。これに応じて自我崩壊と自我の否定とを区別することが必要であろう、後者については先の両者でもあるであろうから。パウロでは自我崩壊と信仰とが一なので、少しでも人間的色彩のあること、ものは否定的方向に考えるように人の意識は働くであろう。しかるに先の二者では自我の確立と信仰とが一なのでそうはならないであろう。たとえ人間的色彩のあることでも神への信仰と矛盾しないことであれば、それを積極的に生かす方向へと人の意識は働くであろう。このように人の意識の働く方向が異なっていることは重要な点であろうと思う。

（六）自我の確立、崩壊と信仰の様態

パウロの「母の胎内にあるときから」（ガラテヤ1,15）という告白は、彼のようにダマスコ途上でのキリスト顕現において奪われることが救いであるという事態があってはじめて、真の意味においていいうるのではないかと思う。なぜなら助けられることが救いの場合、例えばアウグスティヌスは肉欲から助けられて解放されるが、肉欲から自由になりたいという人の思いがあってのことなので、人間の側でのそういう思いが奪われてはいない。その限り主体が人から神へと入れ替わりはしない。少なくともそのようには自己認識しにくいであろう。先のパウロのような告白には神と人との主体の入れ替わりが必要であろう。それには奪われるという事態が信仰の根本になくてはならないであろう。奪われることが根底にあるのでその後に霊が入ってくる。そしてこれがそれ以後の爆発的エネルギーの源泉となっているのである。人間に属すものが何か残っていれば、そういうことは起こりえないであろう。助けられるということだといつも人の側に属すものが残っていることとなろう。もとよりその残っているものが悪いものではないのであろうが。奪われることが信仰の根底にあり、“奪”と入れ替わって霊が入ってくる。そこからまたキリストの体としての教会（例えばコロサイ1,18）ということも視野に入ってくる。だが“助けられる”という形では霊の入り方も曖昧となるであろう。そこで新しい世（aiōn）の始まり、終末到来への期待などの事態での神中心性が不分明になる危険性があるであろう。

先の両者での自我の確立とパウロでの自我崩壊（主体の交替）との相違は質の相違か程度の相違か。また前者は後者の方への移行を内包するのか。回心前で見ればパウロではキリスト者を迫害死させたという事実が端的に示すように、少なくとも誤った生き方の程度の違いを認めてよいであろう。さて、先の両者では自我は回心前崩れ、しかも崩れ方が強いので、確立がキリスト信仰に結合している。しかし一般の場合には当人の人間性によってそうなっている場合とそうでない場合とあるであろう。多くの人々ではそれほど強く崩れないので、確立もそれほどはっきりしていないのが実情であろう。信仰による救い以前の状況の中でまどろんでいるのであろう。一度強く崩れてその後、神という絶対者によって確立した場合には強く確立しているといえよう。こういう形になっていない場合には、崩れもしていないし、確立もしていないといえよう。崩れている場合、確立しない限り止りえないのである。ここでも「信じて祈るならば、求めるものは何でも得られる。」（マタイ21,22）ということがいえるのである。だが自我の確立と信仰とが一体の場合に「わたしは弱いときにこそ強いからです。」（第二コリント12,10）と真にいいうるのであろうか。ある意味ではいいうるであろう。問題はどういう局面ないし仕方でいいうるかである。強いといえるのはキリストが入ってきている時である。かくてキリストが入ってきて自我が確立したときにいいうるのだと思う。そうでない時は極めて弱いのである。一方、パウロは回心前は人間的には強いのである。キリストが入ってきて自我崩壊し、さらに質的にも異なり、強くなるのである。かくて人としての強弱という点、局面でも大いに相違しているといえよう。

先の両者では自我の確立とキリスト信仰とが一体である。そこで信仰的、霊的なことと人の自我（悪い意味ではない）とが協同的になりうる。一方、パウロでは自我崩壊とキリスト信仰とが一体である。そこで霊的なことと自我とは一体ではない。むしろ反対に自我崩壊を霊は促進する。前二者では霊は自我の働きを助ける。自我自体は悪いものとは観念されない。後者では霊は自我とは別の働きをする。自我は悪いものと観念される。しかし自我の働きそのものとしては人間である限り同じといえる。だがそれをどういうものとして理解するかではこのように相違が出てくるといえる。回心前および回心そのものでの体験が異なるからである。人間に属すものをそれ自体として信仰と一体的なものとしては考えないという点で後者の方が信仰を徹底しやすいのは確かであると思う。そういう点から見るとアウグスティヌスよりルター、ルターよりパウロが徹底しやすい心境にあるといえよう。

パウロの回心前での自我の確立は肉欲へ崩れていっている自我とはもとより異なるであろうが、双方とも方向が間違っている点は共通している。しかし確立と崩れという具合に異なる点もまた事実であろう。さらに、後者での確立は前二者での回心後の自我の確立とは異なる面を持っている。なぜならパウロはまだ神の恩恵に出会う以前なので真の意味での確立とはいいえないからである。同じ確立とはいっても、パウロでは律法、アウグスティヌスではキリストを契機としている。そこで確立の様態には相違がある。後者ではキリストの助けによって確立しているので我慢しているところはない。そこで現実にはここが終点となっている。一方、パウロではそういう要因が存している。このことは自我が張られるという点に見られる。そこでここから自我崩壊へと移るのである。キリスト信仰によって救われた後は自己は何らかの仕方でキリストの霊によって支配されている。この点はアウグスティヌスもパウロも同様であろう。ただその際回心前の自我の在り方の相違が救われた後の霊的実存の在り方へ反映しているのである。前者では魂まで堕罪していると自分でも感じているので、救われた時は魂も救われる。そこで魂に属している理、知性による哲学的思索も救われてそれも神によって有意義に生かされることとなるのである。一方、パウロでは回心前自我は確立している。それが回心で崩壊する。そこで自我の働きである理、知性による哲学的なことは神によって助けられて神に奉仕するものとはならないのである。「なぜ、わたしを迫害するのか」（使徒言行録9,4）という一言でもってパウロは打ちのめされた。これは助けられるのとは逆である。ここに主客逆転が生じた。先の両者は共にキリストによって助けられている。かくて逆転は生じない。もっとも主に奉仕するということは大いに生じている。しかしこれは逆転ではない。どこまでも自身が奉仕しているのである。

前二者とパウロとでは自我の確立と崩壊とが逆になっている。前二者では回心前に崩れている。アウグスティヌスは肉欲の方へ崩れ、ルターでは神への恐れの前で崩れている。一方、パウロでは回心前では自我は主張されている。崩壊してはいない。回心後では前二者では自我が確立している。後者では自我崩壊している。前二者のうち前者の場合、回心前肉欲の方へ崩れるが、自我が弱くてそうなっているといえる。しかし理、知性はそれを了承しているのではない。だからこそ心の内で葛藤が生じるのである。かくてこの場合人の存在の内でよい方向へいく可能性のあるものがまだ残っていることとなる。というよりも本来よりよいと考えられているものが心に存しているのである。一方、回心前のパウロについてはとてもそういう次元では考えられない。律法精進こそヤハウェ信仰の真髄と思っていたことであろう。こういう状況を自我という観点から考えると、アウグスティヌスでは自我は崩れ、ルターでは萎縮している。パウロでは確立しているといえる。前二者は自己が罪深いものと自覚しているであろう。このような在り方を考えると、回心後に人は罪を避けえないと考えたとしても何ら不思議ではない。つまり回心前の体験からの判断であろう。一方、パウロは回心後から回心前のことを反省すると、同じような判断となるであろう。ただし回心前にはそういう自覚はないであろう。先の両者は回心前においてもそういう意識をかなりの程度持っていたであろう。自我の確立、崩壊が回心の前後で逆であることとこのこととは対応しているであろう。アウグスティヌスでのように自我が崩れることとパウロでのように自我が張られることとは反対の事象である。前者ではどこにも自我が張られるところはない。ルターでのように萎縮する場合にも張られているところはない。これらの場合自我が崩壊するところへは通じないのである。崩れているものを回復させようとする意識が働くのは自然なことであろう。それ以外在り様がないであろう。神を信じるのは自己である。その自己が肉欲へ崩れていては神を信じられはしない。ルターでは神への恐れがあり、これも神信頼ができている姿ではない。自己信頼なしに神信頼はできない、反対も真実である。どちらかのみ成立ということはないのである。これぞ三一ではなくて、二一である。二即一、一即二なのである。

信仰には自己の内で神の受肉の言を語らせるという一面が存していることを考えても、これら二つの信頼は一体と考えなくてはならない。アウグスティヌスのように回心前に肉欲へ崩れていた人格の場合、旧約の預言者のように直接的には神の義に帰一することができないのではないかと感じられる。ヨブ、預言者、パウロなどのユダヤ的人間像では神の義へ帰一している。先の両者のようなヨーロッパ的人間像ではそうではないのではなかろうか。ルターの場合も神への恐れがあって神の義へ帰一できていないのであろう。こういう事情とユダヤ的発想ではブーバーのいうように神への直接的信頼が存していることとが対応している。先の帰一と直接的信頼とは一である。自己信頼と神信頼とは一なのである。預言者にしても自己と神とを一体的としたことが民衆の反発を引き起こしている。

イエス自身にもそういう面があるであろう。そこから当然のこととして、キリスト者にはイエスをキリストとして信じている自己への信頼が自ずから生じるのである。その究極が預言者のような存在であろう。パウロはその延長線上にあるといえる。かくて回心の前後を問わず存している自己信頼と一の神信頼が回心前は律法精進という形を取っていたと考えられるのである。ヨーロッパ的人間像では、両者共に自己信頼も神信頼もユダヤ的人間像に比すれば欠如しているのである。共に備わるか、共に欠けるかどちらかなのである。肉欲へ崩れて神信頼が欠けるか、神への恐れという形で神信頼が欠けるかは欠けるという事態の中での小さい相違でしかないのである。そこで神信頼を回復するために、神の助けを得つつ自己の力によって哲学的になったり、神秘主義的になってそれの回復を図ることを目指すのである。

アウグスティヌスでのように神によって回心させられたにしても、そういう導きを受け取る主体自体は消滅してはいないのであろう。神と魂とを知りたいという主体は彼自身である。だがパウロではそういう主体すら消滅している。これぞまさにキリスト信仰的「心身脱落　脱落心身」である。禅では“捨てて、捨てて、捨てるということをも捨てる”といわれる。“捨てることをも捨てる”とは自我崩壊を意味している。アウグスティヌスではそうではないであろう。こうありたいということが残存しているといえるのではないか。その限り自我はまだ生きているといえる。最初の“捨てて、捨てて”ということだけなら、それはまだ自我の働きを意味しているであろう。こういう相違が存している。そうであればこそ例えば終末についても「霊の体もあるわけです。」（第一コリント15,44）というところで、またキリスト再臨に際しても「いつまでも主と共にいることになります。」（第一テサロニケ4,17）というところで思索は停止しているのである。信じるというところで止まっているのである。さらに考えようとしたが無理なのであきらめたというのではない。信じているのでここにはあきらめという契機は存してはいない。信じることが先行しているのである。「見えるものではなく、見えないものに目を注ぎます。」（第二コリント4,18）、「目に見えないものを望んでいるなら、忍耐して待ち望むのです。」（ローマ8,25）などといわれている。地上的、人間的な一切を超えて信じられているのである。それ以上人の論理を持ち込んで考えようとはしていないのである。こういう対照が存しているのである。一人ひとり受けたタラントンが異なるように人への啓示もまた一人ひとり異なると考えるのが自然であろう。「だれでも、求める者は受け」（ルカ11,10）という時の求め方は異なるのである。それに応じて啓示の与えられ方も異なるのである。

パウロが義認において、「御自分が正しい方であることを明らかにし、イエスを信じる者を義となさるためです。」（ローマ3,26）というように、神自身の義認を第一に据えていることはアウグスティヌス、ルターなどと比べて人間的次元のものの脱落の徹底を示す一つの指標と考えることもできるであろう。両者に比べ、自我の確立ではなく自我崩壊がキリスト信仰と一になっていることと関連しているであろう。

【注】

1）金子 晴勇『アウグスティヌスの人間学』昭57，219頁以下

2）The Loeb Classical Library St.Augustine's Confessions, (Vol. I　L.1～8, 1960, Vol. II　L.9～13, 1961) 1960f, VI-4-6，世界の名著 14 アウグスティヌス『告白』，山田 晶訳，昭和43

第一部　キリスト『教』

第一章

アウグスティヌスにおける哲学的思索

第一節　神と被造界

（一）哲学の不十分さ

(a) 論理的追求。彼は何といっても西洋のキリスト教の礎を築いた人である。その点を考えただけでも、彼の思索に伝統的な西洋的、哲学的思索が入ってきたとしても、それがそのまま導入されているとは考えにくいのである。キリストの啓示による回心が信仰および思索の出発点になっているからである。キリストが真理への道なのである。啓示の照明が彼の思索を照らしているのである。かくて彼の思索は逆に我々人間が生きるに当たってのいわゆる哲学の物足りなさを顕わにするという一面をもつであろう。人自身から発した哲学的思索は真の意味での揺るぎ無さへは到達しえないのである。そういう意味では彼は実存の根源においては哲学者ではないであろう。彼と哲学との間には亀裂ないし矛盾が存しているともいえよう。

確かに彼自身において考えればそのように考えられるであろう。しかし問題はその先にあるのである。つまり人自身から発する思索を真に脱却しているのかという問題である。この点こそ大切な事柄である。彼の著作に現れた思索に比すれば、聖書自体はさらに哲学的論理的性格を脱却していると思われるからである。このことは信じ方は一様である必要はないことを示している。西洋的信じ方では論理的思索という過程なしには信じがたいのであろう。もっとも信じているからこそそういう側面を求めることになるともいえよう。しかしその場合には少なくとも聖書自体の信仰という観点からは信じること自体に問題なしとはいいえないであろう。哲学的不十分さから信仰的十分さへの転換には人間的論理からのさらなる脱却が不可欠であろう。それを達成しないと逆に人間的論理をさらに追求し、人間的論理がいつのまにか奴ではなく主になっているとルターによって批判されたようなスコラ哲学、トマス神学における事態さえ招くこととなるであろう。人間的論理は途中で止まることができないのであろう。一つの間隙があるとそれを論理的に詰めなくてはならない。この過程は際限なく続く。かくて聖書自体でのように人間的論理を完全脱却するか、あるいはスコラ哲学のようになるかなのであろう。

論理的詰めをすればするほど生きているものを入れ難くなるのである。なぜなら生きているものには自由という契機が属しているからである。自ら自由を求め、自由に生きようとしてこそ生きているといえるからである。既成の軌道に乗って生きているのであればそれはもはや生きているとはいえないであろう。単なるロボットに過ぎないであろう。神が生ける神であるとは人が用意するいかなる概念も当てはまらない存在だということでもある。むしろ人間が創造したそういうものを破壊するし、またしなくてはならないであろう。これはまったく領域が異なるが、例えば現在では原子内の電子の位置については確率的に考えられているように、自然のものについてもその自由が存しているといえる。まして自由意志を有する存在についてはなおのことであろう。かくて自由ある存在は自己のために他が設《しつら》えたあらゆるものを打破するであろう。なぜならそうでない限り自己の自由を享受できないからである。神のような超越的存在ならなおさら、単なる被造物でしかない人間が設《しつら》えた人に発した器など一撃で打破するであろう。一般に概念とは生けるものをそのまま入れうるものではない。一旦その生命を奪われ、いわば殺されて死んだ存在になってはじめてそこへ入りうることになるのである。そこで人間的なるものの奪われることが信仰の根本にある以上、概念なども当然人に属すものなので、これも奪われることの対象になってくる。そこで概念を発動して人の論理に合うように考えて、イエス・キリストを理解しやすくしようというような心の動きは生じないのではないかと思う。そういう方向への根が既に断ち切られているからである。さらに、実体とか偶有とか関係とかという人による概念を神やキリストに当てはめて考えようとすること自体が聖書本来の意図に反するといえよう。本末転倒といえるであろう。

「言は神であった。」（ヨハネ1,1）といわれる。だがこれとても言と神とがまったくの合同ということをいっているのではないであろう。AはBであったというときA<Bということをも意味するからである。概念として考えられた本質が同じか否かを特に述べているのでもないであろう。かくて言葉には論理化してしまうと、抜け落ちてしまう領域のあることが分かる。言葉では曖昧な部分が残るが、その部分こそまさに神にとってふさわしい領域であるように思われるのである。人の論理で几帳面に考えてしまうと、そういう面が脱落する。その結果、神の居場所がなくなってしまうのであろう。隠れた神とは言葉による曖昧な部分にも隠れておられるのではないかと思う。論理には隙間、ゆとり、余裕が欠けている。こういう面こそ神にふさわしいのである。人間には罪によってゆとりが欠けているのである。神の愛とはまさに余裕そのものである。かくて論理に走れば走るほど、人間的になっていく。しかし同時に神から、義と愛との神から離れていくのである。ゆとりのない状況の中に神を置いて考えようとすればするほど、神をいわば殺すことになっているのである。なぜなら論理の中にはまるようなものはすべて生命のないものである。生命あるものは論理からはみ出すところが必ずあるであろう。生きているものは同じ刺激に対してすべてが同じ反応をしはしないであろう。確率的、蓋然的にこれこれであるとして考えるほかないであろう。言葉で神へと思いをはせているときには神へと思いは届いているであろう。しかし三一論でのように論理で考える時には、その思いは神へと届いてはいないのである。人の論理の中での紆余曲折になってしまっているのである。かくて言葉から論理への移行は神への思いから人の思いへの移行ということとなろう。概念の遊戯にふけってはならないのである。言葉の場合、神にまで届いているという印象があるのは、言葉には曖昧さがあるからであろう。そこで言葉でいうときには

その言葉がさしあたり指し示す当のもの以上のものが指し示されているからであろう。例えば神という言葉を取って考えてみよう。神という言葉は少なくとも日本語においては実に多くて曖昧な内容を持っている。そういう多義性がある。それらを唯一つの“神”という語で包括させているのである。しかしそういう言語の性格があるからといって、直ちに言葉でいうときには言葉以上のものに届いているといえるのか。やはりその言葉の指し示す内容への自己のかかわり方に重要性があるといえよう。多義的で曖昧さのあるものに自己を賭けているという事態が大切なのであろう。それに対して論理的、概念的に明確にした上で信じるというのでは信じたとはいえないであろう。信じるということは対象と自己との上下関係の逆転を意味するからである。前者が上位となるのである。曖昧さのあるものに自己を明け渡してこそ信じたといえよう。論理的、概念的に明確なものに対しては人は信じるという形でかかわりを持つ必要がないであろう。またできもしないであろう。

心の中には罪のない者は死なないというような漠然とした理念のようなものが存している。ただこれはそれ単独では何ら力を発揮しえない。キリストの啓示に接してはじめて力を振るうこととなる。啓示によって心の奥深くに沈んでいる、眠っているそういう要因が浮上させられてくるのである。かくて人としてはいかにして眠っている真実を啓示によって触発させられ、再びその真実へと帰一していくかという問題なのである。こういう啓示受容の在り方を考えてみると、心の奥深くに沈んでいる真実と曖昧で多義的な言葉による神の把握とが呼応しているように思われるのである。神のように明確には把握しえないものに対して全幅の信頼を置きうるのも、人の心の奥深くに罪なき者不死という真実が隠されているからであろう。心に書かれた律法とはこのことであろう。心の内にある究極の真実もそれ自体として明確な確証のあるものではないであろう。確証のないものは自己と反対の確証のあるものではなくて、自己と同じ確証のないものを求めるのであろう。確証のないままで確かなものになっていくのが真の信仰であろう。「主よ、あなたはわたしを究め　わたしを知っておられる。」（詩編139,1）という聖句がアウグスティヌスにとって父の名と主の名との間の相違を確立する動機であるとされる[1)]。この聖句ではわたしとはダビデであり、直接的にはヤハウェがダビデを知っているとの意である。神は主として人のよい面のみでなく悪い面をもご存知との意であろう。主とはこのように畏るべきという要因を含むであろう。一方、父とはそうではなく、愛という面が強く意識されるのであろう。そういうところから至福ということも考えられるのであろう。至福とは世の種々の幸福を超えた、自己中心的な行為からの自由の意であろうから、神への信仰の一面と考えられるであろう。ただそういう人間の側に属している事態を神に帰属させてよいものかと思う。少なくとも“福”という性格を神に帰すことになるからである。神が義であるとか愛であるとかとは聖書でいっているが、福ということは厳密な意味ではどこにも出ていないのではあるまいか。義、愛などは神の被造物への対応にかかわる様相である。それに対して福とはそれ自身の性格を意味する。つまり人が神の性格自体を規定するという越権行為を行っているのである。かくて神自身が至福な存在と考えられると、人間的要素が神の中へ持ち込まれるので神人関係が本末転倒になりはしないかという危惧を感じるのである。

（b）比喩的理解。このように論理的追求の不必要たることは神と宇宙、世界との関係においても現れる。アウグスティヌスは質料は形相をもたぬのでそれ自体として認識されないように、神も知られえないものであると知られるという逆説的仕方で知られるという[2)]。そこで人の内面において神を探求するという形態になるのであろうか。これとてもしかし真の意味では神探求の不可能性へ立ち至ることになるのではないのか。聖書によれば「わたしを見た者は、父を見たのだ。」（ヨハネ14,9）という仕方で神を知るのである。逆説的とはいえないであろう。また神を直接見るのではないが、間接的に見るともいえないであろう。こういうこととも関連していると思うが、パウロではアレオパゴスでの説教（使徒言行録17,19以下）を見てもそうであるが、理性的に判断する人間にとって躓《つまず》き的色彩の強い一面が出ている。それに対してアウグスティヌスではそういう要因が弱いように感じられる。キリストの復活にしても、プラトニズム的背景があると躓《つまず》き的に受け取るという性格はその分低くなってしまうであろう。この点は信仰という観点から重要であろう。ただ神が知られえないということにも関係すると思うが、無限な諸空間を想像したり、神が何も創造しなかった過去の時間を想像することは空しいといわれている[3]。これは極めて正しいことであろう。思弁的になっていないからである。

「神の永遠の力と神性は被造物に現れており、これを通して神を知ることができます。」（ローマ1,20）について、そこには時間的なことから永遠的なことへの回帰があり、古い人から新しい人への生命の変化があるという[4]。この聖句は神性が被造物に現れているといっている。かくて時間から永遠への回帰（regressio）とばかりともいいえないであろう。時間の中の出来事において神の永遠の性質を見て取ることを意味するからである。時間から永遠への回帰となると、時間的世界は二次的なこととなってしまうからである。したがってむしろ反対に啓示と同じように永遠から時間への突破を意味すると考える方が即事的ではないかと思う。神の永遠的性質自体は人にはどこまでも不可知なのである。ここのところは人には知りえないことはもとより、どうしようもない世界なのである。そこへ回帰することもかなわないのである。世に現れたキリストのところへの回帰が精一杯のところである。それ以上のことは不可能なのである。そうであればこそキリストの出来事には重大な意味が存しているのである。そもそも今現在、地に生きている人間にとって地上のどこか以外に回帰する、しうる港はないのである。パウロはここで神の性質それ自体を問題にしているわけではない。真理を阻む人々に対しての言説の一部としていっているのである。そこでそれに基づいて時間から永遠への回帰とするのは筋違いというものであろう。不義なる人々への対応は極めて時間的、歴史的性格の強い事柄であるからである。こういう信仰の側面とも関係すると思うが、仏教との関係で大略次のようにいわれている[5]。仏教での宿命は永遠と現在との間に完成されるが、自我の消去と現在への永遠の直接的融合の中でなされる。しかもそれは自我という中間的領域の抑圧の中にしか実現されない。そういう自我の上にアウグスティヌスが発見した道の中で彼のいう“私”が構成されるのであるが。また“私”とは現在の中へ永遠を注ごうとするものである。以上である。消去（extinction）と抑圧（suppression）ということとがいわれている。永遠が現在へ融合するには自我の抑圧が必要たることを示している。抑圧によって消去という結果を期待するのであろう。しかし自我が永遠、現在の中間領域という理解でよいのかと思う。彼では確かに肉欲へ崩れ、そこからの復帰が信仰と一体になっている。そういう場合にはそういう理解でよいのであろう。しかしパウロではどうか。永遠、現在の中間領域というようなことであろうか。むしろ仏教的な消去の上に新たに造られているというべきであろう。アウグスティヌスでは自我崩壊が契機ではなくて、よい意味でのいわば再生された自我に基づいてキリスト信仰が考えられていることを現していると思う。また注ぐという理解が生じるのも彼の信仰が「キリストがわたしの内に生きておられるのです。」(ガラテヤ2,20) というのとは異なるからであろう。主によって乗っ取られているのではないことを暗示している。

次に比喩的理解について。全宇宙やそこで展開する生命の働きも秩序、単位と数、数の知的法則などによっているといわれる[6)]。世界を調和的、整合的に考えている。これは聖書の世界とは異なる。これは極めて大切である。なぜなら神の中に人が入っているのではなくて、逆に人の中に神が入っていることを懸念させるからである。そういうキリスト教的世界の構築を意味するからである。少なくとも現代においてはこういうことはできないであろう。にもかかわらず文字どおりの世界を神信仰の世界の中に入れて考えねばならないのである[7)]。

『三位一体論』において6という数字について聖書で書かれている出来事に関連して論じ、6はもっとも調和ある割合(比)を示すという[8)]。秩序を重んじるというものの見方から出てくる考え方ではないかと思う。6という数字が調和ある (consonantia、harmonieuse) 数としている。確かに数字に全く意味がないとはいいえないであろう。しかしそれほどに重んじてよいものかと思う。というのもそういう数字的表現の背後にある信仰的真実が大切であるからである。

比喩的解釈などについては大略次のようにいわれている[9)]。そういう解釈では聖書は霊的真実の単なるシンボルとなり、文字どおりの歴史的意味合いは相対的に小さくなる。元々は予表論的解釈は旧、新約両聖書間の呼応として考えられていた。クリソストムなどは比喩が聖書解釈にとって信頼できない手段である点で一致していた。以上である。比喩的解釈への傾向が強くなると、聖書は本来そういうものではないので反対が出てきて当然といえる。そういう解釈は普遍的真理を尊重する方向へ、いわばギリシャ化する方向へ行っているのである。具体的出来事はシンボルとなる。両聖書の呼応という点ではパウロの考えに一致しているともいえる。ただこういう考えさえも呼応を余りにも重大視すると個々の具体的出来事の固有性が犠牲となるであろう。人が各々固有な存在であるように、出来事も一つひとつが固有な一回的な神のいわば啓示というものでなくてはならないであろう。予表論的に旧、新約を考えると、旧約が範型となるであろう。例えばアマレクによる約束の土地への自由な通行の妨害、モーセの伸ばされた腕、ヨシュアによる攻撃などと主の十字架とが関連して考えられている[10]。この場合現在よりも過去の方に重点がかかることにならないのか。今この時に神からの啓示を見るというのとは異なってくるであろう。平板な時の流れを考えて過去へ求めることになる。一方、比喩的だと、不可視的、観念的世界に真理を求めていく。いずれの場合も今のこの現実の世界を重視するのとは異なる。過去へ赴くか観念的世界へ赴くかの相違はあるが、いずれも神からの啓示がそこへ、そこから到来する未来の方へ心が向いているのとは異なる。予表論、比喩ともに人の推理によって考え出された論理であろう。そういうものへ聖書を当てはめていることになろう。つまり神の啓示の書き綴られたものよりも、人の知性の造りだしたものの優先を示しているといえよう。しかも問題なのはそういうことをしているというだけのことではなくて、信仰全般がプラトニズム的ベースと一体的であることと平行してこのことが生じている点であろう。もっともそういう形での信仰も世界標準の一つと考えることもできようが。

(c) ギリシャ哲学ないしプラトニズムとの関係。両者との関係について大略次のようにいわれている[11]。自然の出来事に驚嘆するが、自己の内面を顧みず非実存的であると彼は批判。また神の霊と人の霊との類同性について人の高慢とし、神人間架橋はロゴスの受肉によるとする。以上である。哲学は一般にキリストによる媒介を知らないことによって自己の無知振りを露呈する。ただ媒介の意味内容が問題となるであろう。キリストという存在自体に意味ありととるのか、知を媒介しているととるのかである。後者であれば聖書的ではないであろう。キリストは「わたしは道であり」（ヨハネ14,6）という。媒介とはいってはいない。また知を伝えるともいってはいない。「わたしを見た者は、父を見たのだ。」（ヨハネ14,9）という。そう信じることが大切である。もしイエスが何か

——知をも含めて——を伝えるための道であるのであれば、イエスは預言者の一人でしかないこととなる。新約ではそうではない。旧約の長い歴史の後で神自体が受肉したとされている。そしてそのことを事実として信じることによって、当人は被造的世界を超えてその上に出ることとなるのである。いわば「言は神と共にあった。」（ヨハネ1,1）とされているような、神と共にある状況に置かれることとなるのである。ところで若いときの悪行への転落は一切の形相を失っているという理解（Conf I,Ⅱ-6-12）も彼をプラトニズム的方向へ動かしたことであろう。一般的にいって照明において子なるキリストが神人間の霊的媒介をなし、霊的真実を認識させる、こういう考えは即聖書的なのであろうか。自殺によって体から自由になることも許容されるストアといわば対極的に体の復活を信じてはいるのであるが、今現在の人間としてはキリストのところが究極で神の観照というようなところへは至りえない。一方、ギリシャ哲学では人間も自然の一部と見られているのであろう。「ユダヤ人はしるしを求め、ギリシャ人は知恵を探します」（第一コリント1,22）といわれている。両者間に共通の要因はあるであろうが、後者の知恵は人間をも含めた自然についてのものなのであろう。しるしはそういう自然を突破したものといえる。パウロの「キリストがわたしの内に生きておられるのです。」（ガラテヤ2,20）という告白は端的にこのことを示している。というのもこの告白はロゴスの受肉後のことであるからである。もしこういう考えを退けるのなら主従逆転は欠けることとなろう。アウグスティヌスでは受肉で架橋されたら、直視は後のこととしても類同の可能性へ向けて道は開かれるのであろう。一方、パウロでは異質性はそのままである。かくてこそ先の告白のようにキリストが彼の自我に取って代わっている。アウグスティヌスでは主の受肉が自己の主との、さらには神との類同可能性への方便になっているのではないのか。パウロでも終末以前の段階で変えられていくという面はあるであろう。これはしかし前者のいうのと同じなのか。終末での変化とそれまでの変化とは自ずからその質が異なるであろう。なぜなら前者は死も克服されてのことであり、後者は罪の値である死がまだ支配している状況での話だからである。終末での直視には飛躍が不可欠であろう。それに比すればアウグスティヌスでは何らかの意味で連続的ではなかろうか。

さて、プラトニズム的想起説については批判的である。体に魂が結びつく前に魂がこの世界で生きたという考えに対して反対である[12]。かくて多くの面で彼はプラトニズム的ではないのである。知恵は“地的”な要因から離れたものなので、魂が世で生きたときの知識を思い起こすというような考えに批判的になるのであろう。魂の中に既にあるものを思い起こして見るのではないからである。魂の過去の経験が大切なのではなくて、神の三一と類比的な現在的記憶が重要なのである。しかし先在なしでの想起という彼固有の考え方[13]を彼がしているか否かというような問題はキリスト信仰にとってはどちらでもよい問題である。魂が先在か否かという問題は西洋的、哲学的考え方を前提とすれば大きい問題である。しかしより広く、例えばしるしを求めるという考え方を含めて考えると小さい問題でしかないのである。しるしではなくて知恵を求めるという考え方の中での相違でしかないことが分かるのである。こういう考えは彼における神への信仰、人の魂、魂の神の三一との関係という考えへと連なっているのであろう。また知恵と分別とを区別することになるのであろう。後者より前者を優先（praeponendum）しなくてはならないという（De Trin II, XII-15-25)。ヨブ28,28においても双方挙げてあるが、ここでも優劣をつけているであろうか。プラトニズム的考え方があると、それは人の自我の一部を形成している。そこで人はまずそれに則って考えることとなる。それに対してキリストの啓示のようなことは人にとって自己とは別個の事柄である。罪、復活、裁きなどのような、人にとって他者に関係する事柄が不可避的にそういうものには付属しているからである。にもかかわらずそういう考え方をベースにして啓示（真にはもはや啓示とはいえない）をも受け取ることとなってしまうのであろう。そういう形になるところに人の自律性、恣意が現れているとも考えられるのである。

新プラトニズム的観念論は現実へ浸透して存在と思惟との等価を創造しようとするのに対し、その対極は一者によって表現される呼応のまったき欠如であるが、彼はそれらを共に退けたといわれる[14]。これは正しいことであろう。存在と思惟各々の独自性を尊重しているからである。どちらかへ還元はできないであろう。ただキリストの霊が人の心に入ると、それら両者を共に突破すると思われるのである。パウロは「“霊”は一切のことを、神の深みさえも究めます。」（第一コリント2,10）という。仮にそのように思えないというのであれば、それは『ソリロキア』にある神と魂とを知りたいという考えが、決して悪い意味ではないが自我から由来しているという事情によるのではあるまいか。自我とキリスト信仰とが一になっているので、“究める”とはいいえないのではないか。パウロは比喩として語っているのではないであろう。アウグスティヌスの神秘主義的傾向について大略次のようにいわれている[15)]。感性界から知性界へ上昇し、さらにこれらを超越する一者たる神へと脱自的に合一する。一者との神秘的合一という知性による救済はキリスト信仰を否定せず、矛盾しない限りで理性的探求がなされる。以上である。パウロは神そのものへは体験的に上昇し合一しようとはしていない。主は世へ下りてきているので、そこへ横へと移動するのが基本であろう。「キリストがわたしの内に生きておられるのです。」（ガラテヤ2,20）というのも主が彼の中へ下りてきていることの現れといえよう。これに対してアウグスティヌスは基本的なところでなお哲学的といえよう。こういう面は神――存在を性格づけるため、真理の永遠性に基礎づけられて理性の超越性を規定する点[16)]にも見られる。そういう理性は人の魂の内に存しているのである。そしてこのことが魂の不死性の証しなのである。だから肉欲へ崩れている時にはこの理性が曇らされていることになるのであろう。世界の中に存在するものはすべてその存在根拠を言の内に持っている[17)]。その限りにおいてそれらは真理であるのである。神によって創造された限りにおいて真実とする点はプラトニズムと異なるところであろう。たとえそうでもすべての被造物は滅びへの傾向をもっている。こういう傾向を人間による観念を持ち込んで説明してもそれにどれほどの意味があろうか。なぜならそういうことを企画している人間自身が死という制約の下に生きているに過ぎないからである。人間の存在（人によるすべての観念をも含む）を超えた存在であるキリストにおいて人の存在の虚無性をも超えた現実性が示されているのである。体も魂もその形相を完全には失いえないと考えたとしても、そういう思惟は有意義であろうか。現実に生あるものはすべて死ぬのである。かくてそういう思惟は聖書には無縁である。神が手を引けばすべては滅ぶのである。

【注】

1）Albert Verwilghen; Christologie et spiritualité selon Saint Augustin, 1985, 187頁

2）Conf Ⅱ, Ⅻ-5-5, Ⅰ, Ⅰ-6-10

3）De Civitate Dei Ⅲ, Ⅺ-5（Oeuvres de Saint Augustin 35, 1959）

4）De Vela Religione, L11-101（Oeuvres de Saint Augustin 8, 1951）
同じ聖句について、Conf Ⅱ, Ⅹ-6-10において神の見えないところを被造物を通じて悟り、見うるという。邦訳では「知る」となっているが、原語では見る（kathoraō）が使われている。少なくとも日本語としては見えないものを被造物を通じて見るというのは表現として不適切であろう。見えないものを被造物を通じて知るといえば極めて自然である。これは我々日本人のものの感じ方が歴史的にそのように構成されているからであろう。ところで見ると知るとの違いは大きいのではあるまいか。神自体は全く不可視だが見うるものを通じてその範囲で見うる、つまり知りうるのである。こういうものの感じ方の背景にはユダヤ人はしるしを求める（第一コリント1,22）といわれるように、現実的なものを通じて知るという感覚が存しているのであろう。かくてたとえ見たとしてもそれは「今は、鏡におぼろに映ったものを見ている。」（第一コリント13,12）とあるように、一定範囲で見ているに過ぎないのである。全面的に見るのは終末において顔と顔とを合わせて見るときにである。そのときまで待つほかないのである。こういう事態は創造について創世記が「ということ」をいっており、「いかにして」をいっているのではないことと呼応している。そもそも信仰とは旧、新約を通じて基本的にいって後者のことをいってはいないのである。またConf Ⅰ, Ⅰ-6-10において神の創造の意味を見いだせないことによってかえって神を見いだすことを愛して欲しいという。これはしるしに基づいて神を信じる聖書の立場とは異なるであろう。これは人の心の中でいわば主客を逆転させるようなものの考え方ではないであろう。もって回るような議論はしないのである。しるしによって見いだすのであれば見いださないことによって見いだすことを愛するというような事態は生じない。しるしの前で信じるか信じないかである。それ以上も以下もないであろう。見いださない場合はどこまでも見いださないのである。人の思考を重視することは論理的に完結的に考えようとする立場と通じているであろう。

5）Louis Ucciani; Saint Augustin ou Le livre du moi, 1998, 188頁

6）Étienne Gilson; A L'étude de Saint Augustin, 1982, 116頁

7）アウグスティヌスでは事物の世界は階層的に上位にある思考の中へその身体性自体のために入りえないとされ、数、善、真理、美、等しさ、類似、賢明などについて、経験的起源と同時に内在主義の教義も否定される（Étienne Gilson; ibid 116, 121頁）。つまり神の照明が必要ということであろうか。またそうであれば、そういう仕方で結局は事物的世界が知的世界へ包摂されるのではなかろうか。そういう仕方で考えることと神の照明という考えとが呼応し、論理的な探求を行うことを結果するのであろう。環を開いたままにしておけないという気持ちの現れであろう。こういう気持ち自体が人間的論理から由来しているであろう。神の照明が現実にあったかなかったか確認のしようはないのである。それに対して“信仰”と

いうものはどうであろうか。

信仰も神の導きによるとよくいわれるが、たとえそういわれるとしても、その目的が丁度その反対なのではないのか。照明とは論理的探求をも結果するのであろう。一方、信仰は反対にそういう探求を放棄するためといえるのではなかろうか。彼には神を物体的基体と考えその内に大きさ、美しさなどがあると理解しようと努めていた時期があった（Conf Ⅰ, Ⅳ-16-29)。こういう考えに関係するが、自己が隠れた一者なる神の痕跡という考えが見られる（同Ⅰ-20-31)。いわばアナロギア・エンティスである。神と人との直接的連続性が念頭にあるのであろう。聖書においてはそういう考えは見出せないのではあるまいか。心に書かれた律法とて文字に書かれた律法との関係で二次的にいわれていることなのである。

神的世界について人の考えた概念を当てはめていること自体が問題だといえる。人は啓示された限りでの神を知りうるのみである。概念で把握しようとすることは神を殺すことであろう。もっとも神はそういう概念の網をするりと抜け給うであろう。“初めに（in principio)”を彼は時の始まりを意味する代わりに象徴的意味に解するのを好み、言は全ての事物の原理であり、不変者がどのようにして運動を創造するかということが問題であるとされる（Étienne Gilson ; ibid, 256頁)。同じ個所で　6日間の作品の総体は一日あるいは一瞬として理解されるべきだともいう。アウグスティヌス自身は霊を日と、身体を夜とたとえるのは愚かではないといい、象徴主義ということをいっているとしている（De Trin Ⅰ, Ⅳ-6-10)。ただsymbolisme（仏訳）は原文では sacramentoである。後者はmysteryの意であろう。とすると象徴主義という解釈はこの個所に関しては少しずれているのではないかと思う。

フィクション、興行物、修辞学の世界に反して哲学の世界が現れるところで断絶（rupture）が明確になるという理解（Louis Ucciani ; ibid, 165頁以下）を見ていても、哲学に対して否定的評価はしていないことが分かる。パウロ的な自我崩壊においてはこれも否定的に見られるのである。そもそも哲学は全体についての知であることを宿命づけられている。一部を未知のままにしておける性格のものではない。一方、信仰はそういうことができるのである、またそうでなくてはならないのである。つまり哲学と信仰とはこの点に関する限り水と油との関係にも比せられるのである。調和することは不可能なのである。二者択一の関係なのである。知を愛するという原義からしてもそうであるほかないであろう。信仰は知りえない神をこそ愛しているからである。知愛と未知愛とである。この点に関する限り両者間に和はない。断絶しかないのである。

8）De Trinitate Ⅰ, Ⅳ-3-7～Ⅳ-5-9, Ⅳ-6-10（Oeuvres de Saint Augustin 15, 1955)

9）J. N. D. Kelly; Early Christian Doctrines, 1968, 70頁以下, 76頁

比喩的解釈はパウロ自身がガラテヤ4,23以下で行なっている。しかしパウロは具体的、歴史的出来事、事柄相互間で行なっている。二つの契約、シナイ山、ハガル、エルサレム、約束もすべてそうである。それに対してここに挙げてあるアウグスティヌスの例では旅行者はアダム、エルサレムは天の町、ジェリコはアダムの死すべき定め、盗人は悪魔とその使いというように具体的事柄が霊的世界へと移されている。この点が大きく異なる。パウロの場合

は各々の具体的出来事はその固有性を維持したままである。こういう事実にも関係すると思うが、Conf Ⅰ, Ⅴ-3-4において本来の意味では人が治めるように造られた空とぶ鳥、海の魚、野の獣などをいけにえとして神に捧ぐように説いている。

10）De Trin Ⅰ, Ⅳ-15-20 ここでも比喩的に見られている。キリストの十字架の固有な意義が薄れるのではなかろうか。

11）金子 晴勇『アウグスティヌスの人間学』昭57, 8頁以下

また知性界の高みにおいて神は存在の根源、知性の光、秩序づける恩恵として三一的様相で示され、彼の哲学はキリスト教的プラトニズムの特質を持つ（同114頁）。そこで外の世界に啓示は現れるというような感覚は生じにくいと思う。背後の世界が知性界として存しているのである。聖書の世界にこのようなものはないのである。知性界に対する物質界だが、我々の死すべき体が造られている物質は神の前では滅びないし、灰の中で溶け風によって散らされ、人や動物の体などに変えられ、再び人の魂に戻るという（Enchiridion, XXIII-88 Oeuvres de Saint Augustin 9, 1947)。聖書では基本的にいって人の判断を超えた事柄については議論をしていないのである。

12）De Trin Ⅱ, XII-15-24

13）Étienne Gilson ; ibid, 94頁

14）Matthias Smalbrugge ; La nature trinitaire de l'intelligence augustinienne de la foi, 1988, 175頁以下

15）金子 晴勇　同上書　44, 112頁

16）Émilie Zum Brunn ; Le Dilemme de l'Être et du Néant chez Saint Augustin, 1984, 29頁

17）アリストテレス的経験主義に反対であるという意味で内在主義を彼に帰するのは正しいといわれる（Étienne Gilson ; ibid, 102頁)。神が知られるのは感覚的事物を通してではなくて、魂によってである。ただ魂によってとはいえても、魂の中においてとはいえないであろう。イエスは「わたしを見た者は、父を見たのだ。」（ヨハネ14,9）といっているからである。やはり自己の外においてであろう。そういう点からいえば、彼がアリストテレス的経験主義に反対とはいえ、これは真理面を有しているであろう。イエスという外的存在を神と信じる以上、経験的に自己の外に、つまり感覚によってイエスという人を知らないことには信じようもないからである。かくて真のイエス・キリストへの信仰はアウグスティヌス主義とアリストテレス主義との中間にある、あるいは両者の欠点を除去して良い点を総合したようなものともいいうるであろう。こういう面は我々の考えが神的真理を抱くことができないところでは彼は新プラトニズムから遠ざかったままであるという解釈（Matthias Smalbrugge ; ibid, 31頁）にも反映していると思われる。彼は神の真実へ近づくと哲学的ではなくなるのであろう。人の理解力の不十分さを認識しているのであろう。主は真理そのものであるからである。いずれにしろ新プラトニズム的要因がありつつも、いよいよのところではそうではないのであろう。もし本当にそうであるのであれば、人の内面に入っていって神秘主義的になるので

はなくて、外への啓示としてのイエス・キリストへと赴かなくてはならないであろう。こういう点について大略次のようにいわれている（金子 晴勇『アウグスティヌスとその時代』2004, 158頁以下）。自己超越せよというストア的種子的理念が彼にもある。原罪によって理性も意志も壊敗したが、それらの機能を本来の姿で考察する点で理想主義的である。以上である。神の恵みという助けにより肉欲への崩れから立ち直れたという体験が反映しているのであろう。肉欲に相対する理性は神の側に属すものとして観念しうるからであろう。

（二）秩　序

(a) 秩序。秩序ということは神の性質を反映している。神が秩序ある方なのでその被造物もそういう性質を具有しているのである。自然物は神の意志によりそうあらしめられているし、人のように自由意志を有するものは自ずからそうあるようにという要因を付与されているのである。秩序を遵守すれば秩序の本元である神へ至る可能性が芽生え、反対は反対の結果を招くのは当然といえる。ここから当然のこととして秩序への参与が大きいほど神に近い存在となろう。ヒエラルキッシュな体系が考えられることになる。かくて存在物全体がその頂点である神によって階層的に秩序づけられているのである。ただ聖書はそういう考え方はしていない。奇跡が数多く出てくることでも分かる。神の存在へ各存在物が参加するというような発想は聖書には欠けているといえまいか。人も自然物も神を賛美するということは出ているが。神による秩序への参加という理解は人間による一種の宗教哲学であろう。神とほかの一切とはこういう表現さえ不適切であるほどに隔絶しているからである。人については確かに神の像とされている。その理性によって美、数値、比例などを考えうるであろう。また倫理的な美である徳をも考え、実行できるであろう。たとえそうであっても神と人との間に何らかの意味で同等性のようなものを考えることはできないのである。神の道は人の道を超えてはるかに高いのである。両者の間には呼応も対応もありえないのである。一方、ほかの被造物については神の像であるというような類のことはいわれてはいない。こういう区別も大切であろう。一般の被造物は人の統治下に置かれるものでしかないのである。たとえそうとしてもヒエラルキッシュな秩序を考えるに当たって理性的か否かを判断基準として重視するのは即聖書的なのであろうか。理性中心的分類は理性重視より由来することである。つまりこういう分類は人の哲学的判断中心的ということと一のことである。一方、聖書での分類はキリストは神自身の受肉、人間は被造物の中では別格、そしてほかの被造物については清いものと汚れたものという仕方で分けられている（レビ11章)。決して理性的か否かで分けられてはいない。むしろ神とのかかわりという点が重視されているといえる。つまりここでも神が中心に据えられていることが分かる。理性中心のように人間中心的ではない。

ところで全被造物は外在化される前に言の中で実質的に宣べられているという理解も存している[1)]。確かにそういう推測もできなくはない。ただヨハネは「言によって成った。」（1,2）という。外在化される前に実質的に宣言されているとはいっていない。言中心的に考えられているといえる。だがそういう理解も簡単に理性中心的とはいえないかもしれない。ただギリシャ的傾向があるとされるヨハネでさえも外在化される前と後とに分けるというようなことはしていない。被造物全般について二段階的には考えてはいないであろう。二段階的に考えるということはその分思弁的で理性主義的に考えていることを示唆しているのである。アウグスティヌスについて、二重の回心によって、つまり自己自身への主体的反省の中で内面的方向へ、また真理の光への服従の中で高きところへ達し、空間性を欠いた壮大な秩序を発見するといわれる[2)]。内面へ向かうことが同時に高きへと向かうことである。内面と高所とが呼応している。パウロではダマスコ途上でのキリストとの出会いも内面ではなくて、基本的には外においてである。そしてこういう相違は自我を確立することが信仰と一かあるいは自我崩壊が信仰と一かという相違と呼応していると思われる。信仰は人間を時間的、感覚的なものから解放するのではない。そういうものへの執着から解放するのである。そして終末において示される永遠なるものへ導かれるのである。今すぐに永遠なるものへというのでは決してない。感覚的なるものの中に神的、永遠的なるものを見るのである。啓示とは本来そういうものである。終末においては秩序ということが文字どおり実現するのかもしれない。人の罪も廃絶されるのであるからそれに伴って。しかし今現在においてそれがたとえ不十分ながらも実現していると考えることはできない。むしろ今はすべての点で秩序は欠けており、終末において回復されると考える方がキリスト信仰に合致すると思われるのである。もしそうでないのなら、そもそもキリストが十字架にかけられることもなかったであろう。少なくともキリストの啓示の意義がその分減少するであろう。かくて今の世に秩序を探求していくのは基本的にはむしろ本末転倒ともいえよう。ヨハネの黙示録を見てもこのことは直ちに分かることであろう。

アウグスティヌスは言による天地創造の御業を誰が完全に理解できようかという（Conf Ⅱ, XI -9-11）。真にそのように感じているのであれば、つまり今の人の限界を分かっているのであれば、一方で心、内面において神にいわば連なっていると感じるのは矛盾していると感じないのであろうか。神による全作品は統一、様式、秩序を現しているともいう[3)]。確かにそういう要素はあるといえよう。ただ旧約はより流動的傾向を示しているのではないのか。奇跡などがたびたび出てくること一つをとっても、それほど秩序が支配している世界と考えているとも思われないのである。これではかえって神は死んでいることとなろう。旧約では秩序よりもむしろ奇跡に神の奇しき御業を感じているのではないのか。神が生きていることは即世界が生きていることである。これはつまり人の思いの内にある秩序というような枠にははまらないことを意味するのである。さらに、いかなるものも美しい秩序の中にあり、使徒もいうようにすべての秩序は神から来ている（ローマ13,1）という[4)]。だがパウロがここでいっているのは人間世界の中での権威についてである。それが神によって立てられているという。一方、アウグスティヌスのいうのはDe Vera Rel, XLI-77の最初にもあるように外的人間と内的人間との関係についてである。パウロがいうのは人間界の中での社会的状況についてである。前者はそれを別次元のことへと移して考えているようである。内面化である。外的な次元のことを内面化していく傾向がここにも出ている。もっともこの言葉の後では虫の話、つまり自然の中でのことや幸福な人、不幸な人のことなど人間界のことも出てくるが、基本は最初に書いている内的、外的な人間のことであろう。

最後に、De Ordine（Oeuvres de Saint Augustin 4, 1948）を参照して彼の考えを見てみよう。まず私は秩序の外にあるものを見ず、かくて秩序は反対のものを持たないという（同 I -7-16）。秩序ということをそれほど主張してよいものであろうか。これはプラトニズム的哲学から由来することであろう。神をもこういう考え方の中に入れることとなるのであろう。結局、秩序という枠が最高位にあることとなろう。もし生ける神が最高位にあるのであれば秩序の下にすべてを入れて考えるという考え方は生まれないであろう。なぜなら神はその都度具体的状況の中でその意志を顕わにするのであるからである。予め人が秩序を前提にしてものを考えることはできないのである。善と悪とは同時に秩序の中にある、私はそれをどのようにして説明するかを知らないともいう（同Ⅰ-7-16）。悪も秩序の中に入っているところが興味深いところである。神は秩序を愛し、秩序は神に由来し神と共に存在するという（同Ⅰ-7-17）。秩序は神に由来するのだから神の方が上ということになる。だが聖書の世界はハーモニーの世界ではなくて、善悪の噛み合うディスハーモニーの世界というべきである。確かに自然的世界については何らかの秩序を想定することは理にかなっていると思う[5)]。しかし人格的世界についてもそうであろうか。むしろ反対ではなかろうか。何かの行為へ向けて決断する時には、それまで存していた秩序を破るという契機が存しているといえる。そもそも神の世界創造という行為が既にそういうことであろう。新たなるものを生み出すのであるから。それまでとは異なった次元のものへと変化するのであるから。もっとも神の許には何らかの秩序というものはあるとは考えられる。しかしそれは人にとっては不分明なものであろう。少なくとも終末までは。今の時点で人はそこまで知ることは許されてはいないのである。そこまで知っている、あるいは知りうると考えることは人の傲慢と判断されるであろう。このように秩序を重んじると、神自身も秩序に従うのかという疑問が生じる（同Ⅰ-1-2）。神自身も秩序によって支配され、動かされているという意見も出てくる（同Ⅰ-10-29）。キリストが神によって我々の間に送られたことも秩序によることとなろう。神よりも秩序の方が上にあることとなろう。このような神自身についての思弁的議論が不可避的に生じてくる。被造物たる人間が与えられた有限な知恵を以って神自身の領域へ踏み込んで神をあげつらうこと自体が大変不遜なことであろう。確かに知恵は重んじられている。しかし人の知恵と神のそれとは雲泥の開きがある。この点を忘れてはならないであろう。人格神を最高位に信じる限り秩序中心に考えることはできないのではあるまいか。結局、矛盾してしまうからである。また幾何学、天文学に関して秩序について論じている（同Ⅱ-

15-42）のだが、これは現代的にいえば自然神学的次元のことである。しかし聖書はそういう次元で神への信仰を問題にしてはいないのである。実存的次元で問題にしているのである。秩序ということの内に先のような次元のことが入っていることによって、秩序ということが実存的次元のことでないことが逆に顕わになるのである。

（b）悪。善の欠如が悪と考えられている。こういう考えは人の論理の一貫性からの主張といえよう。聖書では悪は論理的にではなくて、倫理的に捉えられている。もっとも若い時の肉欲へ崩れた体験から判断しても、彼がただ単に論理的に悪を考えているとは思われない。たとえそうとしても自我である意志がそういう傾向を有する時期があったので、そういうプラトニズム的論理を当てはめて考えたのであろう。あるべき姿にありえていないのである。そう感じていること自体が自我であるといえよう。そう感じていること自体が悪いのではない。ただ肉欲への崩れという事態は悪魔的な性格を持つといえる。なぜなら次第次第に強い刺激を要求してくるからである。ここに神との対決ともいいうるような性格が生じてくるといえる。悪魔的とは自己本来の位置から逸脱して、神が自己のために設《しつら》えた場所から転落することである。これはまさに神と人との間でのある意味での主従逆転を意味している。もっとも神は人の悪をもよい方向へと使うと考えることもできよう。もしそうでなければ人類ははるか以前に滅んだことであろう。しかし悪から善を引き出す[6]と考えてよいものか。善悪は各々別ではないのか。悪を善の欠如と考えるから、そう考えうるのではないのか。だが神の言に従うのが善、背くのが罪、悪である。とすると一体どのようにして後者から前者を造り（facere）うるのか。人間中心的考えになっていると思う。親に背くと石打の刑（申命記21,18以下）なのである。原則として地上から抹殺されるのである。何も造られはしない。たとえ神の赦しがあっても悪が悪であることは少しも変わらないのである。田園での鶏の争いや敗者の醜さに絡んで醜さは争いの美しさをより完全にするのに貢献しているという[7]。これも不必要な考えであろう。醜さがなぜ美しさをより完全にしているのであろうか。端《はな》から醜は美に貢献しているという先入観を以って見るので、そう見えているに過ぎないであろう。そういう先入観を外せばまったく別の見方も可能となるであろう。色眼鏡をかけて見ていると、事柄自体を直視しないこととなるであろう。こういう考えは例えばこの世は今はサタンの支配下にあるというヨブ記における告白などと合致しないであろう。

統一に美しさがあり、分裂に醜さがあるとのアウグスティヌスの教会への呼びかけが引かれている[8)]。個人同様教会についても美しさという観点から見られている。パウロの頃には組織的な教会というものはまだできていなかったので単純な比較はできないので、そういう部分を差し引いて考える必要があるが、それでもそういう観点から見ることには人は疑問を感じるであろう。ちなみにこういう関連で引かれている使徒言行録4,32には美しさということは出ていないのである。持ち物の共有がいわれている。これは思うに信仰的、倫理的次元のことである。美しさというような審美的次元のことではないのである。聖書の世界は決してハーモニアスな世界ではない。ギリシャ的な傾向のあるヨハネ伝でさえも人々は福音に対していわば羊と山羊とに分けられているのである。美しいとはとてもいいえないであろう。確かに神によって造られたものでそれ自体として悪いものは何一つないといえる。だからといって悪が存在するから悪も何らかの意味では善だということにはならなであろう。存在物の秩序という観点から善悪を考えるのでそうなるのであろう。そういう前提に立つと神よりも存在を優先していることとなってしまわないのか。倫理的善悪は何か現実に存在しているものについての問題ではない。また全般的に目に見えるものと目に見えないものとを同次元では取り扱いえないのである。パウロは“見えるものではなく、見えないもの“(ローマ8,24以下、第二コリント4,18）という。後者を基準にして考えるべきであろう。前者を基準としてはならないのである。悪といえども神的秩序の外にあることはできないという考えもありうるであろう。だがこれも悪を存在物の秩序から見ようとするからであろう。しかしそうすると神の管轄下で悪が生じたこととなってしまうであろう。神の存在と悪の存在とはどうしても矛盾せざるをえないであろう。ここから人の堕罪という考えも生じるのであろう。しかしこのことは倫理的意味であって存在論的意味ではないのである。人がロボットでない限り悪へ堕する可能性は存しなければならない。悪がいつ始まったとか、なぜ神の摂理下で生じたのかとかというような思弁的な議論に聖書は基本的にいって無関心なのである。どこまでも実存的に罪について語っているのである。

神、秩序、悪という無、これら三者について、それらの存在のかかわり方についての議論が見られる（De Ordine, Ⅱ-7-23）。こういう議論は不毛である。もとより辻褄が合うように、あるいは調和させて考えることはできよう。しかしそういうことに意味があるとも思われないのである。なぜならたとえそういうことをしても、それは人の理屈に合わせて考えただけのことであるからである。しかも人の知恵は神のそれにはるかに及ばないのである。しかるにここで問題になっていることは常に神にかかわることであるから。その上、聖書はそもそもそういうことはしていないという事実を尊重しなくてはならない。このことは逆に神の知恵は人のそれを超えてはるかに高いことを示しているのである。神はすべてのものを秩序という方法によって支配している限り、悪によって善も秩序を回復するという（De Ordine, Ⅱ-1-2）。これでは神の領域にまで人の論理が入り込むこととなるであろう。人の越権行為であろう。人は神自身のことを知りえない。啓示された範囲で知りうるのみである。神はある一定の法則によって世界を摂理しているのではないであろう。もし仮にそういうことがあるとすれば、神自身が何らかの意味でその法則によって支配されることとなるであろう。だが真実には神自身が法則なのでそれ以外にはいかなる法則もないであろう。確かにイエス・キリストという土台（第一コリント3,11、14）、万物はこの神へ帰る（同8,6）、キリストのもとに一つにまとめられる（エフェソ1,10）などの考えは見られる。しかし秩序というような人が作った哲学的概念のような発想はないであろう。知恵とか言とかとはいわれている。だがこれは神というのといわば同じことである。神は善を愛し、悪を愛さないことにおいて秩序を愛しているという（De Ordine, Ⅰ-7-18）。悪の行き場がなくなるという現象が出てくるので、無理してでも秩序の中に入れなくてはならなくなる。そこからさらに辻褄合わせの理屈を生み出すという悪循環に追い込まれるのである。聖書はそういうことはしていないのではなかろうか。思うに突如として終末が来るという発想はこういう秩序尊重というような発想とは元来異なるように思われる。秩序の位階を人が考えてそういう世界の中へ神をも入れて考えているという印象は拭いがたいのである。

イエスが「なぜ、わたしを迫害するのか」（使徒言行録9,4）と呼びかけ、人に属すものを奪うことが取りも直さず人にとって救いなのである。その場合には秩序も哲学的性格のもので人に属すものだから、そういう発想もまた奪われることこそ救いではないのか。神は悪の存在を許すよりも悪から善を引き出すのをよりよいと判断したという（Enchiridion, Ⅷ-27）。しかしこういう考え自体が人の判断でしかないであろう。神がそう判断したと人が判断しているに過ぎないであろう。なぜなら神を直接知ることは人にはできないからである。聖書的発想でも平和、シャロームということはいうであろう。しかし秩序ということをいうであろうか。そこにはいかなるほかのものも超ええないハーモニー（convenientia）があるので、それに汝を一致させよともいう（De Vera Rel, XXXIX-72）。真理にはこういう側面があるというのであろう。ただ真理とは哲学的概念であろう。そういうものが啓示への信仰と合体しているのであろう。この点が問題となりうるであろう。啓示とはそういう真理をも突破しているのではなかろうか。理性と一致する一面はあるであろうが。こういう点について、神的真理はその統一性において、正しく幸せな生の探究における歴史と哲学の研究において現されると評されている[9)]。歴史、哲学は地上のことの研究を担当する。神的真理は上より到来する。双方を調和的に考えているのであろう。『ソリロキア』での神と魂とを知りたいという原点から由来することであろう。

【注】

1）Gérald Antoni ; La Prière chez Saint Augustin, 1997, 181頁

2）Olivier du Roy ; L'intelligence de la foi en la Trinité selon Saint Augustin, 1966, 414頁

3）De Trin I, Ⅵ-10-12

4）De Vera Rel, XLI-77

5）天文学的次元の秩序に関係するが、被造物を支配している神はそうしたい時にはある星の色、寸法、外観、運行の秩序や法則を変えたという（De Civ Dei V, XXI-8-2, Oeuvres de Saint Augustin 37, 1960）。ヨシュア10,13、イザヤ38,5、列王記下2,8などでの奇跡が挙げられている。これらを文字どおり信じているのであろう。当時の人として信じたことは特に不思議でもないであろう。しかし現代においては信仰的リアリティは単なる可視的次元を超えたものである。そこで奇跡的なことに限らず聖書全体をそういう次元のこととして理解しな

くてはならない。地に密着せず地から浮いているのである。彼は密着したこととして理解しているように思われる。西洋的、客観的認識の立場に立っているのでそうなるのであろう。我々は異なる。同じ個所で神は定めたものの本性をその欲するとおりに変えられるともいう。これによっても奇跡的なことが現実に生じたと信じていることが分かる。しかし現在の我々の知的水準から見ると、我々の信仰が地から離れた次元へ移るようにそれは促していると理解すべきであろう。聖書に書いてある個々の表現も各時代の知的水準や知的状況が変わることによって、その信仰への働きも変化すると考えねばならないであろう。そのまま信じることが信仰のメルクマールでありえた時代や状況も過去にはあったことであろう。時代の変化に応じていわば弁証法的に理解せねばならないであろう。地に密着していないということは永遠的次元にあることである。彼は永遠においては過ぎ行くものも、来るべきものもないという（De Vera Rel, XLIX-97）。永遠がどういうものかは今の人の理、知性では考ええないことである。にもかかわらずこのように考えてしまうと、それはもはや永遠について考えていることにはならないのではないのか。考ええないことについて考えているからである。永遠が人間化され、人間並みに矮小化されているのである。確かにパウロも「いつまでも主と共にいることになります。」（第一テサロニケ4,17）という。これはしかし終末という実存論的、終末論的次元の事柄である。決して思弁的次元の事柄ではない。

6）Enchiridion, Ⅷ-27（ Oeuvres de Saint Augustin 9, 1947）de malis bene facere

7）De Ordine, Ⅱ-4-12

8）SOEUR Marie-Ancilla ; La Règle de Saint Augustin, 1996, 150頁

9）P. PIRET, S.J. ; La destinée de l'homme : la Cité de Dieu, 1991, 293頁

（三）神

次に神について考えたい。神は一つの実体、本質、ギリシャ人がウーシア（ousia）と呼ぶところのものであるという（De Trin I, V-2-3）。聖書はこういう議論はしていない。ヨハネ伝にしてもこれらの語は使っていない。神を実体と呼ぶのは不適切だが、人は神が本質であることを見るという（De Trin I, Ⅶ-5-10）。実体にしろ、本質にしろ人の頭が考え出した概念である。人による被造物である。そこでそういうものへ神を押し込めていることに何ら変わりはないのである。本末転倒なのである。旧約では擬人的言い方と神が人を超えてはるかに高いということとが両方いわれている。彼では三一論的考え方が出てきて、人の論理に納まることとなり、旧約での後者の面が抜けないまでも弱くなるのではないか。擬人的言い方をしていても、後者の面があることによって神の人間化は避けられているといえる。神にあっては感覚と知性とは同一で、また存在する

ことを始めたり止めたりすることなく不死であるという（De Trin Ⅱ, XV-5-7）。確かに第一テモテ6,16では神が不死という。しかし同時に見ることのできない方ともいう。これら二つを同時に考えるとどうなるのか。不可視なら死とも不死とも判断がつかないであろう。そこで神が不死とは死という概念を超えていると受け取らなくてはならないであろう。死の対概念としての不死ではないのである。死対不死の対立を超えた意味での不死なのである。そういう意味では不死でもないのである。死を超え、不死をも超えているのである。そもそも見えないということは人の判断や概念をすべて超えていることを意味している。人は啓示された範囲で知りうるのみなのである。したがって不死とは便宜上での表現ということとなろう。しかるに一旦そのように表現されると、人はその表現に囚われて、そこから神に“ついて”考える結果になるのである。ここに本末転倒が生じるのである。このことは厳に慎まなくてはならない。神について永遠、不死、不変、生、力、美、善、幸い、霊など種々いわれるが、霊がその実体を意味しており、他は全て実体の性質として肯定せられるという（De Trin Ⅱ, XV-5-8）。啓示によって示された範囲しか知りえぬ存在について、その実体と性質とを人の概念を使って考えるのは的外れではないかと思う。

神はあらゆる場所に全体として存しながら、しかもどこにも存しない（Conf Ⅰ, Ⅵ-3-4）、神が過ぎ去った時間に先立つのは常に現在である永遠の高さによる（Conf Ⅱ, XI-13-16）――これらも哲学的傾向を示しているが――という。こういう考えがあるので一方で、神には三一としての統一が存するが、人は存在の統一において危機に瀕しており、このことが知性を存在と結びつけるという理解[1)]も生まれるのであろう。聖書は神についてこのような哲学的な述べ方はしていない。神が人やほかの被造物にどのようにかかわるかを述べるのみである。神自体についてはその名前以外には基本的にいって述べてはいないとも考えうる。いわば無記たることを余儀なくされているのであろう。もっともそういう次元のことに関心があったとしても、人は知りえないのである。知ることと存在することとが神にあっては一であると考えるのであろうが、聖書は神自体について論じてはいない。そういう論が可能になるには、神自体について知っていることが前提となろう。果たして人にそういう権能があろうか。啓示された限りでの神とは神自体ということを意味しないであろう。つまり啓示によってすら人はそういう点については知りえないのである。こういう議論は神自体についてではなくて、人が神と“想定”したところのものについての議論といえる。決して神自体についてではない。人が神について議論できるのであれば、人はまさに神より上の存在になってしまうであろう。神については、清らかな光、飽満に美しく飾られている、正義で無垢、安息と生命とがある（Conf Ⅰ, Ⅱ-10-18）、美しきものの根源なる美そのもの（同Ⅲ-6-10）などといわれている。これによると、神とは真宗での阿弥陀仏のような印象を受ける。十字架にかかったキリストの姿とはまるで違う。パウロはどこにも神自身についてこういう描写はしていないと思う。見たこともない神についてそのようなことのできるはずもないのである。聖書では神を義と愛とは呼んでいると思う。しかし美とは呼んでいないであろう。美とは人格的概念ではない。生ける神は人格的存在である。そこへこういう非人格的概念を持ち込むと、神がその分不純な性格のもの、つまり人間主義的なものに堕していくのではあるまいか。ということは神と人とが連続的になる傾向が生じるのである。愛と義という点では、人の愛と神の愛とは異質である。また人は神のように完全には義ではありえない。愛という点と同じである。だから神と人との間には原罪という断絶が横たわっている。しかし美ということだと、人は美には完全に共鳴しうる。そこで連続的になり、断絶は消える。アナロギア・エンティスとなる。逆から考えると、連続的にしたいので美という概念を持ち出してきたといえなくもないであろう。ということはそれだけキリストのあがないの意義が薄れることを意味する。完全な意味でのキリスト信仰ではなくなるであろう。信仰の逆説性が全般に弱くなるであろう。

　ここで特に神の創造やその後の摂理について考えてみたい。全被造物が神によって創造されたことはいうまでもない。神が何かを善しと見ることとそのものの存在するのを見ることとは同じだという（Conf Ⅱ, ⅩⅢ-38-53）。確かに人に比較すれば、神についてはそういいうるのであろう。しかしそういう人の論理を神の内にまで持ち込んでよいのかと思う。その分、神が人間化されるからである。たとえ違いを明らかにするためとはいえ、人の場合を基準にして考えるわけであるから。なぜなら神の場合については直接知りえないからである。そこで人の場合から類推するしかないのである。そういうことをしてよいものかと思う。むしろかえって旧約のように擬人的書き方をしている方がよくはないのか。被造物について、神によって存在しているのだから存在しているといえるが、神が存在するのと同じものではないので存在しないともいいうるという（Conf Ⅰ, Ⅶ-11-17)。これは即聖書的で正しい考え方だと思う。これと呼応して、恐るべきものは神ただ一人であるという（同 Ⅱ-6-13)。「魂も体も地獄で滅ぼすことのできる方を恐れなさい。」（マタイ10,28）という聖句に対応している。プラトニズム的神観とは異なっているといえる。反面、神の意志が能力より大きいことはないので意志に反して何かを強制されることはないという（同 Ⅶ-4-6)。神についてこういう議論をすること自体無益であろう。信仰者は一般に「民が主を見ようとして越境し、多くの者が命を失うことのないように」（出エジプト19,21）とも評されうる、つまり神を知りえない状況にあるにもかかわらず、こういう議論が生じること自体が奇異なことである。これと平行して、神に愚かさが結びついているか否かについて論じている（De Ordine, Ⅱ-3-8)。これもまた不毛の議論であろう。秩序という総枠としての縛りがあるのでこういう議論が生じるのであろう。そこでそれを外せばすべては雲散霧消するであろう。自らで自らの手足を縛っているようなものであろう。自縄自縛とはまさにこのことであろう。神に結びついているものは自らは動いていないのかというような不毛の議論（De Ordine, Ⅱ-1-3）さえ生じるのである。

さらに、神はその言と共にすべてを同時にかつ永遠に語るという（Conf Ⅱ, XI-7-9)。少なくとも聖書は例えば創造に関して“同時に”とはいっていないであろう。またこの永遠の理念の中では何もその存在を始めたり、止めたりはしないという（同XI-8-10)。永遠の理念という概念は聖書にはないであろう。イエスは「父のもとから出る真理の霊が来るとき」（ヨハネ15,26）といっているが、そこまでが限度であろう。しかもイエスは地上に現れた神的存在である。「言の内に命があった。」（ヨハネ1,4）といっている。そういう啓示的存在と切り離した形で真理とか生命とかとはいわないのではないであろうか。これらの彼の表白は哲学的傾向を示唆している。永遠の神は一度だけ意志し、後で変更することもないという（同XII-15-18)。以前には造らなかった被造物を造ろうとの意志が神に起こったら真の意味で永遠ではないともいう（同 XI-10-12)。これらは哲学的立場からの読み込みであろう。人が神自身の意志の在り様まで論理的に分析するのは分を超えた不遜であろう。神は悔いてもいるのである。例えば人や動物を造ったのを悔いている（創世記6,7)。“一度だけ”とはいいえないであろう。かくてこういう神観は人の僭越以外の何ものでもない。啓示から考えるという態度ではない。何らかの人間的前提からの発想である。神という究極の存在についてこういう人間的前提があると、それ以下のすべての面でそういう前提で考えることとなるであろう。そこでまったく外れないまでも、すべてがずれてしまうであろう。可変的なものはすべて永遠ではないので、それと反対に神の意志に変化はないという判断は神と被造物とに同じ基準を当てはめていることを現している。しかしこのこと自体が正しいこととはいえないであろう。まったく異質なものを同じ基準で見るのであるから。異なったものには異なった基準を当てはめねばならないであろう。かくて神については可変的でありつつ永遠なのであるとせねばならないのである。滅びる定めにある今の人の理、知性には理解し難くともである。今の人の理、知性は人の存在と共に滅びるものでしかないのである。滅び行くもので滅び行かないものを判断すること自体がそもそもの間違いなのである。

神は善である。この善は我々の各々から遠くなく、その内に我々は生、運動、存在を持つ（使徒言行録17,27以下）という（De Trin Ⅱ, Ⅷ-3-5)。しかしこの聖句では“善”とではなくて、“神”といっているのである。イエスも「何よりもまず、神の国と神の義を求めなさい。」(マタイ6,33）という。神の善とはいってはいないのである。例えば神を最高の善などと定義するのは人の思い上がりであろう。人が神を定義するなどとはそもそもの初めから本末転倒しているのである。神は善き者というのは許されるであろう。「神おひとりのほかに、善い者はだれもいない。」(マルコ10:18）とイエスもいう。ここでの「善い」はあくまで形容詞であって概念化されているのではない。そこでここからもし善という概念を作ってそれを神と一つに考えるなら、そこに人の自我的作用を見うるのである。さらに、“最高の”というのは不遜である。人は全知ではない。それなのにどうして“最高”と判断しうるのであろうか。両表現の間には文字どおり雲泥の開きがあるといえよう。神が上か人が上かの開きである。神はアダムの堕罪を前以って知っていて人の悪い意志が全能者の善い意志を完成するように計画したという趣旨のことを述べている（Enchiridion, XXⅧ-104)。どこまでも調和的に考えようとしている。創世記自体はこういうことはいっていないと思う。人の罪を実存的仕方で告白しているのである。神を善、人を可能的義人として考えるのではなくて、むしろ反対に神を義、人を可能的善人として考えるべきであろう。そうしてこそ神中心的考え方となるであろう。前者はそれに比すれば人間中心的と考えられるであろう。なぜなら神を善ではなく、義と観念することの方が人には厳しい存在であることを意味する。それだけ人に努力を要求し、パウロのいうように“律法は養育係”（ガラテヤ3,24以下）というものの感じ方へ通じていると思われるのである。そしてこの善ということと至福（beatitudo）ということとが結びついているのである。神は至福とされている（Conf Ⅱ, XⅢ-3-4)。聖書は神に関して至福といっているであろうか。人に冠する形容を神へ転写しているとしか考えられないのである。至福とは人間的概念であろう。神が義とか愛とかとはいわれているであろうが。人への概念を神の中へ持ち込んでいるのではないのか。人の願望が神の中へ持ち込まれることによって聖化されるのであろう。その分、神と人とが連続的になるであろう。そうして心の奥底で神に連なる要因を感じるのであろう。否、そう感じたいのでそのように考えるのであろう。ただ至福というのは幸福とは異なるであろう。そこで直ちにそれが信仰と矛盾するとまではいい切れないであろう。

【注】

1）Matthias Smalbrugge ; ibid, 180頁

（四）神の三一性

（a）神の三一。キリスト教は当然のことながら主イエス・キリストへの信仰を意味しているが、ヨハネ1,1以下からも分かるように、神自身の中での三一ということをも考えうるであろう。また「父と子と聖霊の名によって」（マタイ28,19）とあるように外に現れた三一としても考えられよう。かくて神自身の内外におい

て考えられる。たとえヨハネの告白があるとはいえ、神自身の内でのことに人の論理を入れ込むのは僭越ではないのか。明確に三一と啓示されているわけではないからである。推測にしか過ぎないのである。神を人間的次元へと引き下ろすことにならないのか。旧約についても三一論の立場から個々の旧約の神の顕現の言表に三者のうちの一、あるいは二とか三を当てはめるという読み込みをしてできなくはないであろう。人がそういう行いをすることにどれほどの意味があるであろうか。神自身が決めるのなら有意味であろうが。しかしそれを人が決めようとするのは僭越であろう。越権行為であろう。人は自己の分を守らなくてはならないであろう。さらに三者についてのその同じ本性（homoousios）についての議論が見られる[1)]。人が考えた教義論争という次元、つまり人間的世界の中での語の解釈の問題とされることによって、神の世界のことが一挙に人間的世界の中のことへと矮小化されてしまうのである。考えている範囲というか、世界というかともかくそういう領域が天から地へと下ってきていることを顕わにしている。神自体は抜け落ちてしまっているのである。もぬけの殻である。空のものについてああだ、否こうだと議論しているのである。架空の存在についての議論なので一種の偶像崇拝論ともいえよう。アダムが堕罪して本来のところより堕ちてしまったのにも似ているともいえよう。人の理性が超越的存在に届かないように人の概念も届かないのである。だが否定神学でのようになると、神自体が一つの概念となってしまうのではなかろうか。概念を一切脱落さすには「心身脱落脱落心身」以外ないのではなかろうか。三一論については、元来そういうものは存在しなかったのだから、そういう西洋的な三一論の形成過程自体において三一論の妥当性を反省する必要があるであろう。それに対して西洋的三一論の成立を前提としての、例えば現代的観点から三一論の問題を取り上げるのは有意義なこととは思われないのである。そういう西洋的三一論という土俵そのものを問題とすべきであるからである。三つの位格、一つの本質ということは前者がどのようにして統一されるかをいわぬためでもなく、示すためでもないという考えも見られる[2)]。これによると三一の秘義ともいうべき点は考えられている。神の世界へ人の論理を持ち込みえないのである。しかし思うにそういう三一論自体が人の考え出したことである。自縄自縛に陥っているとも考えられるのである。

もとより彼自身もそのように感じている一面を有している。聖書において三つのペルソナについて論じられているのを見いださないという（De Trin I, VII-4-8）。かくて聖書自体は三つの位格というようなことは考えていないことを示している。ここで「我らの神、主は唯一の主である。」（申命記6,4）が引かれている。ラテン語では「唯一の主」のところはDeus unusと訳されDeusとなっている。仏訳も。このことも関連してペルソナという発想は聖書的ではなくて、西洋人の発想ということであろう。ペルソナとか実体とかともかくそういう発想は聖書とは異質なのであろう。神性の超越性が普通の語彙の方便を超えているので三者統合にふさわしい名称は見つからないという（De Trin I, VII-4-7）。かくて三一の神の人の精神を超えたことが考えられているようである。しかし一方では創世記19,17;19などについて二人の天使を子と聖霊とし、父はミッションでは出くわさないという（De Trin I, II-12-22）。確かに理屈には合っているのである。創世記18章に関してだが、アブラハムが三人の人を見たのなら一人のみに声をかけはしないであろうとし、聖書は前以って思弁、仮説の予防をしているという（De Trin I, II-11-21）。聖書が非思弁的たることは彼も認めている。こういうところから彼もバルト同様に一という点に重点を置いて説明していると評されるのであろう[3)]。ただ三一において前後を区別する時という観念を導入してはならないという（De Trin II, XV-26-47）。正しいことといえよう。時を考えていないのであるから。これは聖霊が父や子から発出するときにいわれていることである。しかし前後の区別を廃すると、かえって思弁的にならないのか。導入を問題にしていること自体既に時というものの考え方に染汚されていることではないのか。あたかも時の中での事柄のように考え、書けばよいのではないのか。なぜなら人にとって時のない世界など考ええないからである。時の中にあってこそ時を超えるのではないのか。禅のようではあるが。

「わたしと父とは一つである。」（ヨハネ10,30）という言葉は実体的意味を持っているという（De Trin I, V-3-4）。実体によって（secundum substantiam）である。しかしこの聖句は一つであるといっているのみである。実体について論じてはいない。読み込みであろう。確かに実体のないものについて一つとか異なるとかとはいいえないであろうが、だからといって反対に実体をいっていると決めてよいものか。被造的なものについてならそれでよいであろうが。人間的論理を持ち込まずにその場に留まっている点こそ重要なことなのである。論理を追求する自我の否定が伺われるからである。第一コリント15,28に関して、実体自体における被造物の変化を意味し、被造物の実体が創造者の実体となるという（De Trin I, I-8-15）。パウロはしかしそういうことを考えていたであろうか。もっとも死者の復活の話の続きなので西洋的論理を持ち込めばそうもいえようが。実体とか本質とかという議論はそういう出来事が生じる「どのようにして」という次元に属す事柄である。パウロはそういう次元ではなくて、そういう出来事が生じること自体をいおうとしているのである。このことは旧約において預言者が出来事の生起を預言するが、その「どのようにして」については黙していることも多いことと軌を一にしていると思われるのである。こういう事態は有無一体の世界のうち、西洋では有の世界が見られていることと平行した事態であろう。一方、父も子も各々自己への関係によって父、あるいは子と呼ばれるのなら、実体的意味でそれぞれ父あるいは子と呼ばれるであろうという（De Trin I, V-5-6）。子が子と呼ばれるのが子自身への関係によってであるという。だが「言は神と共にあった。」（ヨハネ1,1）といわれるとき、神との関係も考えられているといえる。かくて全般に人間的思考を持ち込むべきでないところで持ち込み、持ち込んでよいところで持ち込んでいないという印象も受ける。子はすべて父からその存在を保持しており、父のためにしか子ではないという（De Trin I, II-1-2）[4)]。存在は原語ではquod estとなっている。こういう考えは即聖書的であろう。「父はわたしよりも偉大な方だからである。」（ヨハネ14,28）が引かれている（同II-1-3）。ここから世に下っているということとも相俟って父より劣っているという考えが生じるのであろうか。子については神からの神（Deum de Deo）というが、神自身についてはもとよりそうはいわないのである。しかし「信仰と、希望と、愛、……最も大いなるものは、愛である。」（第一コリント13,13）という聖句から見て、愛をその十字架で直接的に現している子を劣ると判断してよいものかと思う。「キリストの頭は神である」（第一コリント11,3）における神を父であるとして、これを神の三一に関連させている（De Trin I, I-6-12）。内容的には問題がないとしても、礼拝の場での頭への被り物に関連して比喩的にいっていることである。そういう次元の発言を三一へ関連させるのはどうかと思う。

(b) 子と聖霊。彼がフィリピ2,7に関連して、子は神の形を隠しつつ僕の形を現しつつ無となったと考えていることが引かれている[5]。隠すという発想も三一論的考え方からのいわば読み込みであろう。聖書には隠すとは書かれていないのである。これに関連してすぐ次に引いてあるイザヤ9,5、マタイ1,23などにもそういう類のことは出ていないのである。隠すという理解は子を姑息で卑劣な存在とするであろう。神の子がそういうことでよいものか。人でさえそういう行いをすれば、姑息とされるのである。人の論理によるいわば繋ぎを入れているのである。聖書にはこういう類の繋ぎは欠如している。この点は極めて大切である。人が自己完結的であろうとするか否かがかかっているからである。このことは究極的には罪からきているのである。さらに、同じ聖句に関連して、キリストが僕の形を受け取った（a reçu）と同時に取った（a pris）ことが三者共通の作品であることを意味すると解されている[6]。確かにパウロもフィリピ2,6において「固執しようとは思わず」(ouch harpagmon hēgēsato）という。かくて「失わず」などの表現（注６）はパウロの告白に対応しているともいえよう。しかしこの聖句を読んでいると、キリストが受肉に際して自分がかつてあったところのものを失わずとか留まりつつとか変えずにとかというように、それにこだわっているという印象は受けないのである。むしろ反対である。失わずとか変えずとかでは固執しているとの印象は避けがたい。やはり自己があったところのもののうち何かを残していては「無にして」（７節）ということにはならないであろう。神が厳然として存している限り、自己があったところのものをまったく捨てても、それが神の支配下で行われる限りキリストが神の子であるという事実は少しも変わらないであろう。否、むしろそうであればこそ神の子とせられると考えるべきであろう。失わず、変えずというのはキリストが神の子であるという考えからの人間的、人間主義的な読み込みなのではないかと思われるのである。脱落させることも脱落させるという道にははるかに及ばないこととなるであろう。それで果たして「固執しようとは思わず」といいうるであろうか。“神の子”といいうるのか。

“人の子”でさえも脱落させることも脱落させるというほどのことをしているのである。

「すべてをゆだねられた。」（ヨハネ3,35）に関して、父が子に自分と同じ偉大さを与え、フィリピ2,6が証言するように同等者を造るために子を生んだと解されている[7)]。これは確かにそうであろう。子の同等性は絶対的意味においてであり、実体的秩序に属していると解される[8)]。だが人が絶対と考えたからといって神がそうなるわけではない。人には神に対してそういう資格を与える権能はない。神が元来そうであるからそうなのである。しかも人は神自体を直接には知りえない。人の理、知性は神を知ることはできないのである。概念的に書かれていることはいわば便宜的表現でしかない。「だれが、……神の道を理解し尽くせよう。」（ローマ11,33）、「民が主を見ようとして越境し、多くの者が命を失うことのないように」（出エジプト19,21）と書いてある。概念によって神を考えることは直接見ることの代替物といえるであろう。確かに聖書の啓示も人へのそれなので、人が解しうるようにキリストが世に下ったごとく、人間的次元に下りてきてのことではある。そこでそれをいいことにして、字句に拘泥して知性を発動するのは啓示を人間的次元へ引き下ろすことを意味するであろう。例えば人の目は一定範囲の波長の光しか見えない。そこでそれと平行して、概念をいかに発動しても一定範囲のものをしか考ええないと了解した方が理にかなっていると思う。人の力は体力も能力も有限なのである。かくて絶対というような用語を使用する力も資格も人にはないのである。このことは人の答えは「『然り、然り』『否、否』と言いなさい。」（マタイ5,37）というイエスの言葉とも呼応していると思う。

聖霊に関して。これについては舌、炎などと比喩的に記されてはいる（使徒言行録2,3）が、神と同様に人が直接見ることはできない。原理的には昇天後にキリストが我々を助けるために天から送るものであろう。かくて人の心の中での働きと理解されるのは自然の勢いといえよう。いわばキリストの啓示の内面化であろう。父、子両者からのものとも、あるいは父からのもの、あるいは子からのものとも解しうるであろう。パウロは神の霊、霊、キリストの霊というように霊を三様に取り上げている（ローマ8,9）。厳密な区別はしていないのが実態であろう。かくてそこから三一というのは西洋の論理が生み出した理論であろう。聖霊との関係では父、子両者は唯一つの原理を形成するというのがアウグスティヌスの考えだといわれる[9]。“唯一つ”というところがいわば特徴なのであろう。しかし聖書が明確にそのように記しているであろうか。人が一方的にそうと決めているのではないのか。神自身のことについて人が決めている。本末転倒であろう。父、子、聖霊という三者の論理的関係を問題にしようというような疑問が生じること自体が問題であろう。神にかかわることを人の論理の枠にはめて理解しようとしているからである。この時点において人の論理は神の存在を上回っていることとなる。優越しているのである。だからこそ論理で神の存在をいわば包み込もうとしているのである。人の論理より神の存在（三者としての）が優越しているのであれば、少なくともそう感じていれば、論理を発動して神を解しようという心は生じないであろう。パウロのように「なぜ、わたしを迫害するのか」（使徒言行録9,4）と迫られた場合は当然そうであろう。畏れ多くてそういう心は生じないであろう。かくて三一論によって理解された神は生ける神とは異質なものになっているであろう。

言葉で何かを指示しようとする場合、その対象が現実の可視的世界の中に実体として存在しているものなら、言葉で指示することができよう。ただこの場合ですら、ものそれ自体は明らかではないという考えさえある。まして神の存在となると否定神学ではないが、あらゆる言葉は神を指示するには不適切である。“神”という言葉さえ不適切であろう。そこで神、子、聖霊というような必ずしも的確ではない用語を使って呼び習わしたものについて、それらの関係を考えてもいわば空中楼閣の上に空中楼閣を重ねて空中楼閣の二重の塔をこしらえているようなものであろう。生ける神とはおよそ何の関係もないものになってしまっているのである。生ける神は本来言葉では呼びえないものである。ただ生きているのみである。パウロを見ているとそう感じられるのである。“生きる”ということに全存在がかかっているのである。神の救済的な“生きる”とパウロの伝道的な“生きる”とが一対一で呼応しているのである。そこで論理を発動するという心は生じないのである。現実の生の中での生きることが重視されている。こういう生き方、心の在り方は神がイエス・キリスとして地上に受肉したことに呼応している。そういう主の在り方に応じてキリスト者として地上で地の中で生きることが目指されているのである。このこととパウロが自己を使徒として自覚し、異言を語る者、第三の天に挙げられた者などを自己としていない（第一コリント12,27以下、第二コリント12,2以下）こととは対応しているのである。神の受肉に応じて、彼は地上からいわば地中へとでもいうべきような生き方へと転じているのである。地上から天上へとでもいうべきモチーフはない。終末については「雲に包まれて引き上げられます。……いつまでも主と共にいることになります。」（第一テサロニケ4,17）というが、それはあくまで終末においてであって今現在においてではない。この“引き上げられ”ということがそれまでは地指向的に生きることを逆に表している。例えば「なぜ、むしろ不義を甘んじて受けないのです。」（第一コリント6,7）というパウロの言葉は彼の地指向的たることを端的に表している。たとえ騙されても地から離れないことを表しているからである。

三一論を構成したりするのは心が地上から天上へという方向にあることを示している。なぜなら神について取り扱うことをしているのであるから、心が基本的には上を向いているのであるから。パウロは常に下を向いているであろう。下を向いているので概念を発動しようというような心は生じないのであろう。キリストを救い主として信じた時点で概念のようなものはすべて奪われているのである。世に存命中に下を向けば向くほど終末において上に上げられるのであろう。反対に心が上へと向いているので、論理を発動するような心が生じるのである。イエスをキリストとして絶対的な神の受肉として信じる時には人の側でのすべてが脱落しているのである。それ以後は主が天から地へ下ったように人は地からいわば地中、地下へと下るのである。少なくとも天へ向かって上る、上ろうとはしないのである。論理的に考えることは極論すれば消えているのである。主ということが意識を占めていて、神ということは言葉としては出てくるが意識を占めているとはいいえないのである。それに比すれば論理に生きることは、少なくとも端的に生きることを減退させているのである。アウグスティヌスでは神の許にまで上ろうという意識があるのであろう。基本的には天思考的、天指向的なのであろう。これには肉欲に苦しめられていたという経験も大いに影響しているであろう。そこで論理の発動というような局面も生じてくるのであろう。キリストはいわば方法とか道であって神ということが意識を占めているのであろう。このように考えてみると、論理や概念などは地から天に至るための、人が作ったいわば梯子のようなものであろう。

(c) 子と父。子は父より劣っているので送られたのではなく、全能の神の明るさからの清き放射である（知恵の書7,26）ということがいわれている（De Trin I, Ⅳ-20-27)。ラテン語ではmanatio (flowing out）となっている。流出ということとなる。父が生む者、送る者で子が生まれた者、送られた者で力、実体などにおいて差はないとされる（De Trin I, Ⅳ-20-27)。ここでも劣るという発想は見られない。子についてその召使の状態ゆえにいうように、聖霊が父より劣るとはいわないという（De Trin I, Ⅱ-7-12)。鳩―火の炎という表現は父に比しての聖霊の劣性を意味しないと解されている[10)]。送られた者としての劣勢を我々が宣言するところの当該者自身の派遣者との同等性を我々は告白するという考えが見られる（De Trin I, Ⅳ-19-26)。反面、ヨハネ5,24以下に関連して、子が裁きの日に善人にも悪人にも見られるようになるために子が父より劣るような状態であるという考えも見られる（De Trin I, I-13-30)。劣る（minor、inferieur）といわれる。minorというのは必ずしも優劣を意味しないのではないのか。フランス語のinferieurとは少し違うのではないのか。ともかくここでは優劣的発想が見られる。聖書自体がそういうことをしているであろうか。

もっともヨハネ14,28でイエスは「父はわたしよりも偉大な（meizōn）方」という。これは父の優越を意味するとも取れるであろう。だがこういう神と子との子自身による対比を、直ちに人の世界の中での大小長短として翻訳して解してよいものかと疑問に思うのである。何といっても神的世界自体の中でのことであるからである。ここでの「より偉大」を子が劣るという意味に考えてよいものか。優劣ということだと同じ次元で比較できていることを意味する。ということは真の意味での三一ではないことを意味する。固有の三ではなくなる。もし固有であれば比較はできない。かくて優劣はつけられない。この場合は大小ということは必ずしも優劣を意味しないと思う。優劣ということとなると明らかに価値判断が入っているので、優勝劣敗という言葉があるように、極めて明確にそういう判断をしているといえよう。さらに、子は生まらされている点で、その実体は父のそれとは異なるという（De Trin I, V-3-4）。子は人となった場合は、父の中においてとは異なる実体であるという（De Trin I, I-10-20）。父にしろ子にしろ人を超えた存在である。そういう存在について実体を想定してそれらの同異を論じること自体が人の思い上がりであろう。このような議論にはいわゆる異端論争がからんでいることであろう。そういう土俵の中で彼自身も議論するほかなかったとも理解できる。たとえそうとしてそういう土俵が存在していること自体が問題なしとはいかないであろう。「わたしと父とは一つである。」（ヨハネ10,30）の引用に続いて、父だけ、あるいは子だけがその御顔で以って我々を喜びで満たすという（De Trin I, I-8-17）。ここでは両者は一致している。優劣的発想とは矛盾するのではないのか。マタイ12,32に関して、子に対する冒涜の赦しは子の聖霊に対しての劣性を意味しないと解されている[11)]。マタイ12,32、マルコ3,28以下、フィリピ2,7などでは三者について優劣的発想自体が欠けている。たとえ議論の結果として劣ることについて否定しても、大小長短的な目で見ているという要因が抜けていないこと自体が既に問題であろう。聖書にはそういう要因は見られないのである。考えた末にそこへ行けばそれでよいというものではない。それでは盗んだものを返せばそれで無罪放免というのと同じことにならないのか。既に罪を犯しているのである。途中の過程が問題である。信仰での人間的要因の脱落という観点から見るとき、そういう途中の過程こそ大切といえよう。もっとも神と等しいとか人と同じとかという（フィリピ2,6以下）。これはしかし三者を相互比較した上での大小長短を意味してはいないであろう。そういう比較意識は欠けているであろう。霊的世界では大小長短は意味をなさないのである。だからこそたとえ結果として劣ることを否定する場合でも、どちらが劣っているかというような問いの立て方はしないのである。事実劣るとか優れるという表現は欠けている。端的に同じというのみである。比較を絶した同じという意味であろう。そうであってはじめて真に一なる存在といえよう。そうであってこそ人の意識、認識を超えて三者が一たることを示していると思う。このことは絶対は相対を超えていること、神は人の意識を超えていることに対応していることである。こういう本来的性格の“同じ”を優劣的関連で考えると、絶対的同一、同等を意味するものとして受け取るのではなくて、それらが人の意識、認識の内へ取り入れられてしまい、矮小化されるであろう。このことは即ち神自体の矮小化へと通じるであろう。神と人との隔絶という事態に反するであろう。少なくとも異端論争的次元での三者の優劣比較意識ではその時点で既に神は相対化され、人間化されているであろう。絶対的同等ということは同等という人の判断を超えたことであり、同等という事態はそこにはいわばもはや存しないがごとくの同等なのである。

受肉への子の無化は言の神性が維持されている限りにおいて意味を持ちうるといえる。だがこういう次元のことは神自身に属すことである。人の権能を超えている世界なのである。人は人の分を守らねばならないのである。神自身のことについて人が立ち入って議論をすること自体が傲慢ということとなるであろう。子がとった奴隷の状態では父に劣るが、その前の神の状態にあっては父と同等である、本性によって父と同等で状態によって父である神より劣るという（De Trin I, I-7-14）。同じ趣旨のことはDe Trin I, Ⅱ-1-2においてもいわれている。さらに、ヨハネ16,26～28に関連して、子は父と同じなので父と共に我々を聴許するが、父より劣るので子は父に祈るという（De Trin I, I-10-21）。要は受肉したら劣るという判断のようである。子と聖霊とは父に対して劣るが、それは被造物との結合の結果であると解されている[12)]。こういう結合から劣性が由来するという理解もプラトニズム的といえる。秩序という観念があってそういう枠組みの中で考えているからである。しかしそれ自体は聖書由来のものではないであろう。そこで先のように判断してよいものか。非聖書的なものの中へ聖書的なものを押し込めているのではないのか。パウロは受肉の前後においていずれも身分（morphē）という同じ語を使っている（フィリピ2,6以下）点からしてもそうである。本性と状態というように使い分けることはできないであろう。受肉の前後を通じてキリストは神と一であると考えねばならないであろう。優劣を考えることはできないであろう。事実パウロはそういうことはいっていないのである。「万物は言によって成った。」（ヨハネ1,3）、「その御子を女から、しかも律法の下に生まれた者としてお遣わしになりました。それは、律法の支配下にある者を贖《あがな》い出して」（ガラテヤ4,4以下）と書かれている。これらから子が劣るという判断ができるのであろうか。神として創造にかかわる時にも、(四) 人であることもできる資質を有していたし、反対に (四) 人になった時にも神としての資質を有しているのである。だからこそ贖《あがな》いをなしうるのであるから。泰然自寂としている存在よりも働きの中にある存在の方が優位にあるのではあるまいか。少なくとも現実的にものを考え、感じる聖書全般の発想からはそのように判断されるのである。かくて論理的区別は正しいとは思われないのである。その都度の場面に応じて臨機応変な働きを神はしておられるのである。そうであってこそ三一ともいいうるのではないかと思う。確かに子が父に祈ることは劣ることを示すとも考えうるであろう。しかし人が神に祈るのとは異なるであろう。少なくとも内容的に自己のことを祈るのではないからである。例えばイエスの十字架上での最後の祈りにおいても自分のことを自分のために祈っているのではない。かくてもはや祈りとはいえない祈りであろう。天の軍団を送って悪をくじくこともできたのに、そうしていないこととも呼応している。この点について父との深い一致があったとされる。劣ると考えてよいものか。アウグスティヌス自身、我々は子を神からの神 (Deum de Deo) と呼び、父は端的に神と呼び "神からの (de Deo)" とはいわないという (De Trin I, II-1-2)。こういう点をも考えるのなら、子が父より劣るという発想とは矛盾すると感じないのであろうか。ヨハネ5,19 ; 26に関連して、優劣は問題となっていない、誰が他方より来ているかを指示しようとしているのみであるとしている (De Trin I, II-1-3)。優劣と由来とが区別されている。子が父から由来していても劣ることにはならないのである。信仰的、合理的判断といえよう。余りに三にこだわると一でなくなるのではないかと思う。三者を位階的、階層的に考えようとする先入観があってのことではないのか。三一という枠が先にあってそれへはめようとするのでこういう事態も生じるのであろう。聖書自体の中に三一という枠は存しないであろう。かくてたとえイエス自身が「父はわたしよりも偉大な方だからである。」(ヨハネ14,28) といったとしても、それを三一という枠の中で解する必要もなく、またそうすることが正しいとも思われないのである。彼自身がそうであるように、ある時は三者が同等、また別の時にはそうでないというように判断が揺れるのは元の前提に問題があるからである。つまり論理的な三一である。そういうものが聖書にないからといって、一体誰が聖書の、例えばパウロの信仰が半端だと考えるであろうか。

【注】

1）J.N.D.Kelly ; ibid, 235頁

2）Étienne Gilson ; ibid, 298頁

3）佐藤 敏夫『キリスト教神学概論』1996, 89頁

4）父と子との関係について、相互関係の中でそれらの名称は決まっているという（De Trin Ⅰ, Ⅴ-5-6)。しかし神は見えない。キリストは見えている目の前の存在である。聖霊は現実的に人の心や歴史の中で働くものである。かくてこれらは各々固有なものである。三一論になるとそういう固有な面よりも共通な面が注目されることとなろう。三より一である。三は三者のあるがままの姿である。これに対して一は人が考えた次元のことである。それにつれて信仰はキリスト教的宗教哲学という性格を強くするであろう。こういう論理的構成へと取り込まれたキリストは既に人に対するそれ固有の迫力を失っているのではないかと思う。一人の人格のなすことはすべて三人の人格によって実現されるという理解（Albert Verwilghen; ibid, 208頁）もこのことを示唆している。例としてガラテヤ4,4、ローマ1,3では子の誕生が父の働きであり、他方フィリピ2,6以下では子となることが子の働きであることを証言しているという。確かにこれら三句を関連させるならばそうもいいうるであろう。しかしパウロ自身はそういう意図をもってはいなかったであろう。別の機会に各々のことをいっているのである。パウロは人の論理によるそういう詰めをする必要を感じなかったであろう。こういう繋ぎ合わせという作業によって人間主義的思考の中へ神、聖霊、子をすべて吸収することになっているのである。三の各々に各々の事柄を帰属させるが、本質は唯一で三者の神性は一であるという（De Trin Ⅰ, Ⅰ-10-20)。ヨハネ14,16の引用の後でいわれている。もし真にこのように考えるのであれば三者の間での優劣という問題は生じないであろう。先に挙げたように、創世記18章での三人の人に関連して、三者の同等性と三位格の本質の統一と同一とがいわれている。だがこれら三人を三一的に取るのは少し無理ではないのか。彼は第一テモテ1,17、フィリピ2,6以下などを引きつつ述べてはいるが。さらに、ローマ11,36に関連して、パウロが三者各々にそれぞれの役を配した後で"栄光が神にあるように"といっていることに基づいて、三者は一人の神という（De Trin Ⅰ, Ⅰ-6-12)。しかしパウロはローマ11,33において"神の富と知恵と知識"という。そして34節以下においてすべて"主（彼)"と表示している。かくて34節以下での神の働きについて父、子、聖霊を別々に当てはめて考えることはできないであろう。一種の読み込みになってしまうであろう。28節以下を見てもパウロは神ということしかいっていないのである。かくてここへ三一を持ち込むのは無理であろう。子と子がそこから発しているものとは同じ実体であり、光からほとばしる光の仕方での流出であるという（De Trin Ⅰ, Ⅳ-20-27)。同等である（aequalis）という。ヨハネ10,30によって本質の資格でイエスも神があるところのものであるという（De Trin Ⅰ, Ⅵ-2-3)。神とその子という神自身の内でのことについて、本質（essentia）によってであり、関係（relativum）によってではなくという。こういうことを人が決めてよいものかと思う。人間的世界の中でのことを神にまで当てはめている印象である。本末転倒ではなかろうか。

5）Albert Verwilghen; ibid, 217頁

6）ibid, 212頁以下。フィリピ2,7の引用に際しsuscipere, induere, assumere, accedereなどよりaccipereを好んでいる。また non amittens formam dei, non formam dei demittere, quod erat non perdens, permanens quod erat, non mutansなどが使われている。こういう事実に基づいてこういう理解をしている。

7）ibid, 172頁以下。「わたしにすがりつくのはよしなさい。」（ヨハネ20,17）に関して、イエスについて僕の身分において考えるのみで、神の身分においてという見えざる点を忘れることのないようにという注意であるとアウグスティヌスは考えている。これは考えすぎではなかろうか。復活後のイエスについてのことであるから、必ずしもそうとらなくてもよいのではないのか。そう考えるのも一つの解釈ではあろうが。ただそのことが直ちにイエスと神との一をいおうとしていると解してよいものかと思う。

8）ibid, 191頁

9）J.N.D.Kelly ; ibid, 275頁。ところで、聖霊を父や子と本質的に同じで十分人格的と信じることが許されるのか。論理が先行しているように思われるのである。イエス昇天後に彼が送っているものだから。天地創造前に父と子とがいた時に両者を介していたのが聖霊であるというのも一種の読み込みではないのか。キリストを信じるにあたってそういう論理を持ち込む必要はまったくないのである。同じ本質ということも理解し難いのである。なぜなら「民が主を見ようとして……多くの者が命を失うことのないように」（出エジプト19,21）といわれる。見ることさえできないものの本質は知りえないであろう。にもかかわらずその本質について議論するとはまさに身のほど知らずとしかいいようがないであろう。

10）Albert Verwilghen ; ibid, 207頁

11）ibid, 206頁

12）Matthias Smalbrugge ; ibid, 37頁以下

（五）創　造

次に、創造について。神についての三一論同様に無からの創造という論理ならざる論理が登場する。無から造られた形のない物質から世界は造られたという（De Vera Rel, XVIII-36）。無からということは聖書には書かれていない。創世記自体は創造のための素材があったかなかったかというような人知を超えたことを問題にしていないのである。人知を超えているにもかかわらずどちらかに、例えば無からというように決めるところに問題があるといえる。論理的に考えることは地上に啓示されたイエス・キリストへの実存的信仰にとっては不可欠な次元の

ことではないのである。信仰自体が人知を超えているのだからである。創造以前には神、言即ち神的存在以外何物も存在してはいないことはいうまでもない。そこで被造物が造られる時、光に始まって空、海、水、植物、動物そして最後に人間と造られていった。その場合個々の被造物が造られるとき、いわば原型のようなものが神の意志の中にあったと考えることもできなくはないであろう。しかしこういう推測は人による越権行為であろう。直接見ることも知ることもできない神の意志などをあげつらうべきではない。あったか否かは神自身に属することであり、人が勝手に決めてはならない次元に属している。人がそう決めることのできる神は人の意に従う神でしかない。つまり人の思いをはるかに超えた神ではないのである。そう考えることにより人がかえって逆に人の考えに神をいわば服従させているのである。主従逆転である。スコラ哲学ばかりがそうなのではない。その萌芽はそもそもの最初にあるのである。

彼は世界の存在に先立つ時間、神がその時から創造した一定の瞬間などの幻想を退けると解されている[1)]。そうであれば論理的な詰めをしようとしているとはいいえない。つまりどのように考えてみても人の知性の及びえない事柄についてはそうなのであろう。この点は考えてみれば、正常な知性が働けば誰でもそう考えるほかないであろう。だが一方で、時を魂のある種の拡張（distention animi）と考えると、未来と過去とが現在の中に共存し、持続が知覚されると彼は解される[2)]。しかし基本的には外界を内面に移して考えることとなる。そういうことがたとえ可能としても、それではしかし外界の固有な意味が希薄になる危険が生じる。聖書では内面とはいわば独立した固有な意味を持つ外界としての世界と神との関係が本来問題となっているのではないのか。しかるにこれでは何の解決にもならないであろう。外界を人の内面へといわば心理的次元へ転化することは論理的な詰めをしようとする心と対応しているであろう。

神と被造物との関係について、「それ自身なるものの内に」といわれている（Conf II, IX-4-11）。訳の注に「それ自身なるもの」とは不変永遠の存在なる神であり、出エジプト3,14でいわれている「わたしはあるという者だ」に当たると理解されるという。しかしこれは神がモーセに自己の名を告げているのである。かくてその名は生けるものを代替しているのである。一方、「それ自身なるもの」

とは概念であり、それは対象である生けるものをまず殺さなくては自己を当てはめることはできない。こういう事態と宇宙の中にその作者たる神を観想する態度とは呼応しているのではないかと思われるのである。なぜなら共に人の内面を重視するというものの感じ方に通じているからである。

創造された光を神は良いと見たが、闇は本性によってではなく固有の欠点のために悪いとされている（De Civ Dei Ⅲ, XI-20）。ただ創世記1,2では闇が面にあったと出ている。つまり闇は神の創造以前の状態を示している。かくてそれを直ちに悪と決められないであろうと思う。ここへ悪魔や人にかかわる悪を持ち込むのは読み込みではないかと思う。“神は見て良しとされた”について、造ったものを見て良いと分かったというのではなく、神の知恵である業によって完成された作品としての被造物への同意であるという（同XI-21）。だがこれら二つの事象を分けて考える必要もまたないのではないかと思う。そう考えること自体が人間的思考であろう。二者択一的に考えることもないであろう。人間的論理を神の中へ持ち込んでいるからである。神は我々の通常の考えを超えてものを知る（同XI-21）とはいえ、そう考えること自体が人の考えに過ぎないであろう。事物は神の持つ観念の像として存し、それらは統一の内にあり、その統一はその原理であるという理解がなされている[3)]。どんなものもそれについて神が持っている観念の像なのである。だがこれは人が一方的に考えて神の中へ置き入れている性質のことである。すべては神によって創造された。そこで神はそれらのものの一つひとつについてまず観念を持っていたであろうと推測しているのである。そうか否かを人が勝手に決めてはならないのである。神がすべてを生んだことと新しい存在が持続的に現れることとの矛盾の解決のため、六日の作業で決定した様式の中に固定されていたものと萌芽において創造されていたものとの二種に被造物を区別すると彼は解されている[4)]。創造について神の領域の中へ人が入り込んでいるとの印象を受ける。人間的論理を神的世界へまで持ち込んでいるのである。創世記が自然の創造についてその「いかに」ではなくて、「ということ」をいおうとしているとすれば、神との実存的かかわりが根本である。とすればこういう考えは論理持ち込み以外に記事の受け取り方が本来のものから外れていることを示しているのである。神と天地との満たし方、満たされ方を問い、天地はあなたを捕らえ切れないでなお余るでしょうかと問う（Conf Ⅰ, Ⅰ-3-3）。こういう問い方は非信仰的であろう。聖書ではそういう問い方はしていない。天地の具体的在り方については人の知を超えているからであろう。ただそういう事実について感嘆はしているであろう。「ということ」については感嘆、「いかに」については知りえないのである。だからこそ感嘆もしうるのであろう。

最後に、創造について天の天に対して地を造り、この地から可視的な天と地を造ったという（Conf Ⅱ, Ⅻ-8-8）。創世記1,1と1,6以下とで合わせて二度天地が造られたことへの解釈である。最初の創造での天の天は「何らかの知性的被造物のことです」（同Ⅻ-9-9）ということである。こういう論理的な辻褄合わせのようなことをすることも回心が自我の確立と一であることの現れといえよう。

【注】

1）Étienne Gilson ; ibid, 248頁
2）ibid, 253頁
3）ibid, 281頁
4）ibid, 268頁

第二節　イエス・キリストとキリストへの信仰

（一）ロゴスの受肉

(a) 預言——成就。神の受肉をただ信じるのではなくて、より明確に信じようとして異端論争を経て三一論が形成されてきたと考えることができる。信じることと考えることとは切り離しえないからである。ただその場合、西洋的な論理的探求が信じることから遊離していきはしないかという疑問は生じるのである。もっとも神のその都度、その都度の啓示を統一的に理解しようとするのは当然のことであり、理解しうることである。だが人を絶対的に超えている神の行いを人

が全体として把握しうるのかという点が問題であろう。人の論理の発動はかえって神の行いの不可思議と優越とを見失うという危険と隣り合わせという状況を忘れることはできないのである。

預言はどこまでもその預言者が生きていたイスラエル民族の状況の中でのものである。そこでそれは当時の人々の聞くべきものである。それを何百年も、千年以上も隔たった時代の人間が聞いてそれをすぐに例えばイエス・キリストのことであると決めるというのはいかがなものかと思う。もっともイエスは例えばイザヤ53章1) を読んで自分についての預言と感じたであろう。だがそれもあくまでイザヤ当時の人々へのメッセージであってイエスの時代の人々に向かって言われているのではない。かくて原則的にはいわば前後際断という手続きが必要であろう。キリスト到来によって律法がその特別の意味を失ったように、預言も廃れたとせねばならないであろう。キリストを直接知ったのだから、もはや預言に頼る必要はまったくないのである。イエス自身ある意味で律法を廃したのではないか。自己をその上の権威としたのではなかったか。だから預言からキリストを見る必要もない。むしろそれは間違いであろう。反対にキリストから律法をも預言をも見ねばならないのである。主という究極のものが現れた以上、それ以下のすべてが光をも輝きをも失ったのである。基本的には預言がどういおうと、律法がどのように書いてあろうが、そういうことは問題外となったことを意味する。

かくて旧約の中に例えば「わたしはお前を生んだ」（詩編2,7）と書いてあることを根拠にして、キリストが父によって生まれさせられたと考えるのはいかがかと思う。もとよりそのように考えてその考えがキリストに当てはまらないということではないが。「わたしを見た者は、父を見たのだ。」（ヨハネ14,9）というように真に信じられるのであれば、例えばイエスが父によって生まれさせられたと、あるいは元来父と共にあったと、どのように考えられてもよいこと、あるいは同時によくないことでもある。そういうことを決める権能は人にはないのであって、また決める必要もないのである。権能も必要もないのであるから丁度よいのである。誠に好都合といえる。権能がないのに必要がある、あるいは反対に権能があるが必要がないのではちぐはぐになってしまう。もっとも前者より後者の方が不都合の程度は少ないであろうが。イエス・キリストという存在は人のすべてを飲み込んでしまったのである。そこで当のキリストについて人の浅薄な論理の対象にする必要はまったくないのである。論理をもキリストは飲み込んだのである。人はただ信じることしかできないようにされてしまったのである。それ以外の点については無能にされてしまったのである。神について推論する能力も奪われてしまったのである。終末後の世界について思弁する力も奪われたのである。まして神、子、聖霊についての三一について議論する能力などとっくに奪われてしまったのである。その一点一画に至るまでキリストの霊に満ちた世界に生きているのである。それなのにどうして人の論理によるそういう構築物を造る必要があろうか。神が造りたもうた構築物の中に今現に生きているのである。自己が生きているという自覚さえないかのごとくにそういう世界（構築物）の中に生きているのである。自己という存在とその自己が生きている世界とが異質ではない場合には、自己が生きているという自覚もあえて生じてはこないと考えられるのである。自己の心身をも世界のすべてをもキリストの霊が貫いているのである。キリストの霊から外れているものは何一つないのである。いわばキリスト同一的世界の誕生である。

単純に預言――成就の関係としてしまうと全体が平板になる。そうなることは空虚な時の流れがまずあって、その上に個々の出来事を位置づけていくという考え方になろう。それに対して預言というものはその時代の民に対して上よりいわば垂直に下ってきたものである。例えば旧約にイエスのことの預言と思われるような言葉があっても、それとイエスの出来事とは別のこととして考える必要があろう。各預言においては、その各時代の民、あるいは民の状況と預言とが対応している。旧約の預言と新約での出来事とが対応ということではないであろう。たとえ旧約での預言のようなことがなくても、新約でのイエスの出来事は生じていたことであろう。そういう意味では旧約での預言は不可欠のものではないともいえよう。イザヤ53章をイエスの預言としてしまうのは人の論理による結合である。“イエスのような存在”の預言ではありえても、イエスという具体的存在を預言しているのではない。それをイエスと限定してしまうのは、人の論理による飛躍があるといえる。かも知れないという以上には進みえないであろう。もっともイエスという現実の出来事から過去の預言を振り返ってみると、その預言がイエスのことだというように判断しうるかもしれない。事実が既に存在しているのだからである。ただしその場合でも預言と成就との間には神の決定、決断という行為が入っている。かくて預言と成就とは人の論理によって繋がっているのではない。神の決定によって繋がっているのである。しかもそういう神の意志による決定には人は何ら入り込む権能はないのである。神のまったくの自由意志によって決まることである。こういう人が入り込みえない神の意志が間にあることと個々の預言を人が勝手に繋ぎ合わせて救済史の線を作り上げてしまってはいけないこととは対応していることである。神の意志が間に入っているにもかかわらず、それをいわば無視して人の論理を持ち込むことは神を冒涜することである。瀆神的行為といえよう。一般的にいえることだが、そこが神の領域であるところへ人の働き、それが論理の挿入であれ、推論であれ、推理であれ、何であれ、を導入することは人の僭越であり、許されざることである。イエスの出来事が旧約の預言の成就と受け取られると、イエスの受け取り方が平板となろう。まだ誰も聞いたことのないことが生起したという理解からしても、預言の成就という受け取り方は問題があろう。その上、イエスについての預言が成就した時、その預言は色褪せるであろう。ただ預言といっても、それは地上の出来事に関してのものとして見るからその成就ということを考えたりするのである。神の心の中においては既に生起済みのことといえるのである。神がこうと決意したら既に決まったも同然であるから。さらに、預言では復活したということは書かれていないのではないのか。その限りにおいて預言と成就という形で対応させるのは厳密な意味では無理がありはしないか。肝心な点が抜けているからである。

(b) 子の受肉。子につけられた“送られた”という形容詞が表しているのは父からの誕生という事実自体ではないという（De Trin I, Ⅳ-20-28）[2)]。確かにそうとも考えられよう。人の内面を重視するのでそうなるのであろう。しかし啓示としてはまずは何といっても事実自体が大切といえる。キリストが世に下ったのは我々が心に立ち帰りそこに彼を見いだすためという（Conf I, Ⅳ-12-19）。キリストの啓示は外の世界に現れている。心にキリストを見いだすということではないであろう。基本的には自己の外に見いだすのである。罪人を救うためこの世に来たといっている（同Ⅳ-12-19）ので、赦しは当然考えられている。かくて問題は“心に彼を見いだす”という点であろう。

言は肉となり、信仰によって浄化された魂に永遠の瞑想を留保したという（De Trin I, Ⅳ-20-27）。この個所のすぐ前にヨハネ14,9;21などが引いてある。これらの聖句では瞑想（contemplandem）に当たるような語は使われてはいない。horaō、emphanizōである。ヨハネ1,14において彼は哲学とは異なるキリストの教え、謙遜の道を見るといわれる（Conf I, Ⅶ-9-14　訳の注）。キリストの教えが謙遜の道ということとなる。ヨハネではキリストは「わたしは道であり」（ヨハネ14,6）という。教えが道だとはいってはいない。謙遜を特に重視しているわけでもないであろう。キリストについてはその教えよりも存在に重点がありはしないのか。教えなら釈尊の教えも大いに立派なのではないのか。極端ないい方ではあるが、イエス・キリストはたとえ何も教えなかったとしても、十字架にかかり復活させられたことによって罪の赦しを達成したのである。かくて教えはキリストのキリストたることを人に気づかせるためのものに過ぎないであろう。丁度キリストの行った奇跡がそうであったように。教えは二次的なことに過ぎないのである。キリストは人たる限り仲介者だが、言たる限り神人の中間にありはしないという（Conf Ⅱ, X-43-68）。受肉がこのように重要なのであれば、なぜ神を内面に求めたり、内的反省重視に陥ったりするのか。たとえ受肉を認めつつも真に神中心的発想になっていないからではないのか。受肉において神性が神性たるを止めたのでもなく、被造性がそうであるのを止めたのでもないという（De Trin I, I-7-14）。だとすると子が囚人の状態になることによって父より劣るということと矛盾しはしないか。劣ると考える理由はない。現象的な姿形に人の心が囚われているのでそう見えるのではないのか。受肉に際し言によって着られた人間性という理解[3]もこういう傾向を示しているのではあるまいか。パウロが“着る”という場合、我々が主語である（ガラテヤ3,27）。我々が洗礼を受けた場合である。キリストについて“着る”とはいっていないと思う。人についてのみである。また終末においても「朽ちないものを着」（第一コリント15,53以下）といわれている。そこでキリストが“着る”となると、キリストは別物になってしまうこととなろう。53節以下で分かるように、着ることは基本的には復活後の我々についての話である。キリストの福音が例えばグノーシス的神話を退けえたのは受肉という側面を重視するからである。これはしかしイエスが神の子であるということであって、西洋的な三一論という意味ではないであろう。

イエスの天からの降臨については鳩が述べられているが、誰も人がそれを眼で見たことを疑わないという（De Trin I, II-6-11)。こういう記事を彼は事実として信じているのである。キリストがヨハネによって洗礼を受けたとき既に30才だったと信じるのは、そのとき彼が罪なしだった点から考えて馬鹿げているという（De Trin II, XV-26-46)。こういう見方は確かにできようと思う。目での認識を重視している。そのこと自体は正しい。また我々の言葉が声となり、神の言が肉となるのは共に感覚的なものを取ることにおいてであるという（De Trin II, XV-11-20)。そのとおりである。イエスの啓示は前代未聞の事柄なのである。そこで例えば声であれば直接耳に響くこととして聞くことが不可欠であろう。他のことと違い心の中にあるというわけにはいかないのである。そう考えられた時には、啓示の出来事から既に人によって、人の考えによって何らかの表象が作られているのである。しかしそれはどこまでも二次的なものであって啓示そのものではない。一次的なものと二次的なものとの混同は許されない。なぜならこのことは人に属すものと神に属すものとの混同を意味するからである。神の言は肉となったが、肉へと変わったと信じてはならないという（De Trin II, XV-11-20）[4)]。しかしキリストは本当に人になってしまわないことには人の罪や苦しみは分からない。まったき神であると共にまったき人であることが不可欠であろう。その点が不十分なのではあるまいか。完皮なきまでの人となることが不可欠である。人になったら人であるのみ。神である時は神であるのみである。丁度禅で生死について生の時は生のみ、死の時は死のみというごとくである。肉的結合によってではなく処女性は受胎させられたという（De Trin II, XIII-18-23)。マリアが信仰によって身ごもったと信じている。当時としては聖書に書いてあることをそのまま信じていればよかったのであろう。キリストは肉的欲求の楽しみもなく生まれたので原罪を免れているという（Enchiridion, XIII-41)。確かにヨセフはまだマリアと結婚していないのだから、その記事からするとこう解するほかないといえる。当時としては当然ともいえる。しかし現代的観点に立ってもこうでしかないのか。

神にできないことは何もないということ（マタイ19,26）から見ると、現代では男子の精子なしに受胎させたという奇跡を起こしたのと丁度逆の奇跡こそ時代の状況にふさわしいともいえる。つまり精子による妊娠であったとしても、罪のない人を生ませるという奇跡なのである。奇跡は目に見えないものであり、その点で共通である。目に見えない奇跡である。神が処女性を廃することなく、その母に受胎能力をもたらすことを疑わないという（De Fide Rerum quae non videntur, Ⅲ-5, Ouevres de Saint Augustin 8, 1951）。当時としては不可思議ではない。

次に、受肉の意義について。このいけにえによって不利な証文は消され、悪魔は打ち破られたという（Conf Ⅱ, Ⅸ-13-36）。これは正しいことであろう。こういうことが実現した後だからこそ、人は神秘主義的に神に至る、神を見ることができると考えるのであろうか。しかしそうだと逆に罪ある人が神に至りうるので、赦しの意味が希薄にならないのか。これら二つの事象は二律背反ではないのか。赦しということと神秘主義的に人が神に至ることとは。彼は二律背反に考えてはいないのであろう。それはしかし聖書に合致しているのかということである。否であろう。神はキリストであることによって人の罪を赦したという（同Ⅸ-3-5）。ヨハネによるとキリストは信じない者には裁きを意味しているが、彼ではプラトニズム的背景があるのでそういう見方になっているのであろうか。赦しを重視するという意味で、少なくともここではいわば真宗的な面があるのであろうか。旧約では少なくとも神はそういう面と同時に“畏るべきもの”とされている。こういう面が少し希薄になるのではないであろうか。十字架の死に至るまで義のために受難し、甦って昇天し、悪魔をまず義により、次に力により征服したという（De Trin Ⅱ, XⅢ-14-18）。これは本当である。義の優先は大切である。生命を捨てて義を貫くということである。だがこういう理解をしていながら、一方で至福ということを第一であるかのように取り上げるのは矛盾しないのか。このことは一般の人についてであるから許されるのか。しかし人へと神へとの対応において異なった考えをしていたのでは、神への信仰とはならないのではないのか。ローマ8,31以下を引いた後、神が我々への怒りを静めてないのに、その子に我々のため血を流させたのは矛盾しないかと問う（De Trin Ⅱ, XⅢ-11-15）。こういう論理的な辻褄合わせのようなことには、パウロは関心を示さないであろう。

すべてをキリストの出来事から考えるので、和解ということが何よりもまず念頭にあるであろう。そうでない限りすべてが人の論理という平面の上に乗せられて平板化されるのである。キリストの啓示からの発想になっていないのである。人の世界での論理を神の意志の中に持ち込まないことが大切であろう。なぜならそうすることは不可避的に神の人間化を結果するからである。この後でエフェソ1,4、ガラテヤ2,20などを引いて父、子、聖霊三者一致のこととして子が渡されたことを述べている。これはこれでよいであろう。御許にある生命の泉に向かって心の口をいっぱいに開きという（Conf II, IX-10-23）。パウロは天上のキリストに思いをめぐらすようなことはしていないと思う。一方、地上のイエスについても余り語ってはいない。むしろキリストも含めて誰をも肉に従って知ることはすまい（第二コリント5,16）という。なぜなら霊のキリストを知っているのであるから。しかしこの霊のキリストとは地上のイエスでもあろうし、今自己の内に生きているキリストでもある。そこで“天上のキリストに向かって”ということは必要ではないであろう。自己の内に生きているからである。

永遠の理念、言を永遠の真理において唯一の師であるキリストが肉を通して心の内において弟子に教えるという（Conf II, XI-8-10）。ここでは言と心の内との呼応が考えられ内外が対応している。ただキリストは真理の教師ということになりはしないのかという疑念は残る。ローマ7,24を引いた後、キリストによる恩恵によって不利な証文が抹消されたという（Conf I, VII-21-27）。主による贖《あがな》いが明確にいわれている。ただパウロはこの聖句において自己自身の罪を告白している。実存的側面が先行している。一方、アウグスティヌスは少なくともここでは自己自身の罪を告白してはいない。アダムの堕罪の結果、人類はサタンの奴隷にされ、次いでキリストでの赦しによってサタンの支配から解放されたというのであろう。キリストの意義が救済史的に考えられている。この個所に出ている「あなたの道のはじめ」（in principio viarum tuarum）、「証文が抹消」などというのもそうであろう。道という考え方では道が大切となり、キリストはその中の大道具の一つということにもなりかねないであろう。キリスト自身は必然的意味を持たなくなるであろう。代わりのものがあればそれでもよいこととなろう。確かにキリスト自身が「わたしは道であり」（ヨハネ14,6）という。しかしここではキリスト即ち道である。両者は合同である。イコールによってではなく、三本線で結ばれている。ところが先のように考えると、そうではなくなる。両者の間に隙間ができてしまうのである。もとより人がそれを作ったのである。またここではサタンがキリストを殺したとされている。これも救済史的意味を持つであろう。ただパウロのようにキリストとの出会いから発想されているのとは異なっているであろう。同じくローマ7,24を引いた後で主キリストによるあなたの恩恵のほかにという（Conf I, Ⅷ-5-12)。パウロはイエス・キリストを通して（dia）という。アウグスティヌスはキリストによるあなたの恩恵という。前者は「キリストがわたしの内に生きておられるのです。」（ガラテヤ2,20）ともいう。キリストが彼の自我に取って代わっている。後者では恩恵ということで分かるように、キリストの持っている属性がいわれている。機能として見られている。前者ではキリストの存在全体がいわれている。後者のはやや飛躍するがいわば真宗的だといえないであろうか。人間中心的である。前者では自己の内に生きるキリストがキリストを対象化して「イエス・キリストを通して」といっている。自己対象化という事態である。後者ではキリストはどこまでも自己とは別個の存在として受け取られているのである。別個である以上、人はどうしてもそういう存在の自己に対しての働き、機能、役目、効能として見る、受け取るという事態は避けられないのである。機能として見られるという点は、彼らはあの秘蹟、あの医薬を知らず、健康になりえたはずの解毒剤に対して反対しているという表現（Conf Ⅱ, Ⅸ-4-8）にも出ている。キリストは解毒剤であろうか。主体の入れ替わりは欠けている。人が健康回復するための薬に過ぎないのである。健康回復とは自我の確立を意味するであろう。キリストは人を至福に導く唯一の道であったと解されている[5)]。至福といわれている。これは回心において肉欲的欲求から解放された事実を反映していると思う。パウロのダマスコ途上でのキリストとの出会いにおいてはそういうことはいえないであろう。むしろ反対であろう。目さえ見えなくなったのである（使徒言行録9,8以下)。差し当たりは人生最大の危機であったのである。このことはまた救済史的見方を生む結果となるのである。またわたし達のため一人子を不義なる者の手に渡したという（Conf Ⅱ, Ⅹ-43-68)。ローマ8,32が引かれている。もしこのことをそれ相応の重みで受け取るのであれば、今の自分は罪によって神からは離れていることを意味する。とすれば自己の内に神を求めていくのは矛盾していると感じないのであろうか。不可思議である。こういう趣旨の文の後すぐフィリピ2,6～8が引かれているのであるが。

(c) 主としてのイエス。このように赦しが大切だが、それは石の板と共に心にも書かれている律法の意義と関連している。その法は不義によっても消し去られないという（Conf I, Ⅱ-4-9）。これは誠に正しいことである。体は魂によって生き、魂は不変の真理、神の一人子によって生きるという（De Vera Rel, XⅡ-25）。体と魂とは別々に考えられているが、少し後で聖霊は魂を救うのみでなく、体へも伸びるといっている。かくて両者を全く分離して考えているのでもない。プラトニズム的傾向が強いとはいえ、同時にキリスト信仰的でもあるのである。主の体が天のどこに、どのようにあるかの探求は皮相な好奇心であるという（De Fide et Symbolo, Ⅵ-13, Oeuvres de Saint Augustin 9, 1947）。これによると天の領域にまで人の知性によって入り込んでいこうという意図は感じられない。

ここでイエスの主としての行いについて。マタイ12,13の引用の後、主が奇跡を行なうのは聖霊によってであるという（De Trin I, I-11-22）。こういうところからも子は父、聖霊に対して劣っているということとなるのであろう。プラトニズム的に可視的なものは価値が低いという発想が根底にあってのことではないかと思う。ヘブライ的発想にはそういう要素はないことであろう。そこで劣るという考えは生じないであろう。ヨハネ14,25、16,7 ;15 、10,30などについて、与えることはわたしに属さないとはイエスが与えるのは父の用意した人々へであり、人間的権能にはよらないということであるという（De Trin I, I-12-25）。現実には与える行為は子が行なっている。それが人間的権能にはよらぬという。つまり人の行いが即神の行いなのである。一致がある。とすれば子が父と比べて劣ることにはならないであろう。マタイ26,38以下ではイエスは苦難を自己から遠ざけるように祈る。これは確かに自己のことを祈っている。しかしこれも自己のためではない。人間的弱さ[6]の現われと直ちには見られないであろう。そういう表面的なところに目を留めるか、父との深い一致に目を留めるかの違いであろう。後者重視なら劣るという発想は生じないであろう。もっとも人としての苦しみを避けては贖《あがな》いにはならないともいえよう。ここで逆転の発想が生まれる。神自身として即自態において存しているよりも、子となり肉をとった神の方が優れているという発想である。父へのここでのような祈りを見て劣るというのはすべて表面的なことを見ているからである。人間的世界での価値観で見ているからではないのか。神には神の価値観があり、人のそれとは異質と考えねばならないであろう。むしろ逆の内容であろう。それ自身のところに留まっているよりも異質なるものの中へと内在化しうるものの方がより高く、価値も高く、従って優れているということである。ヨハネ14,6に関して、イエスは神のようにわたしは真理であるといい、召使のようにわたしは道であるという（De Trin I, I -12-24)。召使であるかのようにいいうる方がより上のようにさえ見える。禅において向上の死漢ではだめだというようなものであろう。

秩序重視の発想なので優劣という考えに陥るのであろう。しかしそういう秩序というものは人の考えた観念でしかないのである。秩序という点からいえば、人の考えた秩序はどんなものであれ有限な秩序であり、啓示それ自体より低いレベルのものでしかないのである。先の文の少し後でマタイ20,23が引かれている。自分の左右に座らせることがイエスの権能に属さぬとしても、父とその働きを分担しているのであるから、劣っていることとはならないであろう。イエスについては、イエスは我々のため知恵、義、聖なる者となり、我々に混じって数えられ、皇帝に税を納めたという（Conf I, V -3-5)。イエスのことが極めて具体的に書かれている。そうであればもっとキリスト中心的に考えられないのかと思う。当時の人として、またアウグスティヌスの人間性からしてそうはならなかったのであろう。キリストはここにも出ているように人を導く神的知恵、義である。このように内面化される傾向が強い。しかるに啓示されたキリストは人の外に存していたのである。内面化されることによって啓示ではなくなる局面が生じるであろう。我々とまったく同じ姿をとっている一人の人が、例えば「わたしを見た者は、父を見たのだ。」（ヨハネ14,9）といっているのである。それを真正面から信じるか否かの問題なのである。基本的にはもはや内的次元の問題ではないのである。もっと泥臭いことなのである。だからこそ多くのユダヤ人が躓いたのである。自分達と変わりばえのしない一人の人間がそういっているからである。真理が内面化されることによって、人間化されるのである。自己の外にあるものを信じる時に抵抗となり、躓きとなる側面はすべて失われるからである。かくてキリストと内的真理とが同じものとされるのは大きい問題を孕んでいるのである。そういうキリストは我々と同じ体を持って我々の眼前に現れるキリストではないであろう。こういうキリストは内面化しえないのである。どこまでも我々の内面から見ると、外の世界に現れ給うのである。「この人を見よ。」ということで自己の外の世界に現された啓示の出来事である。現れてはじめてキリストがキリストとして明確になるのである。彼より約400年前にキリストは現れている。そこでそういう現れたという客観化された事実から考えてしまうのであろう。そこで内面化という現象が生じてくるのである。もとよりキリストに倣《なら》うということがあるので、啓示の出来事から倫理的なことを学ぶことはあるであろう。それはあくまで行為についてである。ガラテヤ書で挙げられている悪徳を避けるという具合に。ただイエス自身はそういう行為をするまでの心理的、内面的経過などを問題にしない場合もある。このことは「キリストの弟子だという理由で、あなたがたに一杯の水を飲ませてくれる者は、必ずその報いを受ける。」（マルコ9,41）という言説にも現れている。

こういう行為重視という点から見るとき、マグダラのマリアがキリストに触れることを許されていないのは彼女がイエスを単なる植木屋と見ているからだという考え[7)]は興味深い。キリストを信じた上での行為重視と反対に、父、神と同等者と見ていない、つまり不可視の点に盲目だからだとされる。つまりイエスを救い主キリストとして信じていないのである。

【注】

1）預言は一つひとつがすべてそれ自体として全一的なものであり、何かを示唆していたり、他の何かの象徴であるとかという性格のものではないのではあるまいか。イザヤ53章にしても、人の罪の赦しにはそれくらいのものが必要だということを示しているのである。決して具体的出来事の預言ではないであろう。イエス自身がその聖句を読んで自分こそその当の人物だと自覚したとしても、それはまた別の事柄であろう。かくてイエス自身がその聖句を自己についての預言となさしめているといえよう。そこで厳密にいえばそれは預言ではあっても予言ではないこととなるであろう。予めイエスという具体的存在を予告しているのではないからである。

「言は神と共にあった。」（ヨハネ1,1）という聖句にしても、地上のイエスへの信仰が先にあってそれを過去へも及ぼして書いている。こういう主体的構成がある。それを平板な世界創造物語の最初というように独立させて考えると信仰の実態が失われるであろう。地上の啓示のイエスを救い主として信じることの一つの告白としてヨハネのようにいっている。その点さえ確かなら必ずしも預言の言葉どおりに事実がなっていなくても支障はない。要はキリストが救い主であるということが大切なのである。そのように考えてくると、イエスをキリストとして告白することは決して正統的三一論とのみ一であるのではないように思われる。他の考え方をすべて含んでもかまわないであろう。しかし反対にそれらのどれか一つとのみ一であるということもないであろう。啓示された、地上のイエスへの信仰から放射されたものとして考えれば、多様な告白がそこから生まれても何らおかしくはないであろう。なぜならそれらのどれについても文字どおりの内容を固定的に受け取る必要はないからである。その都度、その都度の告白として受け取れば、それでよいであろう。神は自由な存在であるから、人が考える以外の存在の仕方や行動様式ということもありうることであろう。

さて、神によって創造された神の像についての言葉がそこで表現されるあらゆるしるしに先立って、魂に内在的な知識から生まれるところのそういう言葉という考えが見られる（De Trin Ⅱ, XV-11-20）。これによると神による像としての言葉は人の心の中に内在していることとなる。たとえそうとしても、イエスに関していえば啓示があってはじめてそれにそういう一面のあることが分かるのである。人の心単独ではそういう力はないのである。さもなくば神の一人子が十字架にかかって死ぬ必要はなかったかもしれない。本末転倒になってはならないのである。そういう点で“先立って”ということはいいえない。本来は啓示が先立つのである。肉となったのは神の言である一人子であり、我々の言葉がその例に倣《なら》うためという（De Trin Ⅱ, XV-11-20）。ここでは受肉の先行がいわれている。先の言説と矛盾しないのか。おそらく彼のつもりでは、我々の言葉が先立って存しているので、ここにあるように倣《なら》いうるのであろう。先の言説とは見る観点が異なっているといえる。受肉前と受肉後というように。それにしても先の考えは生きているといえよう。その上、イエスにしても人によって神と同等と判断されてやっとそうなれるというのであれば、これは全く憐れな話といわざるをえないのである。そこでパウロが「かえって自分を無にして、僕の身分になり、人間と同じ者になられました。」（フィリピ2,7）といっているとしても、これはどこまでもいわば便宜上のことと考えなくてはならない。人の判断としての同等と考えるべきではない。人が神によって判断されることは当然あるであろうが、本来からいえば神が人によって判断されるということなどあろうはずもないのである。聖書の言葉は全体として啓示なので、同等というのも人の判断ではないのである。神の判断なのである。

2）近くの個所でEt tunc unicuique mittitur, cum a quoquam cognoscitur atque percipitur とある。つまり人によって認識されたり、受け取られたりしてはじめて子は世に送られたこととなるのである。これは少し違うのではないのか。人の側のことより神の側のことを優先しなくてはならないであろう。このことはイエスの弟子に対してイエスの言ったこと、

「あなたがたを迎え入れもせず、……出て行くとき、足の埃を払い落としなさい。」（マタイ10,14）といっていることからも分かる。さらに、アウグスティヌスによっては子が単に父の教えであるのではなくて、神的なるものの存在で“も”あると解されている（Matthias Smalbrugge ; ibid, 39頁）。こういう理解ではイエスの神的性格が弱くなるであろう。他にもそういう存在があって差し支えないからである。イエスにおいて受肉した時には、天における神の席は空席になっているほどの重みを受肉は持たねばならないであろう。だからイエスが天の父は云々というとき、実は天には神はもはや存し給わないともいいうるであろう。ただ人にはその点については知りようがないのである。そうでない限り例えば拕泥滞水ということにはならない。人でさえそういうことをしているのである。このように考えてくると、「わたしと父とは一つである。」（ヨハネ10,30）と「父はわたしよりも偉大な方だからである。」（ヨハネ14,28）とをどう考えるかという問題（Albert Verwilghen ; ibid, 196頁以下）にも示唆が与えられるように思われる。前者の告白の時は前者のみ、後者の告白の時は後者のみである。疑問も矛盾もないのである。何か矛盾を感じるとすれば、そのこと自体が人の概念による思考のしがらみの中に閉じ込められていることを露呈しているのである。キリストへの信仰はこのしがらみを突破するのである。結果それは雲散霧消するのである。

3）Albert Verwilghen ; ibid, 223頁

4）assumendo quippe illam, non in eam se consumendo, et hoc nostrum vox fit, et illud caro factum estと書かれている。assumendo, non se consumendoという仕方で神の言は肉となっているということである。

5）Étienne Gilson ; ibid, 300頁

6）イエスの人としての弱さについて。

第二コリント13,4に関して、体の弱さの観点から十字架につけられた神について語るのは正しいとしている（De Trin I, I -13-28）。確かにパウロもそういう趣旨のことを語っている。しかしイエスの弱さは自らの強さを放棄した弱さである。この点、人の弱さとは根本が異なっている。強さを放棄できるほどに強いのである。これ以上に強いことはないであろう。かくてこのことは三者の中での優劣ということとは無関係ともとれるのである。即自態での神よりも弱さを持つ神の方がかえって強いとも考えられるのである。異質なものを媒介しているからである。もっともそう考えると、それ自体が人間的考えとなってしまう危険もあるであろうが。第一コリント15,28の引用の後で、キリストの人間的状態がいつか神性自体へ変わるという考えを退けるためにそういっているという（De Trin I, I -8-15）。しかしパウロはこの聖句をそういう目的でいったのであろうか。この聖句は死者の復活について語ることの続きとしていわれている。主題はあくまでそのことである。キリスト自体の神性、人性について議論しているのではない。フィリピ2,6以下に関して、僕の姿が現実の体と理性的な魂とをもった完全な人であることを彼は疑わなかったと、またイエスは魂から分離された体において墓に納められたと解されている（Albert Verwilghen ; ibid, 205, 224頁）。さらに、茂泉 昭男『アウグスティヌス研究——徳・人間・教育——』1987, 256頁では、魂と体とをギ

リシャ的な分離可能な混合なき結合としてではなく、キリストの受肉からして不可分の全体として解しているという。こういう理解も可能なのであろう。しかし両様の理解が可能ということは分離的にも考えているということであろう。その点は彼の全体的思考からして理解しうることであろう。この点は大切である。特に彼が一方で神秘主義的傾向を有しているからである。こういう点に関連して着物即ち体という発想も生じる可能性があるが、パウロはここで着るとはいっていない。また墓において復活したとき墓は空だった。つまり魂と体との分離という発想ではないのである。霊の体へと復活したと考えれば、むしろ復活後に肉の魂も体も共に墓にあったと考えても差し支えはないであろう。

7）Gérald Antoni ; ibid, 105頁

（二）人による神への接近

(a) 接近の建前。人が心の中に子を所有するという点について。マタイ5,8に関して、神を知る、神の後ろを見るなど。神を知るとは霊の目で神を見、神を知ることであるという（De Trin Ⅱ, Ⅷ-4-6)。確かにそうであろう。ただここの聖句はイエス自身の言葉である。かくてイエスをキリストと信じる立場からいうと、単に神を見るというのではなくて、イエスをキリストとして見るということでもありはしないのか。「言が肉となった。」という受肉への信仰は人に自然本性的に備わっているものではなく、神的な言葉を聞いて生起すると解される[1)]。これによると人中心的な枠の中で神中心的思想が展開しているとはいえない。聞いてはじめて生起するのであるから。問題はその聞き方ではないかと思う。例えば内面において聞くという具合である。パウロがダマスコ途上で聞いたとき、それまでの生が否定されるような仕方で聞いている。モーセが柴の炎の中に聞いたときも同様であろう。ここには断絶が存している。断絶があるので飛躍もあるといえる。アウグスティヌスでは、たとえ神の導きが優先するとはいえ人の意向に沿うように聞いているのではないのか。かくて前二者では聞くというよりも聞かされているというのが真実であろう。さらにいえば“否応なく”という仕方で。また神の知恵、真理である言を心の中で考えることは自己の内にその言への参与によって類比的な小さい言を孕ませることである。自己の中にいわば小キリストを誕生させることを意味するのである。ただ問題は心でいかに言へ思いを集中させてもそれだけで誕生させうるのかという点である。パウロはむしろ行いを経

て小キリストになっているのではないかと思われるのである。もとより行為と思考を切り離すことはできないが、重点はあくまで前者にあるであろう。確かに心の中での反省によって、心の中に“言”的なるものの誕生という事態は生じるであろう[2)]。だがそれで十全なのか。というのもキリストはあくまで十字架につけられたキリストであり、自己の内に存しているものではない。かくて天の父が眼差しを向けているのはこのキリストであり、人の内面に存しているものではない。内面化されたキリストはあくまで外の、十字架上のキリストからの二次的な反映でしかないのである。そういうキリストは人に対して独立した存在ではなくなっている。そこでどこまでも自己の外のキリストと自己の心との対応という事態が不可欠であろう。こういう事態を基盤とした上での心での小キリストの誕生という事態こそ十全な在り方であろう。

十字架での神の恩寵は既に与えられている。しかしこの“既に”という事実もその都度新たに自己外の出来事として観念されねばならないであろう。今からいえば約二千年前の出来事と同時的となり、自己が当時に生きているがごとくにキリストが今の自己に対して生きるのである。人の内面のことは二次的なことであろう。そうであってはじめてキリストの啓示は人の心の在り方に左右されない確固としたものでありうるのである。神秘主義でのように人の側での事情によって動揺させられることがないのである。神が我々のため思い煩いなく思い煩うという（Conf Ⅱ, XI-2-3)。神について人間的な“思い煩い”という観念を当てはめるのは僭越ではなかろうか。人の分を超えた行いではないであろうか。こういう面をそのように感じないのが不可思議である。アウグスティヌス的恩寵について大略次のように解されている[3)]。恩寵は抵抗しがたい。なぜなら救うと決めた人の自由意志に適用されたり、それが適用される意志を中から変えて、それなしでは嫌がるものを自由に楽しむようにさせる。また神がある人を義とし別の人を義としないのはなぜかとの問には答えを明確に退ける。以上である。こういう点を見ていると、人知の及ばない点についての問を不問にしている。かくて神の世界へ今の人の知で入り込もうとしてはいないことが分かる。にもかかわらずパウロとは異なる。つまり究極のところまで至れば誰が考えても知的追求は放棄以外にないが、それ以前ではそういうことをしているのである。前者はアダムの罪の伝播のように人間界については論理的に考えようとしている。一方、パウロはそうはしてはいない。たとえ人間界のこととはいえ、創造時のことは人には分からない。にもかかわらずそこへ人の論理を持ち込んで理解しようとすることにおいて論理への執着が感じられる。パウロにはそれがないのである。この可視的世界を秩序という観点から理解しようとすることにもそういう一面を感じるのである。こういう点は神が人の意志を変えるという見方にも現れている。こういう解釈を許容しているのは彼自身にそういう一面があるからであろう。神が意志を変えるという考えは彼自身の肉欲からの解放という体験より来ているのであろう。パウロでは意志はもともと神の律法を喜んでいる（ローマ7,22）ので、意志が変わるという考えを自己に関して述べえないであろう。そういう考え自体が自我との関連から由来しており、神が変えるという論理的思考もまた何らかの意味で人の自我の所産でもあろう。一方、パウロでは自己自体である霊が何かにつけそうするのであるから、霊は神の深みまで究める（第一コリント2,10）といいうるのである。アウグスティヌスなどとはこの点に関する限り異なるのであろう。

神の背を見るということについて三一論などと関連させた議論が見られる。出エジプト33,23における後ろを見るというときの“後ろ”について、神の三一とは直接関係はないが、ガラテヤ6,14にあるわたしと世との相互的な死のことを示唆しているという（De Trin I, II-16-28）。神の顔を見れば死ぬのである。第二コリント５,６以下でいわれているような、主から離れていることが神の背を見ていることだという。ローマ10,9、4,25、8,23、ヨハネ13,1などを引いて、過越祭と神の背を見ることとを関連させている（De Trin I, II-17-29）。背を見させるのは、神つまりキリストということとなるのであろうか。顔を見たら死ぬのであるから、後ろを見ることだけは許されるということであろうか。元来の意味はそうではないであろうか。背を見ることと過ぎ行くこととが関連させて考えられているのであろう。確かに内容的に関連しているであろう。ただ過越祭は固有なものとして存している。後になって出てきたものの予兆として先のものを見ていくことはできるであろう。しかしそういう見方は個々のものの固有性を重んじる見方と矛盾するのではないかと思う。一定の秩序を想定するので、先のものの中に後のものの予兆を見ることもできるのであろう。啓示の一回性ということと矛盾するであろう。

愛によって働く信仰はキリストとの合致へ導き、キリスト神秘主義を確立し人なるキリストから神なるキリストへ向かう超越となると解されている[4)]。このようになっていくと受肉したキリストから意識が離れていくことになるであろう。パウロは「キリストがわたしの内に生きておられるのです。」（ガラテヤ2,20）という以上に神に近づくとはいっていない。少なくとも人の体験に関連しては神なるキリストということはいっていないと思う。受肉したということは何かを神が人に現すための一つの方法ということとなっていくのではないか。一つの象徴である。内面を重視するとそこに現れるキリストは啓示のキリスト自体ではなくなる。内面へ写し取られたキリストである。人の精神という透過膜を通ったものでしかない。ダマスコ途上でのキリストではない。こういうキリストは人の持つそういう透過膜をこそ破砕するのである。今は確かに同時代ではないのでキリストを見ることはできない。その代わりに聖書がある。そこにあるキリストこそキリストである。内面重視では人の構想による二次的キリストということとなろう。その分、啓示のキリストとはいいえなくなるであろう。人の外という性格がその分、消えるからである。こういうことと対応して、人が至福であるにはどうあるべきかというような人間中心的発想は元来聖書に即していないのではないか。「生きるにも死ぬにも、わたしの身によってキリストが公然とあがめられるように」（フィリピ1,20）という聖句はこういう違いを表しているであろう。神と人間との主従、同時に主客逆転という事態は生じないのではあるまいか。ここにこそ救いもあれば幸せもあるといえるにもかかわらず。それなしに神は主なる神とはいいえないであろう。主のために死ぬ、これこそ幸せの極致であろう。主のために生きることは人としてはいわば死ぬことであるからである。キリストが我々のために死んだ。そこで今度は我々が主のために死ぬのである。生きることは即ち死ぬことである。生死を超越して生きているのである。その限り永遠の相の下での生を生きているのである。この逆転によって自己の生命にも世での生き様などにも固執する必要を感じなくなるのである。逆転には神と人との間で義と罪、生と死との（逆）対応のあることが不可欠である。こういう逆転の只中で生きていれば神に関しての神秘主義的体験などは不可欠ではなくなるのである。

生全体がいわば神のハーヤーしている世界に生きているので、そういうものは必要ないのである。ここに至ってもはや生死の境はなくなったのである。否、自己の働きが神のハーヤーの一部なのである。このことは自己が神から何かを託されて行なっているというようなことではない。自己を通して神が働いていることなのである。旧約の預言者のごとくである。自己は現代流にいえばいわばトンネル会社のようなものである。資本も何もかも神の出資によるものとなったのである。子会社ともいえよう。もうこれで大丈夫。禅でいえば大死一番大丈夫。しかしキリスト信仰的にいえば大生一番大丈夫というべきであろう。死を通り越して新たに生まれているからである。

(b) 接近の方法。祈りには心で受肉の言を語らせること、父への言の回帰に参与することの二つがあると解されている[5)]。キリストは昇天にあたって聖霊を信者に送る（ヨハネ14,16;26、15,26）。だが心の中で主の昇天に参与するようにとは教えてはいない。終末のその日までは信者は世にあって自己の十字架を負うようにと勧められているのである。主が世に下ったように下ることを勧められている。決して上へ向かうように勧められてはいない。“世の光である”（マタイ5,14）ということと心で主の昇天に参与するということとは矛盾する可能性がある、少なくともそういう要因が生じるであろう。ガラテヤ4,12について、パウロが信者に向かっていったことを彼はキリストが我々に向かっていったことと解釈する（Conf Ⅱ, XⅢ-21-31）。キリストを模範としている。これ自体としては正しいことであろう。キリスト自身「自分の十字架を背負って、わたしに従いなさい。」（ルカ9,23）といっているのだから。だがパウロと信者は共に人間なので“わたしのようになれ”でよいが、キリストと我々とは根本的に異質である。そこで“わたしのようになれ”というのは不適切ではないか。キリスト自身も“わたしのように”とはいわず、各自が自分の十字架を背負ってといっているのである。もっとも“自分の”という場では人とキリストとは異なるが、“十字架を背負って”という点では同じといいうるであろう。わたし達があなたを訪ねるようになるため、あなたはこの方を通してわたし達を訪ねたという（同XI-2-4）。この方とはもとよりキリストである。そのキリストは「わたしを見た者は、父を見たのだ。」（ヨハネ14,9）という。かくて「わたし」以外のところに、それには人の内面も含まれるが、あなたを訪ねるのは不遜きわまりないと思う。彼においては受肉は超越的内面へと向かわせ、その先には人の内面的三一と類比的な三一の神が望み見られているのである。こういう内的次元において神と人とはいわば相互透入し合うのではあるまいか。少なくともそういうモティーフが生じるであろう。神秘主義的次元である。外に啓示されたキリストは人を内へと向かわせている。彼自身肉欲へと堕ち込んでいたように、多くの人が世の種々の誘惑の中へと自己を見失っている。そこでそこから外へ啓示されたキリストに捕らえられて再び内面へと立ち返らせ、最終的にはプラトニズム的に一者たる三一の神へと向かわせると理解するのであろう。彼自身の体験から判断しても十分理解しうるのである。キリストとの出会いが人を内面へ向かわせることとなっている。パウロではそういうことはないであろう。かくてこれは本来の信仰とは異なりはしないのか。確かに罪の意識が回心後に生まれているという点では内へ向いているといえる。だがこれは単に内へ向くことから出てきているのではない。キリストへ向かうことが人に反省をさせて出てきていることである。かくて基本的には外へ向くことが基礎にあるといえる。もう一点は一者たる神へということだが、パウロではキリストのところへ留めつけられているといえよう。神のところへ連れて行かれているとはいえないであろう。終末においてさえ「いつまでも主と共にいることになります。」（第一テサロニケ4,17）というのみである。

神へ向けての一つの魂というところから持ち物の共有（使徒言行録4,32）が生じるように、一者の内に住まうことは多数からキリストにおける統一へと高まることを求めるという理解が生まれる[6]。統一を求めること自体は決して悪くはないであろう。ただ人間は決して考えが一様ではないので多様性を許容する体制が一方で必要であろう。そういう統一に関連すると思うが、「キリストにおいてあなたの道」という（Conf I, Ⅶ-20-26）。ヨハネではキリスト自体が道である。この違いをどう解するのか。前者ではキリストは人々に道を示す。教えるために到来した、受肉したこととなる。キリスト自体が道であればキリストは死んで復活したが、そういうキリストを全存在的にただ信じることが道であることとなる。特に何らかの内容の教えが道ということではないであろう。ここには“謙遜であれ”というような倫理的徳目はないといってよい。そういうことはそこから出てくる二次的な、いわば副産物的なものであろう。このことは人は律法によっては救われないということと呼応したことである。確かにパウロは「キリストの思いを抱いています。」（第一コリント2,16）という。しかし13節以下のすべてを考えてみると、霊が自分たちの中に宿っていることをいおうとしているのであろう。世の知恵に対して霊的知恵を意味している。人間自身の側における愛とか苦しみというごとき参与的次元のことを意味しているとは思われないのである。神自身の側における人に対しての救済の意志を伝えたいのではないかとも思われる。「世界の始まる前から定めておられた」（7節）という聖句からしてもそうであろう。かくてそういう神の救済の意志が霊的知として自分たちの心に宿っていることをいおうとしているのである。だが彼では内面的に言に固着しその像を念じそれに自己をいわば同化させることが大切という理解であろう。だがこれではキリストの贖《あがな》いの意義はどこにあるのかと思わされてしまうのである。彼の回心において神と人とが前者優先と同時に協同的であることの反映といえよう。人の行いが祈りも含めてあまりに神と直接的過ぎるのであろう。

「門をたたく者には開かれる。」（ルカ11,10）といった人を信じよ、真理を知ることにも数の知よりももっとあきらかな知に達することにも絶望するなという (Contra Academicos, Ⅱ-3-9, Oeuvres de Saint Augusutin 4, 1948)。真理はよいとしても、数の知より明らかな知というように数の知などと並べられている。真理に関して数の知なみに明確にということであろう。ただイエスのいっていることは実存的に問うという仕方ではじめて明確になることであって、数のようなこととは全く別種のことといわねばならない。受肉において子は自己の存在を被造物的なるものと一体化した。それに対して今度は我々が自己の存在をそういう一体化へと推し進めることが求められている。受肉と逆に人がいわば神に似たものになることが要請されているのである。ただ問題は一体化の主体は人ではないことである。「変えてくださるのです。」（フィリピ3,21）といわれているように、神が主体である。しかし主の行いに対してという点を強調すると、相互的になり受肉の意義がかえって弱くなるであろう。こういう発想も結局回心において自我の確立がその契機となっている点に淵源するといえよう。こういう点はキリストが薬であるという発想に現れる（Conf II, IX-13-35）。パウロはどこにもそういうことはいっていない。人間中心的発想であることが分かる。傷が癒されると元の体に戻る。これは自我の確立ということであろう。キリストの内には真理が宿っている。一方、人の内には宿っていない。かくて主の教えは真理そのものである。しかるに人はたとえ主に教えられてもそれを十全には把握しえない。内にそれに呼応するものが十分備わっていないからである。そうとしても外からの教えは不可欠といえる。こういう点からも主の受肉に応じての教えと人の内面との一体化の難しさが生じるであろう。

神との相互契約、人の罪の消去などに関連して、悪く生きていたが、今あなたの内に生き返ったという（Conf II, XII-10-10）。パウロのいう“キリスト（・イエス）の内に（おいて）”（例えば第一コリント16,24、第二コリント3,14、ガラテヤ3,14など）というのに似ている。しかし反対に“キリストがわたしの内に”とはいっていない。わたし達の過ちをあまりに厳しく責め立てないので、わたし達は御許に場所が与えられることを希望するという（同IX-13-34）。確かにそうともいえる。だがそういいうるのはキリストの赦しによってである。断絶を前提しての赦しという考えに徹していれば、神秘主義的信仰（同IX-10-25）にはなりえないのではなかろうか。そうなることと神を人にとって甘美なものと観念することとが一になっているのであろう。霊における神人相互間の授受について大略次のように解されている[7]。人は彼が受け取る者において受け取られている。魂は神自身である神の住居に近づく。すべての外面性は廃絶される。ここでは魂と神との主体間での結合の完全な相互性が存する。罪は取引の行いの途中で消える。人の罪は、もし人が自己自身のために存することを止めれば、神にとって存在しなくなる。神の愛の絶対的優位と人間的自己の喪失とを同時に残して相互性と交換のほとんど商業的ともいえる話法を表明しようとしている。以上である。確かに人に関していえば、悪い面は喪失させねばならないであろう。しかも神との間では対話が不可欠であろう。そこで相互性が必要となろう。こういういわば二律背反的なことを実行しているのであろう。人の精神は被造物であり、神は非被造的であり、基本的に異質である。そこで同じ精神的世界といっても区別せねばならないであろう。ところでルターでも罪と義との交換が自己とキリストの間で行なわれている。こういう状況は回心において一回的に人の側ですべてが失われるという状況に至っていないからだといえよう。パウロではそうなっているのでこういう二律背反は欠けているといえる。交換ということは聖書には出ていないであろう。こういう点から考えてみると、こういう場合にキリストという言葉があまり出てこないのが不可思議である。魂と神ではなくて魂とキリストという対で考えるべきなのである。キリストは通過点となっているのであろう。しかし真には終末到来以前では我々にはキリスト以外に啓示はないのである。そこで相互的ということだが、キリストの霊は人の内に宿る。だが神自身はどこまでも我々を離れている。今現在は相互的ということはありえないのである。神秘主義的になっていくとキリストにおける啓示の神とは異質のものになっていくであろう。かくて相互的ということは我々とキリストとの間ではいいうるであろう。だが残念ながらそれ以上には進みえないのである。ただ先の交換では人の側での行為的要素の混入が懸念される。そこから功績というような考えも生まれるのであろう。つまりそういう考えの元は彼にあるのであろう。これも回心において自己が神に助けられたという事態と呼応しているのであろう。パウロでは一回的に崩壊している。そこで自己の側でのいかなる意味にしろ行いに依存するような一面は生じえないのであろう。行為によって何らかの罪が消えるという考えは生じえない。罪はキリストの十字架において消えている。人としてはそれをそういう意味のある出来事として信じることが大切である。たとえ信じた後でどのような行いをしても、それによって罪が消えるのではない。罪ある人に罪を消す権能はないのである。たとえキリストにおける神の行為が第一で人の行為はそれに呼応したものとして考えられるとしてもである。

【注】

1）谷 隆一郎『アウグスティヌスの哲学』1994, 286頁以下

2）イマゴ・デイとしてのキリストと養子縁組によるイマゴ・デイ（信者）。言は少なくとも396年頃までは外的しるしであり、言が魂の中で行なう認識からは区別されていると解されている（Olivier du Roy ; ibid, 428頁)。後になって彼固有の考えが生じるにつれて内面化されていったのであろう。パウロではキリスト自体は終始外的だといえよう。ガラテヤ2,20でのキリストは霊と考えられるのである。確かにイマゴ・デイにはキリスト自身という実体的

なそれと一般の信者といういわば養子縁組によるそれとがあると考えうる。パウロにしても彼にしてもこういう二面を考えていることは当然であろう。両者共通であろう。ただそれを二通りに考えるところに問題なしとはいかないのであろう。養子というごとく人間的世界での関係になぞらえる点で問題が生じるのであろう。こういう仕方で考えていくと、キリスト自身が概念化されてしまうという危険が生じるであろう。概念的構成を始めるとそれは論理的完結性を要求することとなろう。しかるにキリストへの信仰は人に属すあらゆる事柄の突破を要求するのである。両者の要求は矛盾する。矛と盾とである。なぜなら信仰に当たって脱落さすべきことの内には論理的完結性の追求も入るからである。だが西洋人の受容したキリスト信仰ではそういうことをせざるをえなかったのであろう。

3）Étienne Gilson ; ibid, 202頁以下

4）金子 晴勇『アウグスティヌスの人間学』昭57, 125頁

5）Gérald Antoni ; ibid, 199頁

6）SOEUR Marie-Ancilla ; ibid, 85頁

7）Gérald Antoni ; ibid, 146, 147, 153頁。さらに、聖霊がキリストの霊である程度において、魂の内でのそれの懇願による賜物は言自体であるという（196頁）。聖霊はキリストのそれだが、キリストは外にある十字架につけられたキリストそのものではなくて、三一的枠の中でのキリストの意と解されている。だが人の内面へと三者共に内面化されると、少なくとも神、聖霊のような人の目には見えない存在とキリストのように世に現れた存在との違いが消えはしないのかという疑問が生じるのである。人にとってはこれほどの違いのある三者を三一という枠の中にはめること自体元来無理なことであろう。少なくともキリストについては人の内面に存しうるかのように思いなしてはならないであろう。パウロは確かに「キリストがわたしの内に生きておられるのです。」（ガラテヤ2.20）という。だがこれは体をも含めた自己の存在全体の内にと考えるべきであろう。三一というような人による神学的（こう呼ぶと聞こえはよいが）企画を打破するところにこそ神のハーヤーが存しているといえる。三一とはバベルの塔の一種ともいいうるであろう。受肉のキリストが考えられていても、非被造的側面が重視されてはキリスト本来の意味が希薄となるであろう。

（三）キリストへの信仰

(a) 信仰とその道。まず人に関する義への信仰。ローマ3,8、5 ,20、5,5などを引いた後、信じた後での義の行いの軽視をではなく、信仰による義を各人が知るようにパウロが望んでいるという（De fide et Operibus, XIV-21 Oeuvres de Saint Augustin 8, 1951)。当然のことがいわれている。行いによっては義とされないのだから。「わたしの国は、この世には属していない。」（ヨハネ18,36）を引いて、もしあらゆる哲学を避けねばならぬと考えるならば知恵を愛さないことを

望むことだという（De Ordine, XI-32）。確かにイエスはこの世（de hoc mundo）といい、世の（de mundo）とはいってはいない。また確かに知恵は聖書で高く評価されている。しかし問題はその内容である。秩序を高く評価する哲学は“この世の”ということにならぬのか。なぜなら人の側に属すことを重視することになるからである。キリストの僕となり、謙遜の軛《くびき》に屈し、十字架の恥辱の前に額を垂れ、あなたの恵みに浸るのを恥じない日が来たという（Conf I, Ⅷ-2-3）。だがマタイ11,29では「わたしの軛《くびき》を負い」とある。“謙遜の軛《くびき》”とはなってはいない。こういう点もキリスト自体が道ではなくて、キリストの教える道を謙遜とする考え方と呼応しているのではないかと思う。またパウロはガラテヤ5,11で割礼と対比して十字架の躓《つまず》きをいっている。神の意志への従順をいうのであろう。しかしキリストがそうしたことについて恥辱というように形容しているところが聖書にあるであろうか。むしろ反対に雄々しいことではないのか。ローマ1,16で福音を恥としないと明言している。神の国と神の義とを求めさえすれば、衣食は添えて与えられるという考えが見られる（Conf Ⅱ, XI-2-4）。神の国、神の義は人にとって基本的には自己の外のこととせざるをえないであろう。このことは啓示が外の世界へ現されることに応じているのである。こういう相違は大きな意味を持っているといえる。それに対して、神をアウグスティヌスでもそうだが、自己の内面に求めるという道も存しているのである。彼にとって“律法の下――恵みの下”という対は“恐れ――愛”、“奴隷――自由”というアンチテーゼと同等であると解されている[1)]。ローマ6,14に愛ということは出ていないが、この理解は正しいといえよう。ただそのためにはイエスは本当に十字架にかかって死に、復活させられたという出来事が真に生起したと信じることが不可欠である。こういう出来事への信頼によって人は神からの罰への恐れから解放されるのである。ここではじめて律法の下ではなく、恵みの下にいることとなるのである。この際そういう信頼には人の側での行為的要素はまったく入っていない、皆無である点に注意しなくてはならない。そういう点から見て謙遜重視は問題であろう。彼が信者の足元に置いたのは謙遜だが、それはしかし気遣いでもあることが挙げられている[2)]。パウロはガラテヤ5,19～23において悪徳とその反対の徳について列挙している。これを見ていると、他に対しての態度が中心であることが分かる。

悪徳では最後に挙げてある泥酔、酒宴、徳でも最後にある節制が自己の自己に対しての態度を反映しているものと判断される。先の引用個所周辺では指導者が信者に対して支配的になってはならず謙遜が大切といわれている。人が自己の徳を信仰によって形成していくという面から見られていると感じられるのである。それに対して、パウロでは霊が自我に取って代わる。そこで霊が支配し、人は自己を支配させている。かくて自己が自己で信仰を頼りに自己の徳を形作るのとは次元が異なると思われる。霊が入ってきているので、自己が自己に対してという面は基本的には消滅しているといえる。つまりそういう霊が、他である人に対してという面が中心であるほかないのである。そこで自己が自己をという面は悪徳、徳双方において最後に挙げてあるのみである。こういう相違は神と人との仲介者たるイエス・キリストを抱くという考え（Conf I, Ⅶ-18-24）に現れる。こういう表現は自己とキリストとの間に主客の関係があることを示唆している。ルターにおいて罪と義との間に交換があるという考え方に呼応しているようにも思われる。ガラテヤ2,20でいう「キリストがわたしの内に生きておられるのです。」においては“抱く”とはいいえないであろう。キリストが生きているといっているのであるから。また少なくともここでは仲介者と書いているが、贖《あがな》い主とは書いていない。イエスの存在そのものよりもその教えを重視する気持ちの現れであろうか。ただ救世主そのものである道ともいう（同Ⅷ-1-1）。ここでは道とは書いているが、キリストとは書いていない。キリストのいう教えのことが念頭にあるのではあるまいか。しかも道について救世主（salvator）そのものといっているのにもかかわらず。“救世主”は“キリスト”より概念化された表現であろう。

キリストは道ということ。信仰によって、神がキリストの内に死後の生命に向かう人間救済の道を置いたと信じていたという（Conf I, Ⅶ-7-11）。“キリストの内に道を置いた”という。ヨハネでは「わたしは道であり」（ヨハネ14,6）という。キリスト自体が道そのものである。“キリストの内”となると道はキリストとは別のものとなる。キリストは道のための手段となる。いわば便宜的なものへと格下げとなる。一種のシンボルのようなものとなるのであろうか。こういう考え方の背景としてプラトニズム的考え方が存しているのであろうと思う。かくて厳密に考えてみると、キリストは啓示そのものではなくて、啓示の媒介者となるであろう。こういう側面は、この道によって自己を離れ、一人子の許に下り一人子を通して一人子の許に上るという考え（同Ⅴ-3-5）にも出ている。上るという発想である。キリストは我々のところまで下ってきてくれている。かくて人は基本的にいって上る必要はもはやないのである。またここでの道はキリストのところへの道という意味でいわれている。しかしあなたの御言なる「道」（同Ⅴ-3-5）ともいう。ここでは御言が道である。さらに、御言によってこれらのものを造ったと書いている（同Ⅴ-3-5）。そこで御言とはキリストのこととも解しうる。とすると、最初の引用のように書いているのが不可解でもあろう。道ということをキリスト自身と考えたり、キリストへの道と考えたりしているからである。この点を矛盾しないように解しようとすれば、地上に受肉したキリストを二重に考えることであろう。確かにキリストは神でもあるので、自己自身が道となって自己へと導くと理解すればかえってその方が相応しいともいえよう。しかし聖書では受肉したキリストへの信仰がまずあって、そこから潜在のロゴス告白という順序になっているのではあるまいか。彼のように考えると、そういう立体的構成が見失われるであろう。受肉のキリストからの発想ではなくなるであろう。

目的、道であるキリストは同時に原理、信仰の創始者（auctor）であり、祈りという道により心をキリストという目的に導くために人の心を悩まし、完成させると解されている[3)]。これによると祈りはキリストによって引き起こされていることが分かる。そうするとキリストが主体として人間に先立って働いていると考えられる。キリストに対して目的とか、原理とかという人が考えた概念をかぶせている。それによってキリストはその分福音書に出ているような切れば血が出るような――事実、十字架上で血を流したのだが――生身の人間イエスではなくなるのである。もっともキリスト自身が道といっている。キリストがそういうのは目の前に立っている人々を見ながらのことである。聞く人々もキリストの生の表情を見つめつつ聞いているのである。かくてたとえキリストが「わたしは道であり」（ヨハネ14,6）というのを聞いても、そこから概念的構成を考えることは生じないであろう。父なる神へ近づくには目の前のキリストを神の子として信じる以外ないと感じるのみであろう。かくて道というのはまだしも原理とはイエスはいっていないのである。ガリラヤの湖畔で人々の前で話をしているイエス、十字架にかかったイエス、復活した姿を人々に見せているイエス――ここには“受肉”という概念もまた存していないであろう。生身のイエスを自己の全存在を賭けて神の一人子として信じるのみである。ここでは人の側に属するすべてのこと、ものは脱落している、禅ではないが脱落も脱落しているのである。

キリストの死と復活に与かること。ヨハネ20,17、コロサイ3,1以下に関連して、主の身体的復活が我々の内的復活の神秘にも関係しているという（De Trin I, Ⅳ-3-6）。これらの聖句からどうして内的復活ということが出てくるのであろうか。“すがりつくな”という指示があるからであろうか。しかしそこから必然的に内的方面ということが出てくるものであろうか。読み込みにならないのか。内的復活の秘蹟に属する（ad sacramentum pertinere）となっているが。蛇にかえられた棒は死の中のキリスト、棒に戻った蛇は教会であるその体と共に甦ったキリストであり、この出来事は時の終わりに生じるという（De Trin I, Ⅲ-10-20）。比喩的解釈をしている。こういう解釈をしていくと、一回一回の出来事という性格が弱まるであろう。やはり具体的出来事はそのとき一回限りのこととしておかなくてはならないであろう。一回一回の出来事の中にそのときの神の意志が全的に示されているのである。キリストのことはキリストのときまでお預けなのである。比喩的解釈をしていくと、神の意志の中に人が勝手に入っていって神を差し置いて人の意向が前面に出でてくる危険が生じることとなるのである。

我々の復活については、キリストの受肉によって我々の体との共通性が生じているという事態が根底にあるであろう。しかしこれだけで復活が可能となるわけではない。単なる身体的、自然的な親近関係は不十分たることはいうまでもない。信仰的決断によって霊的親近関係を築くことが不可欠である。「わたしたちがキリストと一体になってその死の姿にあやかるならば、その復活の姿にもあやかれるでしょう。」（ローマ6,5）に類した表現が多く見られる4)。こういう考えを見ていると、神＝存在を内面において探求することが外にある教会においてキリストのそれと同じ苦しみを体験することと一たることが分かる。「キリストの苦しみの欠けたところを身をもって満たしています。」（コロサイ1,24）というような同じ苦しみを体験することが求められているのである。だがパウロに比すると、もとより神を信じてのことではあるが、双方の活動が共に人の活動としてなされているという印象が強い。こういう面は、苦しみについての祈りにより自分の考えをキリストの考えに合致させて、自己の死をキリストの死と一致させるという理解[5]の仕方にも現れる。そもそもキリストは我々一般の人間にたとえ祈りにおいてにしろキリストと同じになるように求めておられるのか。キリストが罪から救う存在であることを信じることがまず求められる。その後はキリストが主導して終末へ向けて人々を自己と“同じ姿に変えていく”ことが期待されているのである（第二コリント3,18）。たとえ祈りにおいてにしろ、罪ある人間が何をしてもそれによって義とはされないのである。苦しみについての祈りによるにしろ、キリストの考えに与る（conforme）と考えたりするのは、謙虚の下に隠された僭越とさえ感じられるのである。遠くに立って私は罪深いと胸を打った徴税人の話（ルカ18,11以下）においても、その後で当人が何かしたとは書かれてはいないのである。

男女という両性とも復活すると信じる人の方がより思慮分別があるという（De Civ Dei V, XXII-17, Oeuvres de Saint Augustin 37, 1960）。確かにそうであろう。だがその肉は最初に人の肉であったその人に戻されるであろうという（同XXII-20-2）。これは人の死体を食った場合の話である。こういう論じ方は肉と霊という異質な両世界の混同が背景となっているといえよう。ただし私たちは経験を免れていることを語っており、私たちの考えは不確かな予測であるという（同XXII-29-4）。ここではすべてを今の知性で解明はできないことを認めている。しかし最初の自由意志は罪を犯さない可能性があったが、最後の自由意志は罪を犯すことができないという（同XXII-30-3）。創造や終末の世界については人の現在の知性では理解を超えているが、それらについてこのように具体的に規定するのは行き過ぎではあるまいか。「御子の姿に似たもの」（ローマ8,29）について、内的人間についてにしろ体の復活における不死性についてにしろ、我々が不死性の中にあるキリストに一致させられると理解されている[6]。また第二の甦りの中にある魂へ結合して体はもはや死ぬことなしに苦しみうると解されている[7]。これは甦った体の永遠の苦しみの可能性をいっているのであろう。復活後のことについて具体的には聖書は基本的にいって述べていないと思う。「自然の命の体があるのですから、霊の体もあるわけです。」（第一コリント15,44）というのみである。その具体的仕様には触れていない。今現在の人間の理、知性では判断できないからである。にもかかわらずそのように考えることは——もとよりこれは彼自身の考えを反映していると思うが——人の分を超えて神の領域へ侵入していると思われる。今は信じることがある。見ることは終末にある。しかるに先のようになると、見ることを今にもって来ようとすることであろう。

さらに、イザヤ66,24、マルコ9,47以下などを彼が挙げていることが取り上げられている[8]。これらは元来終末のことをいってはいない。しかしまたマタイ25,41を彼が挙げていることが取り上げられている[9]。これは終末のことをいっている。これはイエスの言葉であり、サタンとその手下に永遠の火に入れといっている。イエスは神でもあるのでそういう行いをしても、人が神の領域へ入るという問題は生じない。むしろイエスがそういう宣言をしなかったらかえって不自然であろう。そういう形でイエスに対して信仰告白をしているのである。だからといって必ずしも実際に終末の裁きで悪い人々を地獄の火に落とすというのではない。しかしこれは神自身の決定することであり、人はそれに従うしかないのである。ただ罪の重大さを人に知らせようとしていることは理解しておかなくてはならないであろう。その固有な人間的な肉を死から甦りへと移らせる永遠に至福な神なれば[10]こその働きである。これはキリストに関連していわれていることだが、聖書は神について“至福”というような形容詞をつけて呼んでいるであろうか。愛とか義とはいっているが。そういう形容詞をつけるようないい方はしていないのである。それ自体を知りえない神にどうしてそういう形容詞をつけうるのであろうか。

（b）瞑想と倫理。回心前も理性、瞑想を用いる点について。回心前は、自己が神に克服され救いに赴くより私があなたを克服し身の破滅となる方を願っていたという（Conf I, V-10-18）。これはそのとおりであろう。自己の罪によって生じた神との敵対関係を、十字架が幻影だったためキリストはまだその十字架において解かれてはいなかったという（同V-9-16）。彼がキリストの実在性を信じていることが分かる。しかるに一方でプラトニズム的になるのはなぜかといぶかるのである。二律背反ではないのか。結局キリストという存在は人が神に至るための道＝通過点にしか過ぎないこととなりはしないのか。だが終末までは人は神に至ることは許されてはいないのである。このことは（同V-3-5）での“道”ということとも関係しているであろう。少なくともキリストの持つ固有な意味がその分希薄になるであろう。通過点ということとなると、他にもそういう可能性を持つものは存しうることとなるであろう。もとより現実には神がキリストという受肉した存在を用意されたので、単なる可能性にしか過ぎないが。パウロ的キリスト信仰ではそういう可能性すら端《はな》から存していないであろう。彼の場合キリストの存在の固有性があいまいになるということである。プラトニズム的思考の中にはめ込まれることによってそういう結果になっているといえよう。御目の前でわたしは自分にとって謎であり、それは私の病だという（Conf II, X-33-50）。病とは弱さ、心の不確実さであり、こういう心の暗闇は弱さから生じるのである（訳の注）。回心前は特に肉欲の方に崩れていたのでそうであろう。自我の弱さであろう。この謎の内に入り憐れみの光の下、照らし出されるよう為し給えと祈る（同XI-22-28）。ここでの謎は時間論に関するものである。ここでは結局時間論は人の心に感じられている限りでのそれであろう。現実の歴史的世界の中での各々がその具体的内容を持った時間についての話ではない。内面化されている。外の世界を内面にいわば移して論じている。そもそもこういうことの探求に神、キリストに助けを求めて祈るであろうか。その内容からいわば抽象化された時間を問うことは外的事柄よりも内面を重んじるものの考え方の反映といえる。ここには基本的にいって時間というものはないといえる。時間は外の世界についてこそありうるものであろう。

信仰を御子の人性を通じ、宣教者の奉仕を通じ私の内に吹き込んでくれたという（Conf I, I-1-1）。御子とはもとよりキリストのことである。ただ受肉が彼においてどれほどの本質的意味を持っているのかと思う。罪の赦しという点でキリストがすべてということか。もしそうなら終末までは神自体にまでは至りえないこととなる。今現在においてキリストを信じるか、神にまで至るかは二者択一なのであるから。神の福音が御子の人性を通じて人に伝えられたという（訳の注）。しかしこれではキリストの独特の意義が不十分にしか認められていないこととならないか。イエス・キリストの存在そのものが福音自体であるからである。“通じて（per）”ということではキリストは単なる手段、方便の位置に下げられてしまう。仏教的にいえば法、報、応の三身あるが、その内の応身という仏身に当たることになるのではあるまいか。人間中心的なことになってしまわないのか。イエスの受肉にはヨハネにもあるように人々が救いと滅びとに分けられるという一面がある。神中心的な一面が同時に存しているのである。自分のすべての病をキリストを通して癒し給うという希望をキリストにかけているという（Conf II, X-43-69）。ローマ8,34に基づいて、マタイ4,23、詩編102,3（103,3）が挙げられている。しかしこれらはすべて体の病を指している。彼はここで心の病のことを念頭においているのではないのか。こういう転釈はプラトニズム的背景あってのことであろう。またすべての病といってもよいのか。完全なものはパウロも終末において期待している。今は部分的にしか見えないのである。この点もやはり内面に神を見ていく、探求するという考えの下に出てくる思いであろう。病が不完全にしか癒えていないのに神を見るということはありえないからである。そういうことは終末においてしかありえないのである。パウロでは神を、というより神の受肉たるイエス・キリストを自己の外に見ているので、今現在心の病のすべてが癒やされることを期待する必要がないのであろう。神は医者で自分は病人だという（同X-28-39）。かくてキリストは薬となるのであろう。確かに医者がいるのは病人であるという話は聖書にある（マタイ9,12）。この仲介者を通してあの方を自分で捕らえるためという（同XI-29-39）。あの方とは当然、神であろう。パウロは終末以前において神を捕らえようなどとは少しも考えていないであろう。この違いは大変大きい意味を持っている。彼では内面的に神を捕らえようとしている。そこで神は内面化される。そしてその神を捕らえようとするのであるから、キリストはそのための手段、道のような次元のものになる。神の内面化に伴って基本的にはキリストも内面化されることが避けえないと思う。否、必ずしもそうとはいえない。むしろ反対であろうか。内面での神の啓示に至るためには啓示は内面とは反対のところ、外的世界に現れることが必要なのではあるまいか。そしてそれを通って内面へと帰り行くのであろう。事実彼は受肉を重んじている。キリストは諸存在の原理であるので霊的食料であり、帰り道において人にとって不可欠であるという理解[11] にもこの点は現れている。

悪を避ける倫理について。ローマ5,8～12の引用の後、アダムとキリストとの後の人類への作用の相違に触れ、アダムは色欲によって遺伝的に罪を後代に伝播しているという（De Trin Ⅱ, XⅢ-16-21）。この点はパウロとは異なっている。人が悪の中にあるのは時の中にあるからで、永遠の幸福に達するには悪を避けねばならないという（De Trin Ⅱ, XⅡ-14-22）。（同XⅡ-14-23）によると、知恵というものは非時間的世界の中でのことと考えているように思われる。ここには時間的世界と非時間的世界との対比が見られる。しかし終末以前では前者を基本として信仰は受け取られるべきである。ローマ13,13以下に関連して泥酔、淫乱、嫉みをすてキリストを着て肉欲を満たそうとするなという安心の光たる言葉が心に注がれたという（Conf I, Ⅷ-12-29）。内容的にはそうであろう。ただパウロはこの聖句を近づきつつあると信じている終末との関連でいっているのである。この文言によっても彼の回心が肉欲からの脱却、自我の確立にあることが分かる。性欲、食欲、好奇心などについて自己吟味をしている（Conf Ⅱ, X-35-54以下、X-36-58）。こういう反省はそれ自体としては何ら間違ってはいない。これらの反省はしかし神を内面に求めていく傾向と一体であろう。パウロでは神の啓示を自己の外に見ているので、自己の内面についてこういう細かい反省はしてはいない。余り意味がないからであろう。人のことよりも神のことを、神の啓示を宣伝したいのである。もっともガラテヤ5,16以下において徳目を挙げて論じている。しかしこれは一般的な話であり、特に自己に関してということではない。第一コリント8,1に関して、キリストという謙遜の土台の上に徳を建てる愛はどこにあるのかと問う（Conf I, Ⅶ-20-26）。キリストを土台と考えてよいのか。回心前は肉欲へ崩れながら知的に探求して傲慢に陥っていた。そういう反省からそういう見方をするのであろうが。ここでは罪の贖《あがな》いの尊重という面は弱いのであろうか。善への愛が不動である時、悪を避けねばという気遣いはあらゆる不安を排除すると解されている[12]。これはDe Civ Dei Ⅲ, XⅣ-9-5からの引用である。ここでの不動ということが彼での自我の確立を意味していると解しうる。肉欲への崩れからの回復である。詩編18,10（19,10）についての彼の説明である。内容的には「完全な愛は恐れを締め出します。」（第一ヨハネ4,18）にも関連している。16節以下を見ていると、神がその人の内に留まってイエスのようだとある。しかるに神は愛であるから、その人は愛によって支配されている。ここから十字架に示された神の愛への確信は恐れを排除することとなるのである。ここでの不安とはこの文のすぐ後に「罪へさらされた弱さの不安でもってではなく、愛の静かな確信をもって罪を避ける」とあることからも分かるように、彼自身が回心前に体験したところの弱さに基づく不安といえる。かくて不動ということはこういう不安の解消を意味する。これは肉欲からの立ち直りを示唆している。ただ避けるといういい方の内に、それ自体が決して悪い意味での自我ではないが自我的要因を見うるかとも思う。というのもパウロでは自分より先に正しい道に生きていた人々を迫害していたので、罪を避けるというようないわば消極的な発想は生じにくいであろう。今更少々の事を避けてみても既に取り返しのつかぬほどの大罪を犯しているからである。彼のように肉欲に陥るだけであれば、個人として堕罪しているところで止まっている。しかしパウロではそうではなく、他の人々の正しい生き方を自分の誤りのために中断させたので自分一人には尽きないほどの罪を犯しているのである。そこで今更避けようというようなネガティブな心情は生じにくいであろう。

【注】

1）SOEUR Marie-Ancilla ; ibid, 152頁
2）ibid, 126頁
3）Gérald Antoni ; ibid, 162頁以下
4）谷 隆一郎, 同上書, 376頁以下
5）Gérald Antoni ; ibid, 165頁
6）P.PIRET, S.J. ; ibid, 365頁
7）ibid, 346頁
8）ibid, 348頁
9）ibid, 348頁
10）ibid, 132頁
11）Émilie Zum Brunn ; ibid, 87頁。さらに、永遠のラティオである言に達するための内的瞑想によって聖書と秘蹟を超えねばならないと解されている（同80頁）。これによるとキリストは信仰の終点ではない。終点はどこまでもラティオ自体、言そのものである。キリストは通過点である。内面的次元に究極のものが存しているのである。これら三点によってキリス

ト信仰とは異質といいうるであろう。少なくとも人にとっては内面よりは外に示された啓示に真実を見るのである。次いでそれに応じて内面をも反省していくのである。しかもその際啓示は決して方法とか手段ではない。人が常にそこへ帰り行く次元の存在である。こういう問題ある理解が生じる彼の言葉としては例えば次の個所が挙げられる。ヨハネ12,35、1,9に関連してquia ratione ubi potest, et ubi cecidit, ibi incumbere ut surgat.（De Vera Rel, XLⅡ-79）とある。イエスは「光を信じなさい。」という、また「その光は……すべての人を照らすのである。」といわれる。そういう光を信じよということである。その際に理性を使うということでよいのか。信じるということは理性によることではないのではないのか。surgat（rise）ということは彼の場合回心前の肉欲への崩れから判断しても自我の確立を示唆していると思う。パウロでは逆であることは序論において書いたとおりである。cedo（give place）ということは究極するところ、例えば肉欲へ崩れていったことが背景となっていわれていることと思われるのである。もう一つ挙げれば、non jam sola fide, sed certa ratione perducit.（De Ordine, Ⅱ-19-50）という。確かな理性によってという。理性を使うこと自体はよいとしても、パウロは思弁的な使い方はしていないと思う。この点が大きい意味を持っている。ギリシャ人とユダヤ人との違いである。西洋ではやはり理性がいわば先行しているのではないのか。あるいは少なくとも平行しているのであろう。理性が何かによって、例えばしるしによって追い越されてはいないのであろう。

さらに、帰ることは上るという意味をも持つであろう。ヨハネ12,35に関連して僅かな光が人々の内に残っている、暗闇に追いつかれぬように歩めという（Conf Ⅱ, X-23-33)。イエスのいう内実、つまり“自分がまだ世にいる間に”という言葉を彼は内面的意味に解している。転釈である。こういう点にも自己外にあるキリストの内面化が出ている。ヨハネ3,29に関して自己の根源へ連れ戻す花婿の声という（同XI-8-10)。イエスは人をその根源へ連れ戻すように声を発しているであろうか。神へということでは確かにそうであろうが。心に書かれた律法が根源とすれば、本来的にはそれへではなくて、それによって他者たる神を信じる方向へである。誇る者は「主において」(in domino）誇るという（同Ⅸ-13-34)。パウロは「主を(en kuriō）誇れ。」(第一コリント1,31、第二コリント10,17）という。誇りの内容は同じなのであろうか。アウグスティヌスはこの文の少し前で人が自分の功績を数え上げる時、それは実は神の賜物を数え上げているに過ぎぬのであることをいおうとしている。かくて主においてこれこれのことができたことを誇るという意味になる。そこでここでは自己の功績を誇っているという色彩が抜け切ってはいないと思う。一方、パウロでは主自体を誇っていると思う。エレミヤ9,23では神を知ることを誇れとなっている。自分が行いとして行なったことを誇ることは問題とはなっていない。第一コリントでも贖《あがな》いを誇ることがその内容であることがわかる。第二コリントでも福音が宣べ伝えられることについていっている。それが主の働きであるといいたいのであろう。いずれにしても自己、または自己に関する何かが誇りの対象にはなっていないことは確かである。こういう点から見ていると、ギリシャ語とラテン語の表現は同じなのに邦訳は異なっているという事実も大いに有意義といえよう。“おいて”と“を”との違いは以上のような相違を反映しているであろう。

12）Dany Dideberg ; Saint Augustin et la première Épître de Saint Jean, 1975, 197頁

（四）真理への探求

（a）真理とは。人間は諸真理の源泉である神、そして神の中に胚胎されている真理へ向けて探究する。この場合、真理とは我々の認識活動と認識されたその対象との合致を意味するのではなくて、それ自体として存しているものを意味しているのである。神自身は理性をはるかに超えているが、この際理性に依拠する以外に方法はないのである。現象的なものからそのいわば背景となっている真実へまで至らぬ限り人はその探求を止めることはできない。こういう類のプラトニズム的前提があり、それがベースになってその上にキリスト信仰が受け取られている。二重構造というか、二即一的構成というか、ともかく元来は異質のものの一体ということが生じているのであろう。確かに「神の永遠の力と神性は被造物に現れており」（ローマ1,20）と書かれている。このことは信仰の有無にかかわらず妥当することであろう。たとえそうとしても彼もパウロも各々の神信仰に立って考えている。そこでパウロがパウロの信仰に立っていう言葉を、彼が彼の信仰に立って引用するとその内実は変わってくるのではないかと思う。人は理性を動員しての神探求において、理性的反省を超えて真理である神を瞑想するのである。そういう瞑想を伴う思索において神を見いだす可能性を我々は持っているのである。ただアウグスティヌスに限らず、こういう基本的考えにあっては啓示というものにどれほどの意味があるのかと思うのである。逆説的な要素は少なくとも欠けてくるのではないかと思われるのである。聖書ではむしろ「この人を見よ。」ということなのである。ユダヤ人はしるしを求めるのである。しるしは外の世界に現されるのである。人の内面にではない。ここには内へ向かうか、あるいは外へ向かうかという根本的問題があるといえる。

ただ彼は哲学者ではないので、哲学の限界をも認識している。終末においてしか顔と顔とを合わせては見ないように、現世において神、真理自体を見ることはできないのである。乖離のあることは避けられないのである。しかし真理にしろ、善にしろ所詮は人の持つ概念である。それが神そのものでもあるという発想自体が問題であろう。少なくとも聖書自体はそういうことはいっていないと思

う。「わたしはあるという者だ」（出エジプト3,14）という神の名も人の予想を超絶している。しかもこのことは外の世界に啓示されたものなのである。かくて真理、善にしても、それらが神に連なっているとはいえても、神自体ではないのである。神自体を人は知りえないのである。啓示が必要なわけである。これらの概念を全て寄せ集めても神にはならないのである。もし人がそう考えたら、まさにそのこと自体によって神はそれを拒否するであろう。それが生ける神であり、神のハーヤーである。そのこととキリストへの信仰には飛躍があることとが対応しているであろう。人の自由と神の自由との呼応である。真理、善を神と同一視することも回心前に肉欲へと崩れていて、これらに縁遠かったことの反映であろう。『ソリロキア』における神と魂とを知りたいという探求の初めからして内面重視であり、これから見ても感覚的、経験的世界に真理を置くということは予想できないことである。主体の側重視である。聖書的世界に比すれば、総じて対象的世界の重みは感じられないのである。彼は数学を経て理想としての真理概念に到達したという[1)]。これは啓示とは無関係のことである。こういう点にもそもそも啓示から出発するキリスト信仰とは異質な要素があるといえる。非常に意識の側を重視していることが分かる。東洋的思想、例えば仏教が主知主義的とせられるのと類似した事情を見うるのである。いわゆる東洋と西洋とは似ている面を有するのであろう。

真理に関して第一コリント13,12を引いた後、信ずべき真理に関しては無信仰による、汚された迷いはあってはならず、また理解すべき真理に関しては無謀な肯定もあってはならず、前者は権威につかまり、後者は真理を調べるべきであるという（De Trin Ⅱ, Ⅸ-1-1）。いずれにしろ真理が二種に分けられている。パウロがこの句でいっていることはこういう考えと関係しているのか。確かにパウロにも部分と全体という考えはあるといえる。しかしそれを権威（auctoritas）と調べること（exquirenda）というように割り当ててよいものか。パウロがいうのは両方とも信じることの内に入っているのではないのか。その内での今とその時とではないのか。イエスをキリストと信じることについても、今そうと知られてはいない。しかしこれも啓示のもつ権威性に基づいて信じるほかないであろう。幸せな生は、信仰心を持って我々がどんな真理を享受しているかを知ることに成立するという（De Beata Vita, Ⅳ-35, Oeuvres de Saint Augusutin 4, 1948）。真理を享受するという。人間が中心という印象を受ける。こういう事態とも関係するが、神が永遠不変の真理といっても人間へのそのかかわりについては多様でありうるのではないかと思う。例えば肉欲に陥っていた状況から神に助けられた回心の体験との関連でいう場合とパウロ的回心との関連でいう場合とではその意味合いが大いに異なると思われるのである。全体的構成の中で考えなくてはならないからである。

そもそも人が観念的に考えた真理が神と一であると考えることは啓示に反するといえよう。こういう性格の真理が仮に時空を通じて不変だとしても、その真理を、またそういう事態を思索しうる人の魂も同時に不変で永遠であるということにはならないであろう。真理と一体的である神はそうであろう、だが魂は人に所属するものであるからである。だからこそ「魂も体も地獄で滅ぼすことのできる方を恐れなさい。」（マタイ10,28）と教えているのである。もし魂が永遠であるのなら、そういう教えは意味をなさないであろう。時間を超越した世界に参与しうることと魂自身が滅びうるか否かという問題とは自ずから別問題であろう。魂がたとえ神に直接する真理を知っていたとしても、魂自身はそれ単独では永遠たりえないのである。堕罪という事態はそれほどの重大な結果を招いたのである。神との接続なしに魂は永遠たりえないのである。永遠の神との罪による離別は永遠との離別でもあるのである。「あなたのうちに憩うまで、安らぎを得ることができないのです。」（Conf Ⅰ, Ⅰ-1-1）という告白はこういう事態を反映している。

（b）真理へのかかわり。ただパウロのダマスコ途上での体験は“憩う”（requiescat in te）とか“安らぎを得ない”（inquietum est）といいうるのであろうか。こういう面にも主客の逆転欠如という状況が伺われると思う。パウロに比すれば人間中心的印象を受けるのである。これは彼個人の問題というよりは西洋的精神全体にかかわる事柄であろう。パウロは「キリスト・イエスの囚人」（例えばエフェソ3,1）という。ここに人の救いがあるといえよう。安らぎを得るのではまだ自己の側に何らかの仕方で根がある状況は変わっていないのではあるまいか。もし安らぎを得ることが回心の内実であれば、そこから神秘主義的な体験へと向かうことも生じるのであろう。逆転という状況がある場合はそういう体験は不可欠ではないのである。なぜならそういう状況が救いをいわば客観的に保証する要因となっているからである。それに対して逆転が欠けていると、人の体験の内に保証的要因を必要とすることとなる。ここに神秘主義的要因が求められる局面が存しているのである。逆転という状況は個人の体験に依存する事柄ではない。そこでこれが揺らぐことはないのである。個人を超えたことなのである。これはまた神の意志によることといえるのである。これは個人を超えたことなので、個人の心理状況によっても揺らぐことはないのである。そこで神秘主義的体験よりもより強固な救いの岩なのである。彼の心の在り方については、神性の時への固着の内で私は私となり、意志がその目標を見いだすところで私は生まれ、信仰によって支えられた意志（la volonté supportée par la foi）は神へと向かうという理解[2)]がよくその実態を現していると思う。真に前半でいわれているようにあるには、先ほどからいっているような逆転という事態、自我崩壊が不可欠であると思う。後半の理解は逆転の欠如を現しているように思われる。支えられているのであるから。パウロではそうではなくて、いわば乗っ取られているのである。根本的に異なるであろう。神を心の内に招じ入れるという（Conf Ⅱ, XⅢ-1-1）。パウロがガラテヤ2,20でいっていることは、自己の存在全体の中にキリストが生きているということである。決して神ではない。かくてパウロと彼とでは二点で相違する。すなわち一点は入ってきているものが神かキリストかということ。もう一点は入ってきたところが心か心身全体かということ。そういう相違はあるにしろ神を招じ入れた魂はただ単に神に所属する真理を受動的に受け入れるばかりではなく、神の支えさえあれば自明的に神に所属するのではない真理を生み出すこともあるいは可能とせられるのであろう。神が創造的であるように、人もまたそうなりうる可能性を秘めているといえる。またそういう点において多くの人々の間の不和の解消の可能性を見いだすこともできよう。神が内的教師という称号を受けるのはそういう意味合いもあると指摘されている[3)]。だがイエス・キリストにおける啓示の神はそれには尽きないのである。むしろ人の予想を超えた面にこそ神のそういう一面は顕わになるといえよう。ただ秩序を重んじる考えともそういう考え方は通じているのであろう。神の真理は彼を仕上げる鋳型となるという（Conf Ⅱ, XI-30-40）。訳の注に神と合一した魂が神になるという汎神論的意味ではなく、神において各々があるべき形に完成させられることであると指示されている。“神の内に溶け込む”とはこういう意味である。各々ということで各自、各魂の個別性、独自性が尊重されていることが分かる。こういう個別尊重という点はパウロとも共通しているであろう。

全能の神は彼が神と共にあるようになった以前にすでに彼と共にあるという（同Ⅹ-4-6）。世に生まれる前に彼は神と共にいわば神のいます世界に存在していたことになる。パウロも「母の胎内にあるときから選び分け」（ガラテヤ1,15）という。だがキリストについてのように“先在”ということはいってはいない。先在したと考える結果、神と人とは基本的にいって連続的となるのであろう。そこからこの肉身で神を見るとかキリストが薬であるという考えになるのであろう。これは聖書の思想とは異なるのではなかろうか。外部からの声を内部で真理と比較する者だけがその声を了解するという（同Ⅹ-6-10）。外からの声と内からの真理の声の双方の一致が前者の了解へと導くということである。これは全く正しいことである。キリストの啓示にしても、それは人の外に存しているが、内からの声があってはじめて啓示は啓示となるからである。こういう過程では、知解するために信じよ、と信じるために知解せよという二つの命題が大切である。信仰的観点からはもとより前者が根本命題ではあるが。理性的な判断を超えた部分が信仰には不可避的であるからである。このことに応じて、神からはるかに隔たり似ても似つかぬ境地にある自己に気づいたという告白（Conf Ⅰ, Ⅶ-10-16）がある。これと平行して、善のイデアに取って代わった神が真理、精神双方を照明して知性が働き認識が生じるという理解4）が存している。精神の内に真理を探究しつつも真理を神において見いだすのである。真理の根源を人の理性には求めない。ということは一面で人たる主体の側を重視しつつも人を超えたところに究極のものを求めていることを意味する。哲学と異なるところであろう。だがここには究極の根源と意識（主体、理性）との間での主客の関係が成立することとなる。いずれにしろ善自体とされる神は終末において顔と顔を合わせて見るまでは直接見ることができない以上、神を信じるほかない。それに比して義、愛はこれに対してそうである相手を前提とした社会的性格を持っている。義は人に厳しく、愛は人に優しい。一方、善はそうではない。それ自体としても存しうるといえる。しかも善き神となると、それは人に対して甘いという含蓄を持つこととなろう。そういう面からも善＝神となってしまうと、即聖書的な神とは異質なものとなるであろう。人の論理を入れ論理的操作を経ることは問題を孕むのである[5)]。人の論理を少しでも入れると、そちらの方が優先されてしまうのである。啓示が啓示でなくなるのである。人間化という透過を経た啓示になってしまう。その限り啓示ではない。イエスをキリストとして信じる時には、人はどうあろう、こうあろうというような人としてのあらゆる思惑をすべて捨てて信じている。だからこそ「生きるにも死ぬにも、わたしの身によってキリストが公然とあがめられるように」（フィリピ1,20）という告白が生まれるのである。

【注】

1）ヒルシュベルガー『西洋哲学史　II　中世』昭和45, 66頁以下

2）Louis Ucciani ; ibid, 88, 91頁

3）Étienne Gilson ; ibid, 99頁

4）金子 晴勇『アウグスティヌスの人間学』昭57, 48頁

5）人間の思索は主客の関係において始まる。そこで主体の側に中心を置くか、あるいは客体の側に置くかである。回心前の肉欲へ崩れた状況から立ち直ることが課題という点からしても、彼は自ずから前者になるほかなかったであろう。そういう状況では神も、魂も、真理も見失っているのである。ただ内的真理を見うる魂がすべて、義なる魂の何たるかを見、いいうるとした時でも義なる魂とはいえないという（De Trin II, VIII-6-9）。自己は義ではないが義の何たるかは分かるのである。そうであればこそ神を義と感じたら自己と神との間に軋轢が生じるのである。この文の後でローマ13,8を引いて、正しさの分かった人間は相互への愛以外に負うものはないという方向へ努力するという趣旨のことを述べている。そうであればこそ自己と神との間に軋轢が生じるといえるのである。さらに、第一ヨハネ4,16を引いて、彼が神を愛しているということが必然的に結果するという（De Trin II, VIII-7-10）。ここでも先の軋轢ということが問題となるであろう。

真理の光との関係へと入るのを許す内的感覚が麻痺した時も、対象たる神に面し願望を語ることは唯一の可能性として残っていると解されている（Gerald Antoni ; ibid, 131頁）。ここでは神は魂と向き合っているのではなく、魂の後ろにおられる。神に向かって前進することではなく神へと帰ることが問題であるとも述べている。これも“残っている”という理解と呼応していると思う。これは回心前の状況をいうのであろうが、残るという。すべてが失われているのではないのである。だから助けられるという発想が可能となるのであろう。パウロでは何も残ってはいないのである。律法精進にその神観、正義観など、要はすべてがか

かっていた。そこですべてが失われている。魂の奥底に何かが残るということすらなかったであろう。文字どおり空虚となっていたであろう。彼ではそうではなくて心の奥底に神に通じる何かが残りえていたのであろう。ここには一種の余裕があるといえよう。肉欲によって苦しめられたのではあるが。こういう状況では人の観念としての神を知っていたり、愛していたとはいえても、啓示としての神は知られも愛されもしていなかったと考える方が適切であろう。また完全な知は第一コリント13,12にあるように終末においてしか与えられないが、不完全ながらもたとえ肉欲に堕ちていたときにも知は働いていたであろう。ただそういう自覚は残念ながらなかったであろう。そこで回心後はそのことが自覚され、それを中心に据えることもできたのであろう。一方、パウロは回心前に既にそういう知は心は律法を喜んでいるということにおいて自覚されていた。にもかかわらず回心での自我崩壊においてそういう知もまた自律、自立的なものとしては崩壊する。そして自己の外なるイエス・キリストの啓示へと向かうのである。“内面よりもより内的なるもの”がいわばその活性を獲得するためにこそ外的なキリストの存在が不可欠なのである。内面の強調は真実の半分のみを見ることとなるであろう。パウロは「目に見えるものによらず、信仰によって歩んでいるからです。」（第二コリント5,7）という。そういう意味では確かに“内なる人”は大切であろう。ただ彼における内なる三一性とでもいうべきものとが同じ性格なのかと思う。前者はもっと倫理的、行為的性格が強いであろう。

第三節　真理――照明――愛

（一）真理への参与と人の三一性

（a）真理への参与。神の真理への人の参与。神の霊について幸せ（beatus）で完全であるという表現が見られる（De Trin I, Ⅵ-3-4）。神の霊と人の霊とはもとより異なっているであろう。だから前者が幸せ[1]というのはどうであろうか。聖書のどこかにそういうことが書かれているであろうか。これこそ人の世界のことを神の中へ移していることの一端ではないのか。こういう考えに応じて、神を持っている者は幸せであるという（De Beata Vita, Ⅱ-11）[2]。パウロはこういういい方はしていないと思う。神を持つのではなくて、持たれるのではないのか。マタイ5,3以下でもそうであろう。強いていえば神を持っていることの具体的在り方が示されているとはいいうるであろう。だが少なくとも通常の感覚で見れば幸せとはいえない人々が幸せといわれているのである。それに対して神を持つということはこういう直接的な不幸な様相とどう関係するのか不明である。マタイ５章では具体的、現実的在り方がいわれていて、彼ではその前提となる内面的傾向がいわれていると解されないこともない。望んでいることが善である（同Ⅱ-10）ならば、マタイ5章でのような状況に陥ることになるのである。そこでここには葛藤が不可避的に生じてくる。しかるに彼のように表現してしまうと、その点が抜けてしまうこととなろう。マタイ伝はその点をはっきり自覚しているといえる。この点の自覚が不明確だと神を持つということも不十分なままに留まっているのではないかと思う。ここには人間世界での法則と神信仰におけるそれとの間の次元の相違という問題が介在していると思われるのである。

そこから人の内にすべての善が入ってくる源泉は神以外に発見しえないという（De Trin Ⅱ, XⅢ-7-10）。ここで神と人の善との結合がいわれている。この点はそうであろう。この点についてはパウロ、彼、ルター三者共通であろう。ただ異なるのはパウロでは神中心ということが徹底していることである。後二者では人間主義的なところが残っているということである。ただ欧米人から見ると同じに見えるのであろう。というよりパウロをそのように解釈しているのであろう。彼について大略次のような理解[3]が見られる。彼は受肉なしの三一の認識の観念的可能性を認める。かくてプラトン学派的哲学者といくらかの認識を一致させる。受肉は時の秩序、偶然に属す。人は内面と超越へ導かれてしか受肉を把握しない。道から祖国へ。眼差しの方向性の逆転が存している。時間的なものにおける信仰が我々を内へ呼び戻して永遠なるものへと導く。以上である。聖書では受肉したイエスをキリストとして告白することがまず存している。他はすべてそこから派生している。彼において、以上の理解どおりであればむしろ逆になっていることを示す。こういう逆転は自我の確立とキリスト信仰とが一になっていることの反映でもあろう。これはパウロとは逆である。こういう考えでは結局キリストの受肉は道、手段ということになるであろう。確かに逆転ということもいっている。しかしこの逆転とは人の内面へ向かうことである。パウロでは反対に受肉したキリストへ向かっている。逆転の意味内容が丁度逆になっている。この逆ということも信仰が自我の確立と一であることと関係しているといえよう。キリストが道なら他にも道はありうることであろう。一回のみではなくなる。釈尊でもよいではないかという疑問が生じる。キリスト自身がそういっているのではないが。西洋ではプラトニズム的哲学を前提にして解するので元の意味が正しく伝えられていないのではないのか。イエスのいうのは“人の内面へ”ということではないであろう。そうではなく、イエスをそれ相応の存在として信じることを要求していると思う。なぜなら「わたしを見た者は、父を見たのだ。」(ヨハネ14,9) といっているのであるから。かくてそこからはもはやどこへも行くところはないであろう。

また魂の中での神の記憶は万物における神の遍在の特殊な場合であり、人のみがそれを経験し知りうると解されている[4)]。具体的には例えば三一などの仕方で知るという形になるのであろう。確かに過去のこととして知るのではないのである。そうであるから「この人を見よ。」というように自己の外に神を求め、問うていくことと矛盾してはいない。だがその具体的手法になってくるとパウロなど聖書自体との違いが現れる。先の「わたしを見た者は、父を見たのだ。」(ヨハネ14,9) というような場合はたとえでも何でもない。具体的な一人の人において神を見ているのである。かくて具体的手法の違いに違いがはっきり出ているのである。また人はその主である神を想起 (reminiscitur) しえないという (De Trin Ⅱ, XⅣ-15-21)。だがこれでは不十分である。信仰とはイエス・キリストという外なる存在へ目と心とが向けられることではないのか。自己の内面をも、外面をも、目も、心も離れて信仰での主客逆転は生じるといえる。内面中心ではそうはならないであろう。「だれが、……神の道を理解し尽くせよう。」(ローマ11,33) という聖句も示すように、人の思いは元々神へは届いていないのである。内面において自己を超えて神へという道はどこまでもいわば伏流水のようなものであろう。本流はやはり外界への啓示と人がいかにしてそこへ至りうるかであろう。内面的道は神秘主義的になっていくであろう。内へ向いている限り外の啓示たるイエス・キリストのところへは至りえないであろう。内面的次元のところから外の啓示へ引き出されることが信仰だといえるのである。内面的道を超越しなくてはならないであろう。内での超越は真の超越ではないのである。内面へと向かっていき神を見ようとする限り、軸足は人の側にあるままであろう[5)]。

魂が全存在物の内で最も神に近いので、魂の本性同様に、神という観念は体という全理念を排除するという（De Beata Vita, I -4）。この点は確かにそうであろう。ただ人としては体がなければ魂もないのではないかと思う。魂だけが浮遊しているわけではないであろうから[6)]。神は物体的形態のものではないが、人間を似像として造ったという（Conf I, Ⅵ-3-4）。創世記1,26では「海の魚、空の鳥、家畜、地の獣、地を這うものすべてを支配させよう。」という。そうであれば人もやはり体を持っていなくてはならないであろう。かくて心身共に備わっている人間全体を似像として受け取るのが適切であろう。似像と類似性とのゆえに、つまり理性と知性の能力ゆえに非理性的動物に勝るのを見るという（Conf Ⅱ, XⅢ-32-47）。似像について理性と知性といっている。このように考えるので、内面において神に繋がる部分を考えうるのであろう。その分根源的には贖《あがな》いはその必要度を下げるであろう。それはともかく内的、知的な魂の働きにより神観念を見うるのである。もっとも見るといっても肉の目で見るのではなくて、心の、霊の目で見るのではあるが。このことによって我々は自身の中で真理を保持するのである。そうしてこれに固着するのである。『ソリロキア』において神と魂とを知りたいということから出発しているように、神と魂とは不可分離である。前者を問うことは後者を問うことと別ではない。自己の根源を問うことがすなわち神に奉仕することである。「律法の要求する事柄がその心に記されている」（ローマ2,15）といわれているように、外からのものと内からのものとの相互肯定をいっている。そして彼にあっては魂が神の像なので魂は神との一致へ向かうと考えることは自然なことであろう。しかもこのとき魂は自主性、自律性を有している。

一方、パウロではそうではなくて、天にあるキリストが主体である。そこで神を主体として「変えてくださるのです（metaschēmatizō）。」（フィリピ3,21）と、能動形で書かれているのではないかと思う。しかもこういう事態は終末ということを視野に入れていわれていることである。確かに自我の確立が信仰の契機となっている場合も、回心において神の助けが先であればこそそうなっているといえる。かくて人の働きは受動的であるほかないであろうが、常に“受動的”ということにはなっていないのではないかという危惧が生じるのである。他者の助けや注視を願う限り自己を神に対して確かに高く評価しているとはいえない。ローマ7章を見てもパウロでもそうである。ただ問題はここでもそうだが、自己の側での例えば肉欲への崩れという惨めな状況とのかかわりで他者の助け、注視を願う点である。パウロではこれら二つは基本的には別次元のことである。それだけ魂の自由度が高いといえる。信者が良しと見るとき実は神がそう見ているのだという（Conf Ⅱ, XⅢ-31-46）。霊の人々と神との間には一致があるのである。ガラテヤ2,20でいわれているような事情があるからである。確かにこういう面はあるであろう。同時にローマ7章でいわれているような事情もあるが。彼が肉欲その他の世俗的な種々の事物の中での分散状態にあっても苦しみ悶えつつ真理を問うていることは不可思議でもあるが、そこからさらに分散から統一へという経過をたどる。そしてここから先へ完成へ向けて歩み始める。このように人を未完から完成へという方向で見る見方は「生きているのは、もはやわたしではありません。キリストがわたしの内に生きておられるのです。」（ガラテヤ2,20）という告白に現れる見方とは異なるであろう。後者では前者、完成へ向けて見るという次元そのものが吹っ飛んでいるのである。こういう完成的見方があるので信仰における水平移動と垂直移動という観点から見るとき、水平から垂直へという理解7）の仕方も生じるのであろう。

（b）内なる神の像。魂の中に現在する神の像により魂がその像であるところの方に固着できるようにするという（De Trin Ⅱ, XⅣ-14-20）。像が魂を神の方に動かすのである。もとより内面的にである。プラトニズム的といえる。この点については像を人の存在全体、心身の全体と受け取っても同様にいいうることであろう。本来からいうと律法（トーラー）においても心身を含めた全存在として神に近づくことがいわれている。固着（ei inhaerere）という表現は神秘主義的傾向を示しているのではないのか。本来の信仰では人の外に啓示されたイエス・キリストを信じることを求められる。固着という形では求められないのである。固着は人の側での何らかの意味での行為的要素を含むと思われる。人の三一の中に収まるように神探求をすることが正しいこととは思われないのである。なぜならそれでは神が人の中に収まるのであって、人が神の中に収まるのではないからである。本末転倒であろう。申命記6,5の引用の後で、魂は自己を思い起こし、理解し、愛することを止めぬよう構成されているという（De Trin II, XIV-14-18)。たとえ肉欲に陥っていてもこういう状況は不変といいたいのであろう。神の直接の表現である像と神との間にはいかなる被造物も入っていないという（De Trin II, XI-5-9)。確かにそうであろう。中間物が信仰においてすべて脱落していることの反映であろう。被造物的な像の類似性は生み出された像の類似性に近い（accedit）という（De Trin II, XV-11-20)。被造物的な人の像とキリストの像とは近いということとなる。もとよりそういう一面はあるであろう。こういう面についてローマ11,36を引いて大略次のような理解[8]が見られる。記憶、思考、愛などの働きの二つの対象の関係は、神から遠ざかることは自己から遠ざかることであるほど確固としたものである。神的三一への関係の中における霊の三一の完成の詳述の危険を彼は冒さない。以上である。それの詳述など本来不可能なことといえる。思うに神に属す次元と人の次元とは元来別のことである。その上、この聖句はいわゆる三一とは別次元のことに関するであろう。全被造物が神によって創造され、今現在神によって維持され、さらにパウロが自己の存命中に終末ありと信じていたことを考え合わせると、終末において神によって一新されると考えられていたであろうと思われる。かくてむしろ終末的次元の言表と考えられるのである。

心の内での神の像は不完全であり、子の内での像とは別である。神の三一を人の心の中の働きになぞらえる考えについてはその限界があることはいうまでもないことであろう。そもそもそういうなぞらえをすること自体問題であろう。神と人とではまったく異次元の話であるから。聖書ではキリストが神の子とはいう。またキリストが信者の頭ともいう。しかし人については堕罪前「御自分にかたどって」（創世記1,27）というのみである。やはり神と人との隔絶という一線が念頭にあるからであろう。プラトニズム的発想が入ってくると、その点が曖昧になる側面が出てくるのであろう。神秘主義的になることはそのことを現しているのである。人が“神の像”の像[9]と考えられてもやはりそういう問題は残るであろう。人を神に連続しているものとして考えたいという心情が背景にあるからである。聖書は本来そういうことをいおうとしているであろうか。新約はキリストにおける出来事の意義を宣べ伝えようとしているのである。人の霊は、それによって自己が神の言の永遠の生成の像であると知る心の言であるという理解が見られる[10]。心の中でのいわば霊の自己認識が神の言の生成の像とされている。言の内面化、終末でなくて今現在において人の内面に神の言の像が存在することとなる。これら二点が問題となるであろう。例えば神に属す知恵と人の知恵とでは次元の相違を考えざるをえない。存在そのものが文字どおり天地の開きがあるのに知恵のみが同等とは考えにくいのである。確かに人は神を思念しうる。だが神になることはできないのである。父、子、聖霊について人の記憶、知性、意志の三者を挙げて類比的に考えている（例えばDe Trin I, Ⅳ-21-30)。『三位一体論』の前半は神自身のこと、後半はそれに関連した人の精神構造のこと、これら二つを関連させることは問題であろう。神のことと人のこととをであるから。超越的存在に属すことを人の次元へと引き下ろすことを含まざるをえないからである。それによって神的次元と人間的次元との区別がその分不分明になるであろう。こういうことが可能なのも神について考えていることが人間的次元の事柄と共通的性格を有しているからであろう。少なくとも概念による構成である以上、概念という点で共通であろう。もとよりそのようにしても説明し切れるものではないであろう。結局、哲学的に説明しつつ最後のところは手が届かず断念せざるをえないのである。人間的次元、世界に属すことを哲学的に説明することは正しいことであろう。しかし神に属す次元のことは説明不能である以上、哲学的説明もその究極的根拠を失う。そうである限り意義をも失う。そこでそうならないように究極的な次元へかかわろうとして神秘主義的試みが生じる。こういう企画は全体としてはキリスト信仰に反していると思われる。自己で自己を根拠づけようとするのであるから。究極的、根源的なところでは自己義認、自己聖化という要因が見え隠れするからである。神、キリスト、聖霊の三者を人の内面の記憶、知性、意志の三者になぞなえるのは全く恣意的なことであり、何ら聖書的根拠のないことである。神について神、キリスト、聖霊の三位一体ということは人の立てた一つの仮説である。本質が三者について同じか異なるか人には判断できないのである。なぜなら人を超えた神という存在についてであるから。にもかかわらず同じと判断すること自体が人の越権行為である。その上さらに人がそう考えた三一にアナロガスな事象を人の中へ置き入れることは二重に越権しているのである。神に属すことと人に属すこととを混同することは出来ない。人の次元に属すことはそういうものとして考えて、それはそれとして有意義であることは何ら変わらない。ただしそれを神にアナロガスに考える必要は少しもないのである。またそういうことはすべきではないであろう。そう考えることは秩序という考え方を反映しているのであろう。神的存在、人間存在、自然的存在を通じて同じ秩序が支配しているという感覚の現れであろう。新プラトニズムでの一者から世界が流出しているという考え方に比べて、その内容は異なっているが、いわばその形式は同じともいいうるのではないか。

（c）記憶を中心として。人間的三一の内の記憶が人を超越した真理に対して受容的と考えられるとしても、そこでの真理とは人がそうであると考えた真理であろう。その限りそれは究極の真理ではなく、記憶はこれに対しては受容的とはいいえないであろう。不明である。そういう性格の真理を人は知りえないのである。今は鏡に映してのようにしか見ていないのであるから。だからこそイエス・キリストに躓《つまず》くことが生じるのである。それをそれとして判断できるような元になる知恵は自然的人間の心の中には存していないのである。イエス・キリストに対面する時、神自らが人の心の中にそういう知恵を与えるのである。そういう形でハーヤーしてくださるのである。聖霊を送って下さるのである。精神は自己に現れているもの以外何も知らない、また精神が精神に顕わである以上にいかなるものも精神に顕わではないという（De Trin Ⅱ, XⅣ-5-7）。こういう考えでは自己の外に啓示されたイエス・キリストの出来事を受容することなどできなくなってしまうであろう。そういう考えそれ自体がその障害となるであろう。その出来事から人の内面へ移され、映されたものしか受容できぬこととなろう。神の啓示以外のことについては、例えば一般の身体的、外的な事柄についてはそれで良しとしよう。しかし聖書にもあるように“しるし”として人の世界へ示されたことについてもそういうことでよいのか。否であろう。むしろ反対に人をそういう自己化、内面化した状態から外へと引き出すことこそ啓示の意義といえよう。このことは終末への期待の仕方の違いにも現れる。パウロが「顔と顔とを合わせて」（第一コリント13,12）というのは外の世界へのキリスト再臨についてである。記憶の内でのこととは何ら関係のないことである。内的三一の完成というようなことは問題外である。文字どおり外の世界へキリストは現れるのであるから。むしろそれまでのキリストに関する我々の記憶を打ち破るような性格を持つであろう。終末において新たに啓示されるともいうべき性格のものであろう。精神の三一が神の像であるのは自己がその方によって造られた方を記憶、知解、愛するからであるという（De Trin II, XIV-12-15）。このように具体的に規定すると、人による哲学となってしまうであろう。現代では存在論的に人の中に神に連続的な要因を見る考え方には否定的である。だが一方、聖書において人が神の像だといわれているのも事実である。この点をどう考えるかである。彼の考えでは神の像が精神的働きに限定されることになる。しかしヘブライ的発想では霊肉を分けない。そこで少なくとも存在全体が神の像と考えなくてはならないということがまず第一に出てくる。そう考えると、例えば神――心、子――身体、聖霊――心身の繋ぎ役ということとなろう。繋ぎ役は多面的機能を持つであろう。丁度聖霊が種々に働くのと同様に。彼では回心前肉欲へ崩れていたという体験もあって、身体的部分を神の像の中に入れて考えることは難しかったのであろう。こういう形で三一を考えれば、神を思い起こしている時も、反対に忘れて肉欲に堕ちている時も人が神の三一であることは変わらないこととなろう。生の内容の善悪に左右されず人は神の像である。と同時に人はどんな悪に陥っても回復の可能性を否定せずに済むのでもある。

内面重視の彼の考えは啓示が人の理、知性による透過を経てのものになっていることと呼応しているであろう。「だれが、……神の道を理解し尽くせよう。」（ローマ11,33）という考えはいささか趣を異にしているであろう。無限な神を三一という形で人と関連させて、人の精神を把握しうるのかという問題も生じる。三一ということは精神の一般的構造としてはよいのであろうが。またこういう関係の中へ取り入れられた神はもはや神ではなくなるのではないか。被造物と神とについては別々に考えねばならないであろう。もし善そのものの観念が我々の内に刻印づけられていなければ、あるものが他のものより善いといいえないであろうという（De Trin II, VIII-3-4）。確かにそうであろう。だがしかし神についてまでそういいうるのか。たとえそういう観念があっても、受肉したイエスが神の受肉した存在という証しはないことであろう。このことはイエス自身のいう「わたしを見た者は、父を見たのだ。」（ヨハネ14,9）という言葉を信じてはじめて実現するのである。しかしそうなると人がそうと判断する判断基準が人の内にあることが必要であるもしれない。だがイエス・キリストの存在がそのとき同時にそういう基準を人の中に与えると考えるべきであろう。ここには飛躍があるといえる。かくて内への、内での超越では信仰にはならないのである。本来なら神のような超越的存在についてのみ考えるべきことを人の精神構造へも及ぼして考えていることは、そのことを双方に共通的なこととして考えているのみではない。超越的存在とそうではない存在としての人間とについて、その上下ないし主従関係がいわば内実的には逆転していることを暗示しているのではないのかという疑念が生じるのである。もし超越的存在についてのみ考えているのであれば、それと同じないし類似のことを人について考えるべきではないであろう。これはスコラ哲学について神と人との間の主従関係が逆転しているという批判が生じることと同じ消息であろう。こういう逆転は人の本性、人の在り方の中に神の性質を探求、推論するという本末転倒と呼応しているであろう。聖書はそういうことはしていないのではなかろうか。神を人の次元へ引き下ろすことであろう。上にある神を目指し心を通して上昇し記憶という自己の力をも超え神に触れうるところで神に触れという（Conf II, X-17-26）。確かに外界からの表象から解かれることは心の自由を意味する。ただキリスト信仰ではそのことは同時に外界にイエス・キリストとして啓示された存在へと向かうことと一のことである。内面において神自体に向かって上昇するという心の在り方は聖書に示されているキリスト信仰とは異質であろう。自己を超え、神においてというのは場所ではないという（同X-26-37）。訳の注に精神は最も奥深いところで超越的神に向かって開かれているとある。もし本当にそうであれば原理的にいってイエス・キリストの啓示は不要となるであろう。心に書かれた律法はそれ単独では残念ながら神へは通じないのである。この点は回心前のパウロを見れば直ちに分かることである。イエスにおいて神の啓示を見るという方向へいくのであれば、先のような考えも肯定しうるであろう。外の啓示が人の内面に入りきてそういう事態になるのである。内外同時である。内の方の専一的強調は正しくはないであろう。神の内に留まらないなら自分の内にさえ留まれないであろうという（Conf I, Ⅶ-11-17）。内面重視である。この場合、神というものが真に他者なる神なのかという疑問が生じる。外の啓示であるイエス・キリストを重視すれば、どこかで止められ、何かに届いているところがあるであろう。常にそこへ還帰していくのであるから。還帰のいく先は内なるロゴスではなく、外なるロゴスである。外なる啓示に向かって主客逆転の経験をし、キリストの囚人となること、そこに救いを見いだすのとは異なっているであろう。

【注】

1）神（の霊）が幸せとはどういうことかと思う。神が人の態度に対応して怒るとか愛するとかとはいわれている。このことは人の実存的対応に応じての神の態度をいっている。どこまでも人の実存的態度に関連してのことである。しかるにここで神の霊が幸せという。人が幸せということは理解しうる。神（の霊）が幸せであるか否かをどうして人が知りうるのであろうか。人の権能を超えたことといわざるをえない。神の領域へ人が土足で入り込んでいるようなものであろう。しかも聖書では神は人の罪に対して怒っている。こういう神が幸せとは考えにくいのである。事実、神は「後悔し」（創世記6,6）というように、ノアの箱舟に際して人の創造を悔いているのである。ここには理性的――幸せという線が神より上に設定されていることが感じられるのである。

2）Deum igitur, inquam, qui habet, beatus est.

3）Olivier du Roy ; ibid, 453頁

4）Étienne Gilson ; ibid, 139頁

5）憐れみは欲さぬ人には欲するようなるように先行し、欲する人には空しく欲さぬように付き従うという（Enchiridion, Ⅸ-32, Nolentem praevenit, ut velit, volentem subsequitur , ne frustra velit.）。これによれば神中心的に考えられていることが分かる。だがどこまでも二元的に聞こえるのである。“先行する”という考え自体が神と人という二元が前提である。人の思い自体は既存である。神が願い自体を起こさす場合は創造のときと同じでその前に何かが存しているわけではない。いわば無から起こしているのである。ここでも創造と形成との違いのような何かが感じられるのである。彼にとっては人は創造の頂点なのであろうが、こういう点では無からの創造という理解とは異なっている印象を受けるのである。魂が自己自身を考えるという条件ではじめてその対象物が魂の注目下に入るという（De Trin Ⅱ, XIV-6-8）。外への啓示というもの、しるしというものはこういう魂の内面的性格をこそ打破する

ものではないかと思う。つまり魂が自己自身へ注意を向けることから解放され啓示自体へ注意を向けるという根本的変化が生じるのである。内から外へと注意の向きが変わるのである。先のような構造が破壊されるのである。

6）確かに魂が自己を知っているのなら、それは確かに魂が自己の実体を知っていることであるという（De Trin Ⅱ, X-10-16）。実体（substantia）という。魂は実体的に存していると考える場合を想定しているのであろう。当時としてはそれでよかったのであろう。だが現代においてそう信じうるのか。“確かに”（certa）というわけにはいかないであろう。我々は実体的に表象しうるであろうか。どちらでもよいであろう。神のみ手の中にあれば有意差はない。少なくとも人が世に生きるに当たっては、それで十分である。それ以上問うことは興味本位か、あるいは同じことで根は一つだが、罪から来ているのである。このことは例えば旧約の預言者がある出来事の生起は述べてもその現実的、具体的仕様には触れないこととも呼応していることである。魂は自己が何らかの身体的なものではないが存在していると確信しているという（De Trin Ⅱ, X-10-16）。確かにそうであろう。魂の存在を確信している。しかも身体的なものではないと明言している。二元論的要因が入っているのであろう。そういう明言はしないのが先の旧約的発想と一致するのであるが。

7）Louis Ucciani ; ibid, 80頁

8）Olivier du Roy ; ibid, 445頁以下

9）茂泉 昭男『アウグスティヌス研究』1987, 326頁。さらに、神が人を自己と結びつけ真の人格として再生する結合の概念としてのペルソナという理解が見られる（256頁以下）。再生とは彼が回心前肉欲その他に堕していた状況を反映しているのであろう。こういう理解が生じること自体彼の考えがパウロに比すれば人間主導的、キリスト教的宗教哲学的であることを示している。

10）Olivier du Roy ; ibid, 430頁

（二）記　憶

（a）記憶の意義。神を自己の外に求め心の神を見いだしえなかったという（Conf Ⅰ, Ⅵ-1-1）。彼のいう“心の神”と訳の注に挙げてある詩編72,26（73,26）での“心の岩”とは内容が異なるであろう。前者では神自体が心の中に存しているのに対し、後者では神は外に存していてそれを心が自己にとって岩と感じているのではあるまいか。神は外の世界にしるしを給うのであるからである。人が我々に我々が既に持っているのではないものを与えるのではないと解されている[1)]。このように思考は一般に我々の内に内在しているものであるが、確かにキリストの啓示でも我々の内にそれに響きあうものがなくてはならない。だが我々の内にあるものは罪のために残念ながら啓示なしでは自立性、自律性を持つだ

け十分力強くないのである。わたしの目の光はわたしと共にあらず、光は内にあったのにわたしは外にいたという（Conf I, Ⅶ-7-11)。訳の注に挙げてある詩編37,11（38,11）での“目の光”とは神のことであろうか。「心は動転し、力はわたしを見捨て、目の光もまた、去りました。」とある。確かに目の光が神そのものではないとしても、神に連なる何かを意味していると解しうるであろう。なぜならその前に出ている“力”とは明らかに“私”ではないところの神に属す力を意味しているであろうからである。その前の“心”というのは人の心のことであろうか。だがもしそうだとすると、その“目の光”、すなわち神が“内にあった”ということでよいのかという疑問が逆に出てきてしまうのである。内にあると観念しているから彼のように人の心の在り方によってその光を見たり、見なかったりするような不具合が生じてしまうのである。神に導かれ心の内奥に入っていったという（同Ⅶ-10-16)。訳の注に、彼では自己の内奥、自己を超えたところに神を見るとある。パウロは終末まではそうではない。内奥、自己を超えたところといっても所詮自己内であることは変わらない。自己を超えるとは自己の外のキリストの啓示に至ること以外ないのである。魂の目のようなものにより魂の目を超えたところ、精神を超えたところに不変の光を見たという（同Ⅶ-10-16)。かくて内奥で見る光、神とは具象的性格のものではない。光について同じ個所で、それは油が水の上にあるようにわたしの精神の上にあったのではなく、わたしを造ったがゆえにわたしの上にあり、造られたがゆえにわたしはその下にあったという。かくて見るといっても、また精神を超えたとはいっても、何も見ていないし、また精神を超えてもいないともいいうるであろう。具象的なものでない限り見たことにはならないし、また精神を超えたものは外の世界に現れるものであるほかないであろう。外界におけるイエス・キリストの啓示を見てはじめて精神を超えた、「わたしを見た者は、父を見たのだ。」（ヨハネ14,9）といわれているように、父なる神を見たのである。

内に戻ろうとすると物体の種々の心象が立ちふさがったという（同Ⅶ-7-11)。自己の内奥に神を見るには物体的表象を通過しなくてはならぬが、当時の彼はそれができなかったのである。こういう点を見ていても、実存的、身体的に肉欲の方に崩れていることと心が外的表象に引っかかっていることとが呼応していることがわかる。崩れなくなることとそういう表象を超えて神に至り、自我が確立することとは一のことなのである。内へ向かうことと神からの外へのイエス・キリストの啓示へ至ることとが一になってはいないのである。精神、記憶がいかに脱自してもなおかつ自己同一的世界であることは変わらないのではあるまいか。キリストもまた心象の一つということになりはしないのか。呼び求める時、神を自己の内に呼び込もうとしているという（同Ⅰ-2-2)。“神を”とある。なぜキリストではないのか。「わたしは既にあなたの内にいるのに、どこにあなたを呼び入れるのか。」（同Ⅰ-2-2）という。我々が神の内にあるというのはよいが、“神を私の内に”というのは問題であろう。キリストならよいが。罪による断絶を考えるとそう考えるほかないであろう。記憶の世界[2)]とのかかわりで神を求めていくこと自体が、そこが他者なる神の欠如した世界であることを示している。啓示として外へしるしとして求めねばならないのである。あなたは私の最も内なるところよりもっと内にいまし、私の最も高きところよりもっと高きにいられましたという（Conf I, Ⅲ-6-11)。“あなた”とは神のことであろう。パウロは否、聖書は全般に神が人の心に宿るという考えはしていないと思う。罪による断絶がある以上、神が直接人の心に住むという考えは人の心に浮かんではこないのではあるまいか。

超越的であると共に内在的な理性への回帰に思弁的にも実践的にも悪の問題の解決があると解されている[3)]。こういう考えは彼が肉欲の方へ崩れていたという体験が反映しているのであろう。彼ではこういう回帰と自我の確立とが一なのである。身体的次元での在り方は彼もパウロも同じとも見うる。ローマ7,7以下の告白があるからである。ただそれを見ている主体が異なる。彼では理性と一となった、というより元来内在している理性と一の自我（自己）が主体として見ている。一方、パウロでは理性と一の主体に取って代わったキリストの霊が見ている。律法精進の段階では理性と一の自我が支配していたといえよう。確かに人間的世界については前者的仕方でも悪の解決の道を探ることはできよう。しかし自然災害についてはどうか。どうしようもないのである。それでもなお旧約時代のイスラエル人はヤハウェ信仰を捨ててはいないのである。人が考えた秩序を超越した信仰がここには存していると考える以外ないのである。人による理性的判断を超えて信じているとしか思えないのである。そしてこういう信仰は倫理的には「なぜ、むしろ不義を甘んじて受けないのです。」（第一コリント6,7）というパウロの考えと呼応しているといえよう。理論的にも倫理的（行為的）にも理性を超えたところに立っているのである。

まず神的対話者を高さ、遠さの論点に立てる眼差しの空間性を消し、次に内的現臨として表現される純粋に内的な関係を組み立てるためというような理解が見られる[4)]。神との対話において内的直接性が強調される。確かに祈り自体においてはそうであろう。しかしそういう祈りもキリストの啓示にその源を発している。かくて直接性とはいえその限界もあるといえる。全面的な直接性ということは終末までありえないのである。最高善からそれると、魂は善であることを止めるが、魂であることは止めないという（De Trin II, VIII-3-5）。魂は最高善である神からは結局離れえないことが分かる。このようになると、人が考えた哲学の中に神も人も取り込まれることとなるであろう。それは聖書に即しているのかという疑問が生じる。だが離れないようにするという過程の中に確かに魂の実体があるといえる。動的性格を持っている。「“霊”の火を消してはいけません。」（第一テサロニケ5,19）という聖句もこういう状況を反映しているといえる。常に油を注いでいないと火は消えるのである。

(b) 記憶と神。神を記憶の外には見いだせなかったという（Conf II, X-24-35）。内面での神ということを明確にしている。既に記憶の奥深くに隠れているのを他人の教示で引き出されてはじめて考えうるという（同X-10-17）。訳の注に次のような指示がある。記憶の奥に記憶の領域のあることが分かる。判断基準となる先天的概念がそこにある暗い記憶の野である。神はここに求むべきである。以上である。人の内面に神が存しているのかという疑問が生じる。啓示という理解はそうではないであろう。アレオパギタでのパウロの説教でもそうであろう。神の子が十字架にかかるという神観は人の記憶の中にはないのである。美（甘美)、聖、真、善というような神観念はありうる。しかしこれらの観念は神とは直接の関係はない。それらを神、あるいは神の属性と判断するのは人の理性である。概念的な神である、決して生ける神ではない。文字どおり生きているものを概念として捕らえることはできない。常にすり抜けてしまう。神といわず人についてさえもそうである。捕らえた瞬間に既に殺しているのである。つまり的を外しているのである。そもそも神を求めること自体が不遜なことである。イエスが「わたしを見た者は、父を見たのだ。」（ヨハネ14,9）といっているのに、その言葉を無視して――これはアダムが神の言葉を無視して木の実を食べたのと同罪である――父自体を探ろうとしているのであるから。記憶の中に神の概念はありうるであろう。しかし生ける神がそこにいますことはない。生きているものをどうして人の観念で捕らえられようか。観念によって固定された神は死んだ神に過ぎない。哲学者の神とでもいうべきものであろう。対話の相手たりうる神ではない。記憶の外にあなたを見いだすのであれば、わたしはあなたを記憶していないはずで、記憶していないとすればどうしてあなたを見いだしえようかという（同X-17-26）。訳の注に神は記憶の中にあってしかもないというアポリアに陥る、記憶の野を突破したところに神と出会う記憶の野があるとある。こういう考えでは人の内面に神がいることが大前提となっている。聖書はそうか。否であろう。アダムの堕罪によって現されている事態を重大に受け取れば――それには神に対しての罪という理解が必要だが――人の存在の内に神に直接しうるものを見いだしえないであろう。仮に百歩譲ってアポリアというところまで肯定したとしても、そこからキリスト信仰的には外界へ啓示されたイエス・キリストへと向かうのである。決してさらに記憶のその奥へという内面化の方へはいかないのである。“この人を見よ”ということである。

そもそも記憶の中にある神という概念が真にそうでありうるのかということ自体が問題である。人の考えることはすべて人の罪と連動しているからである。旧約を見ても神は必ず具体的出来事を通じて人に自己の意志を示している。燃える柴の葉、山の上の雲など。人の意識、心とは別次元のことである[5)]。記憶の外には神を見いださなかったという（Conf II, X-24-35）。逆にいえばそこに神を見いだす可能性があるのである。聖書でもそうであろうか。そもそも神を直接は知りえない。かくてこそ啓示が与えられている。しかもイエス・キリストにおいて最終的に啓示されたのである。だから神はここにおいて求められるべきである。人の記憶というようなあやふやなものにおいてではないのである。かくて本来からいえば、ここでの彼の言葉とは逆に記憶の中には見いだしえないというべきであろう。イエス・キリストの存在という人の記憶の外、人の存在の外に神は求められるべきなのである。記憶の彼方の記憶の自己認識に神の三一に類比的な三一的性格が所属すると考えてよいものか。これは一つの仮説であって、哲学的に第一原因は矛盾であるのと同じことがここでもいえるのではないのか。そういう記憶の中の神の言、永遠の真理への還帰を信仰として語りうるであろうか。自己の外のキリストへ向かうのが信仰。還帰というごとき人の内面での事柄ではないであろう。言ではなくて、それが受肉したイエスへと向かうのである。そうである限り内なるロゴスへ向かうのではない。双方のロゴスは人にとっては異質ではないのか。神のロゴスは人にとってその内面への遡及としてかかわりうるものである。もっとも人が世に生きている間はそこへ届きうるのではないが。一方、受肉のロゴスは人の目の前にある。かくてそこへ届きうる。神は届きえないロゴスに代わって届きうるロゴスを人の前に置かれたのである。かくて内へとロゴスを問い行くのは神の意志に反してさえいるのである。こういう点に関係するが、心象を作る精神の働きは心象とは異なることに気付かなかったという(Conf Ⅰ, Ⅶ-1-2)。心が内でなく、外へ向いており、外界の事物に囚われていたのでそうであったのであろう。だがキリスト信仰は外の世界への啓示であるキリストへ向かう。かくて外向きであることそれ自体は何ら悪くはない。外の中の何に向いているかが問題なのである。それによって心の在り方が決まるからである。肉欲をかきたてるものへ向かうか、キリストへ向かうかである。

【注】

1）Étienne Gilson ; ibid, 91頁。さらに、138頁に、信仰によって神の存在を知り、その知識が記憶の中にあることは肯定されるが、神自身を記憶の中に包含することが問題となるとき、難しい問題となるとある。“包含”（comprendre）というようなことを思うこと自体が即聖書的ではないであろう。もっとも神は身体的なものについての我々の記憶の中にはなく、我々自身についての記憶の中にもないとはいっている（138頁）が。“人の記憶の中に神自身”というごとき発想は聖書にはないといえる。イエスは「わたしを見た者は、父を見たのだ。」（ヨハネ14,9）という。神を見た者は死ぬというのに、神自身を自己の記憶の中に包含というようなことは思いつくことさえないであろう。

2）記憶作用は思い出の痕を再活性化させる力であり、無から存在を生起させる創造者の無限の力を模倣し、精神の緊張はその注意の対象である精神的内容を作り出すと解される(Gérald Antoni ; ibid, 121, 124頁)。記憶という人の精神的能力を神の創造力と類比的に見ることにおいて、既に現実に存在しているもの（例えば自然など）の独立した意味は消えているといえる。現実に無からものを創造することと記憶の中においてものを呼び覚ますこととは全く異質である。似ても似つかないことである。なぜなら人の記憶の働きは現実には何をも生み出しはしないからである。雲泥の開きである。対象を作り出すという点について、神以外のものについては仮にそのことを許容しよう。しかし神のような超越的存在については許容しえない。単に偶像を生み出すだけである。もし仮にそういうことが可能なら、キリストの出来事は基本的には不要となろう。二者択一なのである。もっとも「人が確立しようと努力するところのすべての関係は既に神自身によって前以って設定されている。」(同125頁）ともいっている。これは先の考えと矛盾しているとも思われる。同じ次元で考えていると確かに矛盾しよう。ただ後のことは人の経験を超えたこととしていわれており、先のことは経験という次元でいわれていると考えれば矛盾しない。というのも神によって設定されるということ自体は人の経験の範囲に入ってはこないことであるからである。ただ信仰はキリストの出来事という啓示から出発する。そこで対象を作り出すということを神やキリストについてまで適用しない。この点が異なっている。霊は人の内で働く。しかしその霊は人をキリストへと向かわせるのである。

3）Émilie Zum Brunn ; ibid, 27頁以下

4）Gérald Antoni ; ibid, 115頁

5）体と魂とが自己の許にあり、一方は外側に他方は内側にあり、後者が優れるという（Conf Ⅱ, Ⅹ-6-9)。内的世界に神を求めることと平行したことである。これは基本的にいってキリスト信仰ではない。自己の外のキリストにこそ啓示の神は存するのであるから。外のもの自体は神ではない。だが啓示のキリストは外の世界に現れたのであり、そういう意味では外の世界は大変重い意味を持つ。知は知る者の理性の中での生命であり、体は生命ではない、生命は量においても価値においても体より優れているという（De Trin Ⅱ, Ⅸ-4-4)。知は生命で体は生命でないとしている。精神と体とを分けている。聖書的ではない。また魂の中の体の像は、生きている魂に属す限り、体の姿より優れるという（De Trin Ⅱ, Ⅸ-11-16)。内面性をより重視するという考えがここにも出ている。彼が言葉、言（verbum）を教え、教義（doctrina）から引き離して外——内という対で関係さすことに関係して、言葉は我々が内面において理解するために外において我々に知らせることしかしない、両者の分離は内的な主というテーマへ全注意を向けると解されている（Matthias Smalbrugge ; ibid, 25頁以下)。こういう点は大切であろう。教えの内容については、結局各人の心の問題であるからである。ただ単に外から教えうるものではない。内面において外からのしるしによるものに対応するものが不可欠である。宗教的な事柄においては特にそうである。

(三) 魂における照明と上昇

(a) 照明によって上昇。ここでは照明、上昇、魂など。人の最高の善が住むのは魂の中であるという (Contra Academicos, Ⅲ-12-27)。確かにそうであろう。他のものの中にとは考えられない。われらの内に御顔の光が記された (signatum) という (Conf Ⅱ, Ⅸ-4-10)。訳の注に挙げてある詩編4,7には「主よ、わたしたちに御顔の光を向けてください。」とある。光はどこまでも神に属しているものである。しかるに彼の文では確かに光は神のものなのであろうが、それが"内に記された"という。詩編では人の内に何らかの形でそれが記されたとは書かれてはいない。自己の聞きたいことを神から聞こうとするより、神から聞くことをそのまま受け取りたいと心掛ける人こそ最良の僕という (同Ⅹ-26-37)。まったく正しいことである。特に"そのまま"という点が。自己中心的でなくて神中心的であるからである。我々がそれを欲すようにさせたところの者、つまり神という表現が見られる (Enchiridion, Ⅸ-32)。こういう表現を見ていると欲するのはあくまで我々で、そのように間接に神がしているとも解しうる。願いそのものを神が起こさすという理解ではないようにも感じられる。魂のその神的な部分に従って生きつつという (Contra Academicos, Ⅰ-4-11)[1]。これによると魂の一部は神的とされている。つまり神的なるものが人の魂の内に内在していることとなる。また魂のその部分は霊あるいは理性と呼ばれることを追加するといい、人の残りのすべての部分が従うべきだと考えているようである。それはそれとして正しいことであろう。魂が自ずから所有する知は常に魂に同等で身体のように劣った本性からのものでも、神のように優れた本性からのものでもないという (De Trin Ⅱ, Ⅸ-11-16)。ということは人の知はたとえイエス・キリストに関係するものでも、人の魂にとって釣り合いの取れたものであって、決して主と一のものではないのである。この点はそうであると思う。

彼の上昇の思想について大略次のように解されている[2]。自然的照明によって神から真理が精神へ投射される。だがプラトンの想起説は否定。背景にあるのは善そのものというプラトン的理念。存在者は前提から流出する模像で、理性はそれを真にあるものへと還元する。ここに神に至るプラトンの弁証法的道がキリスト教のうちへ延長している。以上である。プラトニズム的観点からキリスト教を解釈しているのであろう。これは彼の自我の確立という事態と関連していると思われる。プラトニズム的思考様式[3)]が啓示以前に前提されている。不完全な模像は完全な存在からという図式が最初から存している。そういう考えの上に、中へキリスト教的内容が入ってきているのである。こういう図式が心の中にあることと若い時の感性的方向への崩れから自我が回復したという事実が呼応しているのであろう。こういう回復がないとそういう図式でものを考えることができなかったであろう。想起説の否定からも分かるが、内面的に上昇したからといって、新プラトニズムでのように一者に合一してしまうのではない。反対に自己が真の存在から離れていることを自覚する。罪の自覚である。ただ神秘主義的である。ミラノでの神秘主義的直観にしてもダマスコでのパウロへのようにキリストが現れたわけではないであろう。キリストに無関係にならないのか。パウロは神に達してはいない。キリスト止りである。終末は来ていないのであるから。キリストを信じるのであれば、今現在はどこまでもキリストのところに留まっていなくてはならない。それ以上神に近づくことは許されていない。彼は究極的には神的なるものへと至っているのだからキリストは不可欠必然ではなくなってしまはないのか。キリストが道という考えもこの点を現している。道としては不可欠だが、一旦神の許に至れば道は不要となるであろう。外の世界でのキリストの啓示へと向かうのであれば、内へ向かうだけでは不十分で文字どおり片方だけとなる。外へ向かうことも不可欠である。こういう点を見ても結局キリスト教的宗教哲学なのである。そういう点では少々飛躍するが、ティリッヒと同じ印象である。あえていえば人間の観念的世界の中で結局すべてが処理されているのである。厳密な意味での啓示は欠けているのである。例えば“存在者はすべて善”といっても、真に他者なる生ける神が背後にあってのこととは意味が異なるであろう。そもそも神自体が啓示の神ではないからである。基本的には内面への啓示ではないのである。どちらが大切かといえば当然外への啓示が先といえる。

　魂を持続する実体的なるものと考えるので、自我崩壊というような考えも生じないのであろう。魂が持続しているのであれば、自我もまた持続しているからである。キリストが自我に取って代わるという考えも生じないであろう。また神にしても人が存在すると考えた限りでの神が存するに過ぎないであろう。人の体験の中に入ってくる神はどのようなものもすべて既に、人間化されえないような仕方でにしろ人間化されているのである。ここではすべて言葉は無駄である。人間の自己弁護となろう。つまり真の他者なる神は欠けている世界なのである。結局人間による、人間のための、人間の世界なのである。外への啓示こそ人間化以前の神からの啓示なのである。マタイ11,29でのイエスのいう「謙遜な者だから」について、イエスのいう“謙遜を”と彼が解していることが指摘されている（Conf I, Ⅶ-9-14 訳の注）。こういう相違は大きい意味を持っている。キリストが自己の存在についていっていることを彼はその教えと解している。存在が教えに変わっている。イエスは「わたしの軛《くびき》を負い、わたしに学びなさい。」（マタイ11,29）という。「自分の十字架を背負って、わたしに従いなさい。」（マタイ16,24）と同じ趣旨のことをいう。かくて確かに結果的には彼のいっているように解することも可能であろう。だが直ちにそういうことにはならないであろう。各人の軛《くびき》は各々異なるであろうからである。「柔和と謙遜」ということには限らないであろう。ところで、不完全な現実的人間に神の照明は完全な人間という理念を教えるのであるが、想起説の否定でも分かるように内在主義は否定される。だからといって反対にアリストテレス的経験主義を採用するのでもない。両者に代わって神の照明という考えが登場している。ただ照明とはいっても、神自体の内容が直に伝達されるのではないであろう。いずれにしても人間的論理のいわば環を閉じる働きをしていることは同じである。啓示とはこういう人間的な環を打破するものなのである。こういう論理的完結という意識があるので、照明の漸進という考え[4]もまた生じるのであろう。こういう考えは即聖書的であろうか。確かにパウロも「彼らの弱い良心」（第一コリント8,12）というように、信仰の進み具合に程度の差はあるであろう。しかし先の考えは秩序という人間的観念と関係しているであろう。

（b）外から内へ。墜落を恐れてあらゆる同意を控えていたが、そのため宙にぶら下がり殺されていたという（Conf I, Ⅵ-4-6）。これは回心前の自我が確立していない状況を反映していると思う。外部には自己にとって善いものは何もないという（Conf Ⅱ, Ⅸ-4-10）。これはパウロのいう「それ自体で汚れたものは何もない」（ローマ14,14）というのとは大いに異なる。神秘主義的方向へいくのであろう。「わが神よ、わが闇を照らしたまわん。私たちはみな、あなたの充満から受け取りました。あなたこそは、この世に来るすべての人間を照らすまことの光。」（Conf I, Ⅳ-15-25）という。この文ではキリストも念頭にあると思われる。正しいことであろう。ヨハネ1,9でいう光もキリストのことであろう。しかるにここではそれが理性的精神を照らすという仕方で受けとられている。それで十分なのか。プラトニズム的に受け取ると、贖《あがな》いという局面が弱くなりはしないのか。単に理性ではなくて人の存在全体を照らすのではないのか。内面において変化していったという（同Ⅷ-6-15）。訳の注に挙げてあるマタイ6,18は断食を見せびらかすなという話である。確かに内面が問題だが、内面が変われば外面も変わるのである。見せびらかすような断食は止めるのである。内外一体と考えるほかないのである。物体的なものから創造者なる神に向かって上昇する点にこそ無気力からの回復と真の強さとがあるという（同Ⅴ-1-1）。信仰とは基本的に水平移動であろう。彼のような考え方の下ではキリストはどういう位置づけになるのかと思う。それ本来の意味を保持できるのかと思う。彼自身いうように「別の光」（同Ⅳ-15-25）というようなことに終わってしまいはしないのか。そしてここでいう真の強さは本当の強さ（同Ⅳ-16-31）とは異質ではないのか。逆説性が欠けていると思われるからである。我々がそこから来た根源へ上っていかなくてはならぬという（De Trin I, Ⅳ-1-2）。仏訳ではremonter となっているが、ラテン語はredeundemである。これは本来は戻るという意味であろう。必ずしも“上に向かって”という意味は入っていないのではないかと思う。そうだとしてもイエス・キリストにおいて神はこの世に到来している。かくて我々が元のところへ戻るという苦行は不要なのである。そういう神秘主義的行いは少数の人々にしかできないであろう。地に下ったイエスのところへ赴くことはすべての人に可能である。すべての人に開かれている。「わたしを見た者は、父を見たのだ。」（ヨハネ14,9）と主は明言しているのである。「上に[illegible]ばれてゆきます。……心の上昇です。」(Conf Ⅱ, ⅩⅢ-9-10) という。訳の注に挙げてある使徒[illegible]、詩編83,6 (84,6)、119,1、121,6 (122,6) などを見ていると、これらはいずれも心におい[illegible]“上る”というような含蓄を持ってはいないのである。キリ[illegible]スト信仰は上への垂直移動ではないのである。プラトニズム的図式があるとすべてをその中に入れて考えるようになるほかないのであろう。キリストを信じ、その結果自我崩壊するとはこういう図式をも捨てることを含んでいるであろう。啓示が自我を克服するとはそういうことでもある。

くみつくしえない豊かな土地に至ろうとしたという（Conf Ⅱ, Ⅸ-10-24）。訳の注にエゼキエル34,14が挙げてある。だがこの聖句はイスラエルが行くべき現実的な土地のことをいっている。それを内面的なことへと転用している。こういう点にも内面的なことの重視が現れているといえよう。肉の舌を通してでも、天使の声を通してでも、雲のひびきを通してでも、謎めいたたとえを通してでもなく神自身を聞くという（同Ⅸ-10-25）。訳の注にこれらに関して、創世記22,11、出エジプト19,16以下、第一コリント13,12などが挙げられている。これらではすべて先のような仕方で神の声を聞いたりしている。しかるに彼はここで“これらによらず”という。直接に聞いている。このように人はなりうるのか。なってよいのか。罪による断絶はどうなっているのかと感じるのである。神秘主義的といえる。その光により不変なもの自体を知り、おののくまなざしで存在するものを一瞥したという（Conf Ⅰ, Ⅶ-17-23）。神について不変なもの自体、存在するものとかと聖書に書かれているであろうか。仮に似た表現があったとしても、内実は異なるであろう。確かに「わたしはあるという者だ。」（出エジプト3,14）とある。しかしこれはギリシャ語での存在するもの（to on）とは異なる。また「民が主を見ようとして……多くの者が命を失うことのないように」（出エジプト19,21）といわれている。彼では一瞥しても死んではいない。むしろ元気百倍である。神観が異なると理解するほかないであろう。断絶という状況が欠けているのであろう。パウロは高いところに上りという（Conf Ⅱ, ⅩⅢ-13-14 ）。訳の注に挙げてある詩編67,19（68,19）には「主よ、神よ　あなたは高い天に上り」とある。上ったのは神である。決して人ではないのである。“おまえが私に変わるのだ”という声を聞いたように思ったという（Conf Ⅰ, Ⅶ-10-16）。人が神に変わるということであろうか。はるかに高いところからの声だから。本来の聖書的発想ではこういう考えは思いつくことさえ難しいであろう。もとより彼においてもそういうことはないであろう。照明する神と照明される魂とは自ずから別のものである。混同されえないことはいうまでもない。人間的世界と神的世界とは油と水のように混ぜ合わせることはできないのである。ただ彼では神が内的に照らす主体である。パウロではキリストが内的主体となる。神については啓示される範囲で知りうるのみである。彼では内へ向かう。パウロでは基本的にはダマスコでのように外へ向かう。彼では信仰は垂直移動。パウロでは水平移動である。このように種々の相違が存していると思う5)。

【注】

1）secundum illam divinam partem animi viventesという。

2）ヒルシュベルガー, 同上書, 68, 70, 75, 77頁。さらに、神の精神へ移し入れられたイデアによって、神の本性の充溢に至る道が我々に開かれる（78頁）。

3）「私たちの心は、あなたのうちに憩うまで、安らぎを得ることができないのです。」(Conf I, I -1-1）という。ここでいう“あなた”とはキリストではなく神の意味であろう。こういう思いはプラトニズム的観念を背景とすると、よく理解される。“秩序”に代表されるような調和的考えが伺い知られる。罪による断絶が神と人との間にはあるが、こういう考えとは異なるであろう。双方は矛盾するであろう。理性によって神へと上っていくという考え方から判断しても、真には断絶は存していないのではないのか。彼のいう罪は避けがたいということの内実と聖書でいう神人の断絶とは異なりはしないのか。彼ではいわば連続を前提としての対立、パウロでは律法とのかかわりからしても文字どおりの断絶。断絶があるからこそガラテヤ2,20でのように結合もまた生じるのである。元々断絶していないところではこういう仕方での結合も生じてはこないであろう。創造者対被造物という事態が同一的世界、地平の中での両者という具合にレベルダウンされている印象である。そのことといわば反比例的に人間的目で見れば論理的にも複雑に考え抜かれて極めて華やかになっているのであろう。

　魂が可視的諸物から離れ、神的照明によって照らされて記憶をさえ超えたところで真理そのものを見うるとされる。確かにパウロもこの世に対してはりつけにされている（ガラテヤ6,14）という。これは心がそういうものから浄化されたことを意味する。この点は共通している。だがそういう結果は同じでも道は異なる。彼では彼自身いうように照らされるという仕方で助けられている。パウロでは打ちのめされるという仕方によっている。回心前はそうなっているとは思われないのであ[redacted]世俗的なあらゆるものが、宗教的次元のものも含めて、律法精進という一点において生きられ[redacted]べて含まれていると思われる。そしてこれが崩壊したのだから、あらゆるこの世的なものが同時に打ちのめされたのである。

4）Étienne Gilson ; ibid, 127頁

5）こういう点について、大略次のように解されている（Étienne Gilson ; ibid, 127頁)。神的光自体を見るには神的拉致（raptus）が不可欠である。パウロを第三の天に上げた者は彼を

聖霊の愛の内にあって神的実体、創造者たる言にまで導いたであろう。以上である。だがパウロはそういう体験を人事のように語っている。一方、キリストについては「キリストがわたしの内に生きておられるのです。」（ガラテヤ2,20）という。“神的実体にまで”ということは終末においてではなかろうか。彼もそうだが、神秘主義は今のこの体のままで神的実体を見ようとしている。この点パウロは異なっている。こういういわば究極のところの体験は比喩的にしか、例えば触れるというごとく表現するしかないのであろう。この点を客観的に説明することは至難であろう。その内実がどういうものかは人により異なったところがあるであろう。体験的なところであるから。それに対してイエスを神の子として信じることはどうか。目の前にいる一人の人を神の子と信じるかと問われている。本性とか、触れるとかいう人間学的、あるいは体験的、体験主義的次元とは無関係である。これらの人間側に属すすべてを断ち切った決断を人に求めているのである。そういう次元のものはすべて捨てられているのである。

（四）瞑想などの神秘主義的なるもの

（a）神の探求。今現在での神秘主義的なるもの。神をたずねるとき、至福の生（vita beata）をたずねているという（Conf II, X-20-29）。これは問題であろう。至福という言葉そのものが人間中心的色彩をもっている。しかもここで神探求と至福探求とがいわば同一のこととされている。だが聖書には「何よりもまず、神の国と神の義を求めなさい。そうすれば、これらのものはみな加えて与えられる。」（マタイ6,33）というイエスの言葉がある。これは神中心的である。彼とは異なっている。人には罪というものがあるので、神中心と人間中心とは一にはなれないのではないか。ただ神を内面において探求していく場合は双方が一でありうる可能性があるとも考えられる。というよりそこでの神中心的ということが既に人間中心的という枠の中でのこととなっているのである。そういう方向へ潤色されているのである。例えば義とは何かを問うとき、それは至福を求めることであるといわれると、抵抗を感じてしまうであろう。しかもそのように問うことは神をたずね、キリストをたずねることと一に連なっているのである。こういう問い方は人の限界を超えたところへ目を開かせる可能性があろう。一方、至福を問うという問い方は内面の方へいくことからも分かるように、真に人の限界を超えた方向へ目を開かせることがないのではないかと思う。内面に問い求むことはどこまでも人の限界内のことであると思わざるをえないのである。願いは聞き届けられなかったが、それは悪い教訓ではなかったという（Conf I, I-9-14)。世俗的幸福の願いは聞き届けられないのであろう。こういう願いはプラトニズム的考えとはいわば相反しており、そういう結果は正しいことであろう。

神への信仰がなされている場合、神、キリストの側に考え方の軸足が移っている。そこで“幸せ”がどういうものであるかというような発想ではなくなっている。彼ではそうではなくて、どこまでも人の側での願望が中心に考えが展開されてきていると思われる。人間主義的というスタンスは変わってはいないのではなかろうか。神を信じて人は幸せに達するということである。本来からいうと人は信仰によってそういう発想そのものから解放されるのである。ここに禅との共通性を見いだしうるのである。すべての人が幸せに生きることを望むが、それが許される唯一の生き方で生きることを望んでいないという窮地に陥るという趣旨のことを書いている（De Trin II, VIII-4-7)。こういう窮地は先に書いたごとき軸足の移動、発想の転換があってこそ解決しないまでも克服しうるものとなるのではないか。ローマ7章を見ただけでも、解決はこの世に生きている限りありえないことはすぐに分かるであろう。そういう事実から目と心とが離されることが、神のことを第一とすることにおいて可能となることが救いとなるといえるであろう。幸せであることを望むことは不死たることを望むことであるという（De Trin II, XIII-8-11)。幸せと不死とはそれほどまでに一であろうか。幸せにとって不死は不可欠の条件ではないのではないのか。例えばパウロは「肉による同胞のためならば、キリストから離され、神から見捨てられた者となってもよいとさえ思っています。」（ローマ9,3）という。人は何かの大義のためなら命をも捨てるといえる。かくて幸せとは命をも捨てうるような大義を見いだしうることだといえる。そういう意味では多くの人は幸せを願ってはいないのである。ヨブ[1]が最後に風の中に神の声を聞いた時もそうであろう。また途中で自分は滅んでもよいが、自分の声を天にまで届かせて欲しいと願っている時もそうである。かくて人は幸せをも不死をも願ってはいないのである。少なくとも旧約にそって考える時には。ここでは義という大義を見たいと願っているのみである。なぜならそこに一切の幸せも不死もいわば詰め込まれているからである。キリストの啓示（出来事）はまさに人のそういう願いをかなえてくれる出来事である。だからこそキリストの出来事を信じうれば、もうそれ以上望むものはなくなるのである。希望において幸せな人はまだ持ってはいない幸せを忍耐を以って待ち望むという（De Trin Ⅱ, XⅢ-7-10）。“まだ持ってはいない幸せ”という。しかし神を見、善を持ち、見る状況では幸せというような人間中心的概念は消えているのではないのか。これはヨブ記の最後の状況でもいいうることだと思う。彼ではそういう観点が最後まで残っている印象である。このことは彼が最初肉欲の方へ崩れていったことの反映であろうと思う。

生あるもの、感覚を持つもの、知的存在、不死の存在、力ある存在、正義、美しいもの、善、朽ちないもの、不変のもの、不可視のもの、非物質的なもの、幸福をそれらの反対物よりも選ぶべきだという（De Trin Ⅱ, XV-4-6）。これらの中に矛盾するものがあると思われる。正義と幸福とはこの世においてのその追求において二律背反的な面があるであろう。究極的次元でいえば矛盾はないのであろうが。もう一つの問題は神の祝福を受けるとは世にあっては永らえることであり、また終末の生にしても体を有している。かくて余りにも身体的側面を軽く見てはならない。パウロのいうように霊の体もあるであろう。（同XV-5-8）において、人にあっては正しく善であってもまだ幸せではない場合のあることや反対に幸せな人は不可避的に正しく、善で霊であるというようなことがいわれている。この世にあって幸せな人は正しいのであろうか。大いに疑問である。秩序という考え方からそうなるのであろうか。第一コリント13,12、第一ヨハネ3,2、ヨハネ14,21、マタイ5,8などを引いた後、その幻像のみが我々の最高の善でここへ至るために善に関してすべてをなす義務を持つという（De Trin Ⅰ, Ⅰ-13-31）[2)]。確かにそういいうるでもあろう。ただやはり神秘主義的発想が根底にあってのことであろう。パウロが「信仰と、希望と、愛、……その中で最も大いなるものは、愛である。」（第一コリント13,13）といっていることと比べても、そう解しうるであろう。後者には今と終末との対比が背景に存しているのである。辛苦の道をたどった後、御身の膝元で泣く人々の心にいますという（Conf Ⅰ, Ⅴ-2-2）。訳の注にヨハネ黙示録7,12、21,4が挙げてある。彼はここで不義な者について語っている。一方、黙示録は義なる者が今はサタンの支配下で苦しんでいても、最後には救われることを告白している。つまり主体が義なる者から不義なる者へ移っている。これは真宗の悪人正機説を思い起こさしめるのである。次元の移動が見られるのである。本来のキリスト信仰はそういうものではないであろう。

(b) 現在での神秘主義的体験。享受、瞑想、甘美なる神など。瞑想について。魂は最高の美を瞑想するために霊を受けているという（De Vera Rel, XXXⅢ-62)。美という人の観念に合うものを瞑想するために霊は与えられていることとなる。霊はこういう目的で人に与えられているのであろうか。具体的出来事を神からのしるしとして受け取る場合は、美とか醜とかという人の側からの判断は入っていないといえる。より深く人間的世界に入っていくために霊が与えられているのである。聖書の中でのしるしなどの啓示は義を中心としている。決して美ではない。十戒でもそうである。美とは審美的という言葉もあるように人間的発想だといえよう。美へは対象的、観賞的にかかわるが、義へは倫理的、行為的にかかわるほかはない。その明示の中で酔いしれることなく、御身の翼のもとに留まれるように祈るという（Conf Ⅱ, XⅡ-11-11)。訳の注に啓示の光の中でも醒めてあることを願っており、ここに異教的神秘主義とは別のキリスト教的神秘主義が現れているとある。まさにそのとおりであろう。ただパウロの「キリスト秘[3]」とは異なるであろう。彼は「キリストがわたしの内に生きておられるのです。」（ガラテヤ2,20）とはいわない。そういう神秘主義的心境になったときには、固有な人格としてのキリストという要因は消えているのであろう。キリストはそういう心境に至るための薬なのであろう。聖なる神秘主義的現象に関して、天使の奇跡的干渉、先祖の発意などは比喩（similitudines）であるという（De Trin I, Ⅳ-7-11)。こういう発想になってくると、キリストを重視していることは事実としても、その出来事を人間的枠の中に収めることによって、かえって無力化する結果になっているのではないのかと思う。ひいきの引き倒しのようなところが出てくるのではあるまいか。一つひとつの出来事がその都度の神の意志の発露、しるしという考えとは異なってくるのではないのか。

彼の神秘的体験について大略次のような理解[4]が見られる。知恵への愛は彼岸に脱して純粋な姿を獲得する。拉致という神秘的合一体験と一時的という瞬間性が二重となった神の観照と罪の自覚とを啓示する。思惟による知的直観が神自身の啓示の声を聞く作用は受動的たるのみでなく、直接心の肉碑に刻まれるので回心という生の方向転換を起こす。神秘的合一よりも神と人との異質性が強調される。この断絶克服の道がキリストにおいて示される。キリストとの愛の交わりが強調される。以上である。独特の二重性があり、体験には持続性がないという特徴がある。神の観照という目的がある限りキリストはいわば通過点である。見るという直観作用ではまだ主客という二元があるが、聞く作用は回心を起こす。ガラテヤ2,20での告白とどう違うのか。類似の面もあるであろう。ただキリストという存在自体が内面化、人間化され、人の精神と一体化されている。それ固有な人格性が失われているのではないかと思う。キリストが人の救いにとってという観点から見られて、いわば機能化されている。そこで薬という発想も生じるのであろう。ここではかくて人間が中心になる。即聖書的には神、キリストが中心で人間はいわば脇役である。彼では人の側に立ってキリストが見られている。人間にとっていわば好都合な面が取り込まれている。というよりもそういう面をキリストから作ってそれを取り込んでいるのである。他者中心的とはいえ、いわば自作自演である。その限り人間主導的である。

哲学的な知の探求の目標到達のための手段としての神秘主義は元来人の側から発しており、それが至福を意味するのである。哲学的瞑想は自ずから神秘主義的になっていく。人の心理的構成の中に神的なものを見ようとする。こういう観点から見られる限りそこには主従逆転という契機は欠けており、山上の垂訓を見てもそういう人々が至福とはいわれてはいないのである。このように考えてみると、彼ではキリストは人格としてはバラバラである。極端にいえばバラバラ殺人的である。存在全体がいわば引っ越してきているのではない。キリストは自己の救いという観点から見られ、その結果機能化されているので、そういう発想にはおよそ縁遠いことであろう。パウロではパウロ自身いうようにキリストが丸ごとパウロの中で生きている。そこでキリストはパウロの中で心身共に有する固有な人格のままなのである。ところで東洋的なるものは「光あれ」とも何もまだ何らの音沙汰のでてこないところに最大の関心をもつ[5]といわれる。これは禅的に考えれば、創造主たる神と自己とも一である可能性を示唆している。一方、聖書で「万物は言によって成った。」（ヨハネ1,3）とある言であるかのごとくに、パウロも“私が世界を造った”ともいいえたことであろう。もっとも現実にはパウロはヤハウェを信じるユダヤ人なのでそういういい方はしていないが。だからこの際コロサイ書の信憑性の問題は措くとして、パウロは「キリストの苦しみの欠けたところを身をもって満たしています。」（コロサイ1,24）ともいいうるのである。こういうことはキリストを外に存するキリストとして尊重することと一のことである。外に存する個体としてこそ固有な人格である。キリストの側に立ってキリストの側からキリストや人間ないし自然界などが見られている。キリストにおいて神を見ようとする。内へ向かうか外へ向かうかという相違が存している。至福については大略次のような理解[6]が見られる。至福は神の瞑想の中にある。こういう安らぎは飽くことを知らない。神の享受はくみ尽しがたい。以上である。そういう理解は即聖書的といいうるのか。イエスは「自分の十字架を担ってわたしに従わない者は、わたしにふさわしくない。」（マタイ10,38）という。これは人がイエスをキリストとして信じた暁には、主に従って広い意味で行為的であることを意味している。心の中での事柄に至福のあることを示唆してはいない。このことは世界が神の被造物であることと呼応しているのである。もっとも神の享受といっても必ずしも神が直接の対象になるのではないであろう。しかしそれにしても心の中での享受が聖書の証言に即しているのかという疑問は生じるのである。

瞑想の具体的形。最大の喜びを与える（delectat）ものに従って生きるのが幸福に生きることであるという（De Trin Ⅱ, XⅢ-5-8）。確かに信仰によって生きるにも喜びはあるであろう。しかしそれは世俗のそれとは異質である。そこを何らかの形で表現しなくてはならないであろう。（同XⅢ-6-9）において、望むものを持っていて、しかも悪を望んでいない者のみが幸せであるという。そのとおりである。幸せと善とが結びついている。至福の生とは神を目指し、神によって、神のゆえに喜ぶことだという（Conf Ⅱ, X-22-32）。「何よりもまず、神の国と神の義を求めなさい。」（マタイ6,33）という教えと一致すると思われる。しかし両者では神観念そのものが異なるであろう。彼での神は心の内に存している。聖書での神は決してそうではない。かくて表現的には似ていても、内実は異なるであろう。そういう点から見ると、ただ“神”というのと“神の国”、“神の義”のように国、義という言葉が入っているのとでは雲泥の差があるといえるであろう。

なぜならこれらの表現の場合、それらを内面化してしまえないからである。人が神と同じ形に似てくるのはこの世から離れる、理性や真に存在するものへ向き直ることによってであると解されている[7]。注に挙げてあるローマ8,29は終末的視野の中での今現在の変化をも含んでいるのは事実であろう。神が選んだ、霊がイニシアティブを取っている人を同じ姿に変えて下さるといっている。神が主で人は従である。人が上っていくのではないであろう。神がキリストとして受肉して下りてきているのであるから。かくて人は上る必要はどこにもないのである。人の活動は神との関係では受動的であろう。彼では基本的には人が神に近づこうとする。パウロでは神、キリストが人に近づくのが基本であろう。方向が逆である。このことも回心において自我の崩れから確立へか、確立から崩壊へかという違いと無関係ではないであろう。霊が働くのも人を神のところへ上らせるためではない。世にあってキリスト者として相応しく生かしめるためである。「上へ召して」（フィリピ3,14）とある。このことは終末においてである。「空中で主と出会うために……引き上げられます。」（第一テサロニケ4,17）というとおりである。今現在は「キリストと共に死んだのなら」（ローマ6,8）といわれているとおりである。かくてパウロでは“前に伸ばして”は形而上学的でも神秘主義的でもなく、行為的ではないのかと思う。また神秘主義的営みについて大略次のように解されている[8]。言の中の命として自己を認識する。神の中で自己を知ることは自己を必要なもの、永遠の企画に加えられたものとして自己を知ることである。このとき自己を神の計画の実現として認識しうる。以上である。正しいといいうる。神の計画の中に自己の位置づけを見いだしているのであるから。もっとも祈りという内面的働きについていっているのであるが。そればかりではなく外的世界の中に位置づけられ、神の計画に参与しているものとしてこのように自己を見る、知る必要があるであろう。

（c）甘美な神とその享受。悪い天使は劣った義を享受したかったので、より少ない存在へと神の聖寵を失ったという（De Vera Rel, XⅢ-26）。ここでは神についてと同様享受（fruor）がより劣った義についても使われている。神へのかかわりと他のものへのかかわりとは区別する必要があるであろう。神へのかかわりも人間の側に立った発想になっていることを伺わせるのである。神を発見して好意的な神を持つ人は幸せ、悪徳と罪により神から遠い者は不幸せで神の愛を享受していないという（De Beata Vita, Ⅲ-21）。これは当然のことである。しかもこういう表現から見ても、神が人間の側から見られていることが分かる。魂はそれ自身によってではなく、享受する神によって安定的であるという（De Vera Rel, XⅡ-25）。神を享受という関係で考えてよいものかと思う。神が自己にとり過去のどんな誘惑よりも甘美な者になるためという（Conf Ⅰ, Ⅰ-15-24）。神と誘惑とが同一次元で比較されているとも受け取れる。過去の誘惑とは肉欲的なことをいうのではあるまいか。神がそういう感性的次元の事柄といわば同次元的に見られている一面がのぞいているのではあるまいか。愛という点について、アガペーではなく、カリタスという考えが生まれてくるゆえんでもあろう。古い自己を殺していけにえに捧げ、……内なる密室において神が甘美となり始めという（Conf Ⅱ, Ⅸ-4-10）。“古い自己を殺し”はパウロの「わたしは世に対してはりつけにされているのです。」（ガラテヤ6,14）と似ている。だがその直後で“内なる密室”、“甘美”というごとき神秘主義を思わせる表現が出てくる。いけにえとして殺す古い自己というとき、彼ではかつて肉欲へ崩れた自己が強く意識されざるをえないであろうから、“古い”ということが念頭にあるであろう。一方、パウロではそういう事実はないので、古い自己という時、“自己”ということが念頭にあるであろう。なぜなら回心前は律法精進が正しい神への奉仕と考えており、回心後には律法自体は尊いものと分かり、「キリストは律法の目標であります」（ローマ10,4）とまでいっており、悪かったのは律法への“自己”の対応であるから。わが神、わが生命、わが聖なる甘美よという（Conf Ⅰ, Ⅰ-4-4）。神を甘美というのはプラトニズム的であろう。聖書の中ではこういう呼び方はしていないであろう。神人間に何らかの連続性ありとの考えが反映しているのではないのか。それ以後は連続を基本として考えるようになるであろう。もし連続という事態が可能であれば、そういう方向でそういうことを基礎にして考えることになるのは人の本性に合っていることであろう。（同Ⅰ-6-9）、（同Ⅰ-20-31）などにも甘美という考えが見られる。あなたの甘みを味わえるという（同Ⅶ-20-26）。神、キリストを甘みと考えてよいのか。羊と山羊とに分けられるとして、確かに信じた人にはキリストは甘いであろうが。人にとって好都合な面ばかり意識することになりはしないか。この善の現存を享受するにはその善のそばに自己を保たねばという（De Trin Ⅱ, Ⅷ-4-6）。享受（perfruor）といいうるのは神が善であるからであろう。もし神を第一義的には義として観念しているのであれば、そうはいえないであろう。

最高の神は最高の善で神を享受するため神を愛するすべての人々に現前（praesto erit）しているであろうという（De Trin Ⅱ, XⅢ-7-10）。たとえ終末的状況においてとはいえ、神が人にそういう仕方で現れていると考えてよいものかと思う。パウロは終末描写において「空中で主と出会うために、……引き上げられます。」（第一テサロニケ4,17）というのみである。ここには神自身は現れてはいない。直接は知りえない神については沈黙している。キリストはパウロに少なくとも一度現れているので、キリストについては発言しうるのである。かくてこういうところにもパウロに比しての彼での人間主義的な一面が伺われるのである。人が神と考えた神は実は神ではないのである。甘美なる神の体験には起伏のあることがいわれている（Conf Ⅱ, X-40-65）。神秘主義的体験には起伏が不可避である。キリスト信仰には基本的にはそういうことはない。他者なるイエス・キリストの十字架を見ているからである。これこそが岩なのである。人の体験などは風前の灯のようなものであろう。唯一者と結ばれ、享受し、一致の内に辛抱すべきという（De Trin Ⅰ, Ⅳ-7-11）。キリストは「自分の十字架を担ってわたしに従わない者は、わたしにふさわしくない。」（マタイ10,38）という。これは享受というごとき語で表現しうる事態であろうか。享受（fruor）はそのもの自体によって我々を魅了するものについていい、使用（utor）はあるもののために求める他のものについてというように区別している[9)]。こういう区別があるとして、神からのしるしを享受して、喜ぶということはありうるであろうが、神自体を喜ぶということがあるのだろうか。神自体は知りえないのであるから。見たら人は死ぬのである。そういう神が喜びの対象になりうるのか。現在の善の享受では、楽園での最初の人よりどんな義人も死すべき生の弱さの中にあり幸せではないという[10)]。また人類は神の創造による唯一人から発したという（De Civ Dei Ⅲ, XⅡ-9-2）。かくてアダムとエバを実在的に考えているようである。創世記の物語を歴史的に受け取っているのである。また至福について神的と人間的という区別をしての議論が見られる（Contra Academicos, I-8-23）。たとえこの考えが彼自身に発するものではないとしても、基本的なものの考え方は共通であると思われる。理性を享受していれば生きている間も既に至福なのである。根本的には至福であることに変わりはないのである。ただ形容詞として人間的ということがついていることにより、人が生きている間での限定された局面でのということが示唆されている。このことは魂の一部が神的であるという考え（同 I-4-11）と平行した考えといえよう。ここで功徳によって（merito）ともいわれている。このことは内容的には生きている間に理性を享受していることを意味すると解しうる。そのことが功徳（meritum）なのである。理性にとって照明さえあればキリストを信じうるのであろう。さらに、回心後の魂の信仰的歩みの過程について、魂が栄光の中へ入っていない限り、罪の告白――恩寵の行為――懇願――賞賛という循環のあることが指摘されている[11)]。

人は真理に到達してはじめて幸せなのか、あるいは真理探究をしていれば到達していなくても幸せかと問う（Contra Academicos, I-2-6）。これを見ても人の幸せが中心問題であることが分かる。かくて信仰は人が幸せであることの、ための一つの様態ということとなろう。パウロでは律法精進にしてもキリスト信仰にしても神に対する正しい態度であるから勧められているのである。決して人が幸せであるためではない。人が幸せか否かは自ずから別問題である。

修道院での財産共有の賞賛が指摘されている[12)]。聖書的根拠として使徒言行録4,32が挙げられている。しかしこの聖句は今すぐにも主の再臨があるかもしれないという状況でのことである。つまりそういう信仰、そういう個人の信仰を超えた、個人の信仰を導く、用意する状況がまず存している。それがそういう人の側での信仰の在り方の前提となっている。それに対して彼の時代では終末の遅延は既に決定的となっている。にもかかわらずこの聖句に基づく修道院という形でそういう模倣的な行為をすることは極端にいえば時代錯誤的要因が入ってきているのではないかと思う。人がキリストを信じるに当たって置かれている状況とは無関係に自己の判断で信仰的世界を構築していくという方向へ一歩を踏み出しているといえるのではないかと思う。そしてこのことは信仰において自我の確立と信仰とが一であることと呼応していると思われるのである。もっともユダヤ教の中にもそれと類似の教団もあったのではないか。かくて人の側での神への熱心が嵩じてそういう自主的な信仰の形が生まれる可能性は、どこでも、いつでもあることといえる。彼でも信仰における実存的な根本的状況が影響したであろうと推測できるのである。

【注】

1）ヨブ28,28での区別は知恵は瞑想と、分別は行動と関係することを理解させるという（De Trin Ⅱ, Ⅻ-14-22)。このように区別してよいのかと思う。一応の区別は可能ではあろうが。ヘブライ的世界では知恵も彼のいう瞑想とは異なりはしないのか。知恵（ḥokhmah）と分別（binah）とが各々ラテン語のcontemplatioとactioとに当たるのであろうか。知恵（ホックマー）は瞑想に比して行動的意味が入っているであろう。少なくとも分別（ビーナー）と区別しうるような意味でいわれてはいないのではないのか。このことは律法（トーラー）においても実行が重視されていることでも分かる。わが希望よ、生ける者の国においてわたしの受けるべき分前よという（Conf I, V-8-14)。訳の注に挙げてある詩編141,6（142,6）でのこの分（portio）について彼は神自身にほかならないというとある。確かにキリストの受肉は神の我々への愛において神が自らを人のために渡した出来事であるともいえよう。しかしこれはあくまでその一人子をという意味である。決して神自身ではないであろう。一方、ここでの考えは人がこの肉の体で生きている状態で神自身の許にまで至るというものの考え方と呼応したことといえよう。おぼろげに鏡を通してのようにだが、あなたの永遠の命のことも確実だったという（同Ⅷ-1-1)。第一コリント13,12が挙げてある。だがパウロはこれを終末に関連していっている。それを彼は実存的次元へ適用している。神秘主義的方向を示している一つの事柄ではなかろうか。そこに霊の初穂を結わえ残して、人間の騒々しい口舌の世界に戻ったという（Conf Ⅱ, Ⅸ-10-24)。訳の注にローマ8,23が挙げられているが、パウロは本来ここで終末的な体の贖《あがな》いをいおうとしている。確かに霊の初穂については神秘的直観の意味とも取れようが、18節以下からも分かるように、体の贖《あがな》いを熱望していると考えられるのである。本来のキリスト信仰ではイエス・キリストの啓示において神を見るのである。内面的方向へいくのではないのである。基本的にいって異質といえるのである。こういうことも関連してであろうが、不死性が知の同義語であるその程度においてしか不死を望まない、また第一コリント15,53以下について、彼がプラトニズム的用語のパウロのそれとの驚くべき総合において存在と不死との一致を表明していると解されている（Émilie Zum Brunn ; ibid, 31頁)。さらに、大略次のようにも解されている（同33頁)。その証しは不死性の一部を取り分け、不死性を発見し、自己の内に現実化することを知的世界での回心によって許す精神的訓練である。それはプラトニズム的証拠の典型そのものである。それは証明が問題である現実性へ魂を参与させる。以上である。これも基本的には人が内面へ回帰するように訴えている。だがパウロの言葉は終末についてのことである。プラトニズム的発想には終末は存してはいない。かくて終末時についていわれていることを現在化しなくてはならなくなろう。だがパウロでは知という次元より存在の在り方自体が終末においては変えられることに重点が置かれている。知より存在である。もっともここでの同義語が人ではなく神のような永遠の実体について考えられているのであれば、それはそれとして正当なことであろう。

2）Dany Dideberg ; ibid, 158頁以下。ローマ1,20に関連して、被造物を通して神の見えざる奥義を心によって見ることが取り上げられている。だがこの聖句は“神を知る”といっているのみで、“神を見る”とはいっていない。神自体を見るのとは別の仕方で知るのである。また「似た者となる」（第一ヨハネ3,2）について、この類似は内面的人間の内にあると解している。しかしこの聖句は終末でのことをいっている。かくて内面的次元のことではないであろう。心身ともに似た者になるのは当然であろう。しかもここでも御子に似た者になるといわれている。神に似るのではない。さらに、彼が神を見ることといわずに仏訳でいえばsentir、sentiment、goutと表現しているところもあることがいわれている（同164頁）。ただ第一ヨハネ（4,8;16）に基づいている点は同じである。

3）名木田 薫『信仰と神秘主義』1990, 第一論文「パウロにおける信仰と神秘主義」参照

4）金子 晴勇『アウグスティヌスとその時代』2004, 102頁以下
金子 晴勇『アウグスティヌスの人間学』昭57, 114頁

5）鈴木 大拙『東洋的見方』1992, 96頁

6）Gérald Antoni ; ibid, 180頁

7）Émilie Zum Brunn ; ibid, 85頁

8）Gérald Antoni ; ibid, 185頁

9）De Civ Dei Ⅲ, XI-25　産物（fructus）とは本来畑の産物を意味する。人々はそれを時間的な生命を養うのに用いる。結局そういう語を神に関しても用いていることとなる。fruorの対象は、それによって人が自己を神に託すのだから、神のみであるとも考えられるが、この語のこういう由来も無視はできないであろう。こういう点にも神と魂とを知りたいという願いが自我の働きであり、信仰が自我の確立と一であるという事実の一端が反映していると思われる。

10）ibid, XI-12。さらに、最初の罪人達には罰でしかなかったものが、末裔達にとっては本性となるという（ibid, XⅢ-3）。罪の伝播である。神が捨てるときに霊魂は死に、霊魂が体を捨てるとき体は死ぬという（ibid, XⅢ-2）。ここでは体と霊とは区別して語られている。これは即聖書的ではない。夫は肉体の享楽の欲求によることなく、意志の参加によって結合はなされたという（ibid, XⅣ-26）。こういう推測を聖書はしていないし、関心もないことであろう。

11）Gérald Antoni ; ibid, 144頁。確かにこれは正しいことであろう。しかし原初の信仰に立ち返って考えよう。すると二番目の恩寵の行為のみはキリストの出来事に基づいた神の行為を意味している。それ以外は人の心の中での働きを意味している。つまり二種の主体の異なる事象である。にもかかわらずそれらをすべて人の心の中へ還元してよいものかと思う。恩寵の行為については、少なくともキリストの出来事という人の内面とは別個の世界へ、つまり人にとっては外の世界へと差し向けられざるをえないのである。その限り循環とはいいえ

ないであろう。人がどういう態度をとろうとも、たとえ受容せずともキリストでの恩寵の行為は厳然として存している。そこで他の三つの人の行いと恩寵の行為とは同一次元の事柄ではない。後者が前三者の根拠であり、イニシエーターである。かくてそれらを同次元に並べるのは後者の独自性を否定することであると思われる。人の内面へと取り込むことは元来神に属すものを人間内化することであり、極端にいえば冒涜的行為ともいえるであろう。もっとも「神は……魂を深淵から深淵へ神性の無限の中で自己を失うところの探求の中へ再び投げ入れる。」(145頁) ともいう。これによると、神がイニシアティブを取っている。そこで先のようなことは必ずしもいえないこととなろう。しかしこういうことが真であるのなら、そうであればこそ先のように考えることはそれと矛盾してしまうと思うのである。人の心の外にある出来事はそういうものとして明確にしておかなくてはならないであろう。さもなくば自己矛盾に陥るであろう。

12) SOEUR Marie-Ancilla ; ibid, 90頁

(五) 神、使徒などへの愛

(a) 愛の性格。神、使徒などへの愛について。神の愛の火に清められ、とかされという (Conf Ⅱ, XI-29-39)。西谷啓治も人格的なるものが非人格的なるものへ融かされという[1)]。洋の東西の類似性を暗示しているといえよう。もっとも彼ではとかされる相手が神である点は異なっているが。摂理する神を信じる世界と無の世界との相違が反映しているのであろう。魂の愛する対象がその愛に値する必要があるという (De Trin Ⅱ, X-11-17)。愛の対象が問題となっている。当然であろう。神のような存在でなくてはならないからである。世俗のものであってはならないのである。使徒パウロを愛するのは正しい魂であるからという (De Trin Ⅱ, Ⅷ-6-9)。ここでは使徒について正しい (justus) ということがいわれている。神は善 (bonus) であるのだが。人が義人であっても所詮人なので愛することに支障はないであろう。人に属す義と神に属す義とは同一というわけにはいかないであろうからである。義なる神を愛するといいえないとすれば、そこに人間主義的な一面が露呈するのである。

人や、他の被造物における三一について大略次のように解されている[2)]。三一論での信仰の知性は彼にとり純粋に思弁的仕方においてあるのではない。物体にあって寸法、美、秩序であるものは動物にあっては生命、感覚、欲求、そして合理的魂にあっては実存、認識、愛となる。創造の各段階での三一はこのようである。最後の段階での霊、その認識、そしてその自己自身への愛 (mens, notitia, amor）は神的な唯一の実体の中に抱かれた人格的関係の像である。以上である。思弁的でないのは当然であろう。自己自身の問題として問うことから出発しているのであるから。被造物の各レベルでこのように神の三一になぞらえてそれを移し入れて考えたのである。こういう考えは確かにギリシャ思想とは異なるが、形式的には同種といえはしないかと思う。少なくとも旧約に現れているような、神は思いのままに奇跡を起こすという感覚とは異なるであろう。神の三一ということ自体が人の構想したことである。かくてこういう考え全体が人の構想によることといえる。抱かれた（au sein de l'unique substance divine）という点が大切であり、問題でもあろう。神的次元のことと人間的次元のこととの接点であるからである。だが神は人には不可視の存在、キリストは受肉し人に見える存在、聖霊はキリストに代わりキリストが天から人へ遣わす存在である。一方、人に関して三一とせられているものはすべて同次元のものである。すべて人の精神的働きである。キリストのように目に見える存在になっているものは何もない。キリストが地上にいなくなった代わりに聖霊は送られている。かくてキリストと聖霊とは同時に人に対して働きかけることはない。このように考えてみると、神の三一と人の三一とはおよそ似ても似つかぬものといえる。その上、神、キリスト、聖霊の三者は存在の様態がまったく各々異なっている。

愛は魂の美しさだから愛が成長するほど美しさが成長すると解されている[3)]。確かにそうであろう。パウロも「信仰と、希望と、愛、……その中で最も大いなるものは、愛である。」（第一コリント13,13）という。しかしパウロはそれが魂の美しさとはいってはいない。そういういわば審美的観点はパウロでは欠けている。この点も回心においてパウロでは信仰と自我崩壊とが一であり、彼では信仰と自我の確立とが一という事情が関係しているであろう。自我の確立が自己の魂や心の在り方を評価させることとなっているのである。愛する者、愛される者、愛という三者のかかわりの考察もこういう事態と一脈相通じていると思う。自我崩壊していれば自己が自己を評価するという自己――自己関係は消滅しているといえよう。「心の清い人々は、幸いである」（マタイ5,8）などの山上の垂訓は人の心の清さを取り上げている。だが神の認識となると、飛躍が入ってくるであろう。パウロでのようにそれまでの生が崩壊するかのごとくに。かくて愛のそういう三者的構成があろうとなかろうと、それがどれほど有意味かと思う。この点も主従逆転と関係しているであろう。彼のように考えて、人の内的構造と断絶なしに考えると飛躍も逆転も欠けるであろう。人の精神構造の中に神、その実そうと考えられた神を取り込むこととなろうからである。神は我々自身の外にではなく内面に、愛の原理自体に存していると解されている[4]。確かに「神はわたしたちの内にとどまってくださり」（第一ヨハネ4,12）、「神の内にとどまり」（同4,16）、「神もその人の内にとどまってくださいます。」（同4,16）、「愛がわたしたちの内に」（同4,17）などと書かれている。ただこれらの個所でいう「内」とは単に人の内面の意ではなくて、存在全体を意味すると解すべきであろう。聖書での現実的考え方全般を考えるとそう判断されるであろう。そう考える方が「神の内に留まり」ということとも一致しやすいであろう。神の内とは神の霊の支配の内との意であろう。その内に自己の全存在、つまり心身の全体が存しているとの意である。このように考えることは聖書が霊と心と体とを三分割しないこととも呼応しているのである。確かに神は不可視である。だから心で内面において知るということとなるのであろう。だがこれは三分割しない考え方とは一致しないであろう。さらに、聖書では原則的には外に見ることが大切であるが、心で内面的に知るという場合はそれとは異なるであろう。外に見ることは「この人を見よ」でも分かるように、非常に大切である。ガラテヤ5,6、第一コリント13,1などを引いた後、律法を全《まっと》うするのは愛（ローマ13,10）だから愛が信仰によって働くところに善き生があるという（De Fide et Operibus, XIV-21）。信仰から愛が生まれるという。そういう性格の愛こそ真の愛だという。信仰からでないと何らかの意味で律法という性格を残しているのである。かくてそういう愛はそれを実行する人を救いはしないのである。パウロは「全財産を貧しい人々のために使い尽くそうとも……、愛がなければ、わたしに何の益もない。」（第一コリント13,3）といっている。愛ということがあってはじめて施す人の人格を益することがいわれている。受ける側も与える側のそういう心の在り方に気付くことであろう。かくて受ける側も快く感謝して受け入れられるからであろう。ここではじめて受ける側も与える側も共に人格的に高められていく契機を見いだしうるのである。

神を愛する人は愛そのものを愛していると解されている[5]。聖書では神への愛と人への愛とは同じとはいう。しかし愛そのものを愛するとはいってはいない。そういう思弁的なことはいわない。具体的対象を欠いた愛は存しないからである。このことは記憶という世界（人自身の世界）へ入っていくことを重んじていることと平行しているであろう。人を愛することが神を愛することという観点から見ると、愛を愛することは自己愛の一形態ともいえる。人への愛として具体化されてはじめてそういう自己愛を突破したといえる。愛することを愛するというのは現実には存しないことである。なぜなら愛とは実際には何か具体的、現実的な何かへの愛であるほかないからである。さもなくば愛は存してはいないのである。神が愛によって世界を創造した場合でも、愛はそういう具体的行為として考えられている。ヨハネの第一の手紙４章8節においても神は愛であるといわれている。だがこの言葉も9節にあるように一人子を世に遣わしたことと一のこととしていわれている。つまりキリストにおいて顕わになったこととしていわれている。決して愛することを愛するというような抽象的なこととしていわれているのではないのである。18節において愛には恐れがないというが、このことも17節でのイエスのようであることとの関連でいわれていることである。このように愛はいつも神の我々への愛、つまりイエスにおける出来事との関連でいわれているのである。たとえ具体的行為においてそのことを考えるにしても、愛を愛するというのは愛という概念が抽象化されていることを示す。旧約、新約を通じて聖書はこういうことは一切していないと思う。あくまで具体的対象あってこその愛である。もっともこのことは愛についてだけではない。すべての動詞についていえるであろう。このことはユダヤ人の考え方が具体的、現実的であることに呼応したことであろう。具体的対象なしの愛というものは存しないのと一のことであろう。神が世界を創造し摂理していることなしの神を考ええないのと同じである。そういう神は存しないのと同じである。このように考えてみると、愛を愛するというような仕方で考えることは神の人間化への第一歩ともいいうる事態ではないかと思う。何かを愛する時、愛を愛しているのではない。あくまで対象を愛しているのである。こういう愛の側面と関連すると思うが、何かが愛されるところにしか愛はなく、愛は愛されるものにおいての自己と自己との生きた透明な一致であり、神――愛という概念はユダヤ教的――キリスト教的啓示の頂点と解されている[6)]。第一ヨハネ4,13;15などを見ても“神がその人の内に留まる”とあるが、自己と自己というように自己を二つに分けて考えるようなことはしていない。これは古い自己が神の霊、キリストによって取って代わられているからであろう。自己の内での一致とか不一致とかの次元で信仰を問題にすべきではないのである。一致ということだと不一致という事態も避けがたく生じるであろう。何かが愛されるところにしか愛はないのは事実だが、愛は愛する行為以前にまず存していると考えるべきである。そうであればこそ愛されるべき対象に対して愛が発動されるのである。このことは神がまず存していて、次に創造という行為がなされることにも呼応したことであろう。もともと愛がなければ愛すべき対象が現れても愛することはできない。例えば悪人の前に神あるいはキリストが現れても当人は愛しえないであろう。それはひとえにキリストへの愛が心に胚胎していないからである。このように愛の先在と自己と自己との一致ではなくてキリストが端的に人の心に住まっていることとは呼応したことであろう。

神は愛であるというごとく神は主語にもなりうるし、愛は神であるというごとく述語にもなりうるであろう。ただこのことは厳密な意味でのキリスト信仰を前提としてはじめていいうることである。なぜなら人の愛は神ならざる神へも向くからである。またキリスト教での啓示はあくまでイエス・キリストの出来事全体であって、決して神が愛であるという抽象的概念ではない。このようになってしまうと人間的次元の概念へと下げられてしまう。啓示はどこまでも具体的出来事と切り離しえないのである。決して抽象化されてはならない。このことはキリストとの同時性をも意味するのである。

(b) 愛とほかのものとの関係。愛と知恵の結びつきについて。知恵は神の内に存在するので、あなたはこの世の後で知恵を享受するであろうという（Contra Academicos, Ⅲ-9-20）。これは必ずしも元来は彼自身の考えではないのかもしれない。なぜなら（Ⅲ-9-18）のところに「ゼノンによる真理の定義」とあるから。いずれにしろ知恵は神の許にあるのである。知恵と分別とについて前者が神のこと、後者が人のことに関してという区別をして、逆のことは禁じるようには取るまいという趣旨のことをいう（De Trin Ⅱ, XⅢ-19-24）。（同XⅣ-1-3）では両者を区別するように第一コリント12,8のパウロの言葉が勧めるという。ここでは信仰のある人がすべて信仰的生活を送るための“分別”を有しているわけではないともいっている。この世で生きるに当たっての“分別”が永遠の生へ通じる“知恵”へと導いていくという意味で大切だという趣旨のこともいっている。真理を構想するという行為自体が三一の内部での父による言の構想の像でしかないと解されている[7)]。人の知的活動を神自身による知的活動のいわば一種の反映として解している。こういう仕方でのキリスト教理解はイエスをキリストとして告白するという原初からは離れている。イエスは言として抽象化されている。これは言ではありえても、もはやイエスではなくなっている。本末転倒が生じている。どこまでもイエスから出発しなくてはならない。また愛と言葉とが魂の中でお互いにとって存在していると考えている（De Trin II, IX-10-15）。こういう考えはキリストが言（葉）なので生じてくる考えであろう。キリストは言とはいえ人の言葉とはまったく異質な存在であるのだが。ただ言においては生命は知恵であるという（Conf II, IX-10-24）。これは正しいことであろうと思う。世の知恵の書に関する論述（Conf I, V-3-6）の訳の注にパウロでは世の知恵を神の知恵と対立させ、キリストによらぬ世間的知恵の意味で使うが、彼では時間的、自然的世界に関する知恵の意味で使うとある。こういう点にもパウロは人格主義的で、彼はよりギリシャ的であるという特徴が出ているといえよう。聖書はやはりパウロ的ではないかと思う。ただ一方で神について相応しくないことを信じてない限り物体的被造物の位置、状態について無知であっても信仰のさわりになるものはないという（同V-5-9）。これによると自然科学的知識などどうでもよいという印象である。この表現に関する限り人格主義的に判断しているといえよう。

神を見ること、兄弟愛などについて。兄弟を愛していれば、人はその同じ愛を愛するが、その兄弟以上に人はそれをもって愛している愛をよりよく知っているという（De Trin II, VIII-8-12）。神は愛である（第一ヨハネ4,8）ということが背景にあってこうなるのであろう。しかし律法の一点一画も廃ることはないのである。そこで全面的に守らねばならないとなると、兄弟より愛がよりよく知られているといってよいものかと思う。こういうものの考え方も愛である神を義よりもむしろ善（bonus）と考える考え方と呼応しているであろう。この引文の後で第一ヨハネ4,16が引いてある。これは確かに愛の重要性を示唆しているであろう。さらに、後で同4,7;8;20が引いてある。20節では「目に見える兄弟を愛さない者は、目に見えない神を愛することができません。」とある。神への愛と人への愛とをいわば表裏一体的に扱っている。確かに神を愛するのと隣人を愛するのとは同じように重要（マタイ22,37以下）とある。神への愛において友人を愛する人は幸いだが、反対の場合について神の怒りに会うという（Conf I, Ⅳ-9-14)。兄弟を愛する者は神は愛である（第一ヨハネ4,8;16)、つまり愛は神であるから、愛である神を愛していると解されている[8)]。ただその具体的対象から愛を抽象することはできない。かくて愛を愛するということは非現実的な理論であろう。例えば悪への愛と神への愛とでは愛はまったく異なっている。ヨハネの第一の手紙でも愛を抽象化してはいない[9)]。

人々への愛について、第一コリント10,33が参照されたり、罪人を愛しその罪を憎むのが一つの原理と解されている[10)]。確かにこの聖句は拕泥滞水の境地をいっている。ここまでキリストを信じている。無化たることとキリスト信仰とが一である。だがこういう一面と同時にパウロがアンティオキアでケファをなじったような一面のあることも忘れてはならないであろう。こういう両面を合わせ考えると、パウロでの愛はキリストの我々への愛に基づくとはいえても、「共通の善への愛」とか「社会的愛」（共に同102頁）というわけにはいかないであろう。どこまでもキリストが支配し、主導しているという事態が先行しているのである。単に社会的次元へと一般化してしまえない局面が存しているといえるし、またそういわねばならないであろう。さらに、個人的と社会的という次元の相違へと還元しえない要因もここには介在しているといえる。これらはいわば横の関係である。これに対してキリスト信仰的か否かという問題は縦の関係である。かくて個人的次元でも社会的次元でもこの点についての肯定、否定の両面が存しているといえる。つまり社会的次元の愛といっても反キリスト信仰的な場合すらありうるであろう。次に“罪を憎んで人を憎まず”と似ていることがいわれている。どう異なるのか。日本でいうのは往々にして罪を犯すと当人自身を憎んでしまうので、それを防ぐためにそういっているといえる。特に罪を犯した当人を立ち直らせようとしていっているのではないであろう。当人への愛が特にあるわけではないであろう[11]。

さらに、愛による魂の浄化と変容との内に神の瞑想が根付いており、変容されつつある兄弟は主のための場所、神が瞑想される場所を形作ると解されている[12]。確かにそうであろう。だがそれは聖書に基づいているのか。また瞑想を特別なことと考えることに問題がありはしないのか。愛については「信仰と、希望と、愛……その中で最も大いなるものは、愛である。」（第一コリント13,13）と高く評価されている。しかしそこでも瞑想ということはいってはいない。瞑想の重視はやはりこれも信仰の出自と大きくかかわっていると思う。自我の確立と信仰とが一であるという事実と。瞑想自体は愛ではない。浄化された魂がなぜ瞑想の方へ行くのかという疑問が生じる。パウロのいうように愛という方向へいくのは分かるが。瞑想というのはまさに人が独自に作り出した世界である。これはキリスト信仰にとっては余分ごとであるともいえよう。その上、瞑想と愛という二つの場は同じなのかという疑問が生じる。そもそも主はご自分のための場を特に用意することを信者に求めておられるのであろうか。「互いに愛し合うことのほかは、だれに対しても借りがあってはなりません。人を愛する者は、律法を全《まっと》うしているのです。」（ローマ13,8）というごとく、愛することの方向へいくことを求めておられるのではなかろうか。神へ向かうことと人の有する個別性の放棄とを関連させる理解[13]も見られる。罪や死などの克服においてはこういう契機も大切なことは事実であろう。

【注】

1）西谷啓治著作集　第6巻, 1995, 45頁以下
2）Olivier du Roy ; ibid, 413, 423, 437頁
3）SOEUR Marie-Ancilla ; ibid, 150頁
4）Dany Dideberg ; ibid, 156頁
5）Gérald Antoni ; ibid, 135頁
6）Dany Dideberg ; ibid, 141, 143頁
7）Étienne Gilson ; ibid, 294頁
8）Dany Dideberg ; ibid, 142頁
9）神が愛であるということから愛は神であるとはいいえない。なぜなら神は愛であると共に義でもある。そこで義に反しての愛は神ではないのである。従って愛は神であるとはいえな

い。要はこういう類の三段論法は神や愛についての抽象的な理屈に基づいており、キリストへの信仰に即した議論ではないであろう。「愛は神から出るもので」（第一ヨハネ4,7）とある。“愛は神から出る”ということは“愛は神である”ということとは別のことであろう。こういう相違が生じることは前者と後者とにおいて神も愛も異なる次元で見られていることを示している。「彼が愛しているその兄弟より、彼がそこから（de）愛している愛をよりよく知っている」（Dany Dideberg; ibid, 156頁）という文章からすると、amourは愛の対象ではなくて、愛そのものを意味しているようである。神と愛について大略次のように解されている（同154頁以下）。兄弟を愛する者はその内に愛を持つ。そして愛である神を見うる。彼にとり愛は対象を見ることを前提とするので、第一ヨハネ4,20bの注釈で神を愛するという考えを神を見るという考えと置き換える。人が神を見るのを妨げる第一の理由は兄弟を愛していないからである。以上である。ここでいう愛を内に宿る霊と一体のそれと考えれば、ここでいわれていることは妥当するであろう。ただキリストの出来事において愛である神を見うるのである。これ以外のところに完全な形では見ることはできないのである。彼はしかしそう考えるのであろうか。ここには内外の呼応があるといえる。内に宿る霊が外に現れている啓示、キリストの出来事へと向かわせるのである。さらに、愛神と見神との置き換えだが、神とそれ以外のもの、可視的なものとでは事情が異なるであろう。両者を同じ扱いとすることはその時点で神は既に神ではなくなっていることを示唆している。なぜなら他の可視的なものといわば同次元へと引き下げられているからである。神をいかに愛しても神を今見ることはできないし、許されもしないのである。だからこそ信仰と忍耐とが要求されるのである。兄弟愛の欠如が見神を妨げることの根拠として第一ヨハネ4,8;16などを挙げて続いて論じている。しかしこれらの聖句に“神を見る”という考えはまったく出てこない。読み込みと判断するほかないのである。いかに兄弟を愛したとて神を見ることはできない。自己が神と考えた神、そういう自己化された神——その実、神ではない——を見るということに過ぎないであろう。「いまだかつて神を見た者はいません。」（第一ヨハネ4,12a）とはっきりヨハネもいっているのである。ヨハネにはヨハネ1,1以下のようにギリシャ的要素が入っているといわれるが、このようにヘブライ的な基本はしっかりと保持しているのである。

10）SOEUR Marie-Ancilla : ibid, 102, 141頁

11）こういう点での相違は“早いレジ”というのがドイツのスーパー・マーケットにはあるが、日本では不評で廃止されたことにも現れている。日本ではまずやはり自己自身の都合が優先なのである。かくて犯罪人を丸ごと憎んでしまってはいけないという自己の側での反省の立場から考えられているといえる。一方、キリスト教では当人を主の許へ連れ帰ることから発想されている。そこでキリストが我々を愛したように我々も当人を愛すべきだとなる。神への愛と人への愛とは同じということを特定の場合に適用しているに過ぎない。神や人への愛と罪への憎しみとは表裏一体のことである。だからそういう一般的真理が特定の場合へと下りてきているに過ぎない。日本ではこれに対しそういう一般的原理は特にはない。そこで先のように自己の側に立った発想になっているのであろう。キリスト教国では相手の側に立っ

た発想になっているといえる。日本での考えは当人を犯した罪ゆえに憎みすぎてはいけないという気持ちの現れであろう。愛という契機は元来そこには存してはいないといえよう。罪を憎むというのは現実だが、当人を憎まずというのは必ずしも現実ではなくて理想ないし願いということであるかもしれない。ついつい人は当人を憎んでしまうからである。そうならないためには少なくともキリスト教でのように神と人とへの愛は一つというほどの倫理観が必要であろう。人の罪の深さを思えばなおのことである。罪の深さに対抗しうる原理が不可欠であろう。

12）SOEUR Marie-Ancilla ; ibid, 108頁

13）Louis Ucciani ; ibid, 80頁

第二章

キリスト『信仰』との対比における ルター的神秘主義の意味合い

本稿は特にルター個人の信仰について論じるというよりも、彼に代表されるようなキリスト信仰の形態について、序論で示した観点に立って考究していることをまず了解しておいていただきたいと思う。

ルターのように神への恐れが強い場合、キリストさえもがサタンの計略として自己を責める者に見えてしまうような状況も生じうるのである。これは彼の自我の存続を端的に現していると思う。かくて神とサタンという二人の支配者が彼の良心を占領しようとして相争っているのである。サタンの支配下に入っている場合には彼の良心が自律性を失っていることはいうまでもないことである。パウロにおいては律法も福音も共に人の救いのためのものである。福音は救いのためだが、律法は反対に人を責めるためということはありえない。共に神にその源を発しているからである。パウロのいうように律法は養育係（ガラテヤ3,25）なのである。ルターのように実存的傾向の強い場合、キリストの出来事の自己にとっての意義（pro me）ということが関心の中心になることは自然なことであろう。ただ本来的にいって信仰は個人的に義とされることへ関心が集中しているであろうか。パウロはそれほどまでに自己自身のことへ向かっていないと思う。我々のため（pro nobis）ということではなかろうか。もとよりルターもそういう趣旨のことを考えている。だがその場合でも pro meの集合としての pro nobisということにならないのであろうか。パウロが我々のためというときには各人が義とされることを超えて人類全体が視野に入っているのではなかろうか。最初の回心の体験の相違が反映しているのではあるまいか。自我の残存は人間の側に軸足が存していることを意味するのである。

スコラ哲学的考え方では自分が信仰によって清められた行いをすることが義認で少なくとも問題となる。ルターではそうではなく、信仰者が自己から見れば外からの義に参与して自己の義を自己の側に求めなくなり、良心は解放され自由を感じうることとなる。ここにいわば救いの確かさが見いだされることとなるのである。これは自己自身の外にある神におけるそれである。ではルターでは再び神への恐れへと落ち込むことはなかったかというと、そうではなかったのである。多くの個所に見いだされるキリストを“捕らえる”というところにその懸念が感じられるのである。自己の側での何らかの意味での行為的要素が感じられるのである。かくて我々の外にある救いの確かさは決して確かではないのである。やはり外にあると共に内にあることが不可欠なのである。否、通常の意味での内外を絶した表裏一の外および内面にある信仰が不可欠なのである。そのためには自我崩壊を契機とした信仰が必要となるのである。確かに神の恵みは我々人間に依存したものであってはならない。我々の外になくてはならない。そうであってこそ確かであるからである。確かに我々の内へは賜物として与えられたものが存しているのであろう。神の恵み自体とその賜物である人の実存の中での現在との区別という考えは正しくもあり、必要なことでもあろう。区別自体は悪いことではないとしても、そういう考えそのものが自我の残存を反映していれば問題であろう。パウロも信仰によって義とされる（ローマ3,28）というと同時に、キリストそのものが内に生きている（ガラテヤ2,20）という。内外両面のあることが知られる。賜物ということであればアウグスティヌスでのように薬という受け止め方と類似している。人にとっての働き、機能として見られ、かくて人に対して確かさ、必然性を提供するものとなっている。自我が残存していると必然的にこういう見方になってくる。たとえ賜物が例えば薬と違って人の内面に属すものになったとしても、基本的には同じことであろう。むしろパウロでは反対にキリストが入ってきて人の自我に取って代わっているのである。パウロに限らず殉教した人々については全般的にそういいうるのではないかと思う。アウグスティヌスもルターも偉大な人物で危機には陥ったが、殉教したわけではない。パウロは殉教者とされている。

ルターが肯定する神の不変性の理解はギリシャ形而上学での神的完全の意味ではなく、契約への神の忠実を信頼するヘブライ的信仰を意味するという[1)]。ルターでも神への信頼という点ではヘブライ的だとされる。しかし直接的に神信頼がなされているのではないであろう。イエス・キリストの出来事があってはじめてそうなっているのであろう。その点が元来のヘブライ的信仰とは異なるのではなかろうか。神への恐れが強いとそうなるのであろう。その出来事の大切さはよく理解できる。そこにおいて隠れた神、神の怒りが調和させられたのであるから。そう信じてはじめてその出来事はその意義をもってくるといえる。外の出来事と内なる信仰とどちらが優先するかはいいえない。その出来事は元来神由来なので、その内奥は人の内を抜けた内としての内の内、また通常の外的世界の外を超えた外としての外の外にその場を持っているのである。即事的には確かに出来事が先ではあろうが、それと信仰とを二者択一的関係に置くことはできないであろう。裸のままの出来事では何の意味も持たないことであろう。つまり即信仰的には信仰が先であろう。こういう状況は神に属す事柄と人に属す自由意志とを二律背反的には考えないことと対応している。キリストが取って代わっている（ガラテヤ2,20）場合には、こういう二者択一は存しえない。さらに、ルターがそうであるように、神の側に重点を置くことが予定説へも通じていくのであろうが、それは正しいことであろう。パウロも「前以って知っておられた者たちを……」（ローマ8,29）という。しかし救いと滅びの二つに分けるような予定はいってはいない。ここでもパウロは論理整合的に考えてはいない。原罪についてアダムと各人とを両方挙げているように。どこまでも神の恵みを信じているのである。「外部の人々を裁くことは、わたしの務めでしょうか。」（第一コリント5,12）という。二つに分けて考えることはそれ自体が既に神の恵みを信じ切れていないことを露呈しているのである。

さて、パウロを信仰神秘主義という観点から解釈する人はおおむねパウロの信仰とルターのそれとを根本的には同一と解釈しているのである。しかし果たしてこのことは真実であろうか。確かにアウグスティヌスとルターとでは極めて類似したモティーフが見いだされるのであるが、ルターとパウロでもそうであろうか。もし相違があるとすれば、神秘主義に対する態度にも相違は反映していることはいうまでもないことである。パウロは自分が第三の天に挙げられたことを他人事として語っていたり（第二コリント12,1以下)、異言を語ることを預言より低く見たり（第一コリント14,5)、自分が誰よりも異言を多く語りうる（同14,18）にもかかわらず、使徒と異言を語る者とを区別して（同12,28)、自己を使徒としていることなどに現れているように神秘主義的なるものを高く評価してはいない。ところでルターもいわゆる神秘主義的体験を有していたことは彼の研究者によっても明らかにされている[2)]。彼はそういう体験を有していたのみではなくて、後でそれを否定もしているのである。これはパウロが第三の天に挙げられたことや異言を語ることを自分に関して重視しないことと類似した事態を表明していると考えられる。このようにプラトニズム的、あるいはグノーシス的な神秘主義に対する態度についてはルターとパウロとで同様の態度を看取できると思うのである。すなわち両者共にイエス・キリストを抜きにして超越的神性にかかわろうとする態度を否定している点では共通しているのである。だが問題はキリストへのかかわり方がどうであるかという点であろう。この点についても両者共通であろうか。両者共に人間主義的なるものの否定を媒介しているのであろうか。ルターの場合、彼の代表作の一つである大ガラテヤ書講解においても「キリストを捕らえる」と数多く述べている点からも、そういう疑問を禁じえないのである。つまりキリストを信じる場合に人の側での能動性が何らかの意味で残存しているのではないのかと感じられるのである。こういうことと関連してルター的信仰を信仰神秘主義と呼ぶのはよいとしても、パウロの信仰をもそう呼ぶのが果たして即事的かという疑問が生じるのである。相違するものに対して同一の名称ないし規定を与えるのは正しくはないからである。

【注】

1 ） Dennis Ngien ; The suffering of God according to Martin Luther's 'Theologia crucis', 1995, 109頁

2）E. Lehmann ; Mystik im Heidentum und Christentum, 1908, 116頁

彼は当時ベルンハルト学派やトマス学派のあらゆる神秘主義者同様、恍惚や脱自においてのように心情のまったき安らぎと静けさを通してのみ得られるところの神の理解があるということを知っていた。彼が後にこの種の神秘主義の否定に達した時に、彼は経験者として語ると付加することができた。

第一節　キリストの意義

(一) キリストへの信仰の前提

(a) 律法の意義。キリスト教というその名の示すとおり、その信仰の対象はあくまで啓示された神、すなわちイエス・キリストである。一方、隠れた神は人にとって知りえない存在であろう。五感によって直接的にはいうにおよばず、理、知性を動員しても人にとっては届きえない存在である。従ってそういう神自体を思考や研究の対象にするということは不可能である。

ただ啓示された神と隠れた神という区別をすることはそれ自体としては、信仰の有無にかかわらず客観的に見て必要なことでもあり、不可避的なことでもあろう。聖書も少なくとも両種の神という区別をしている。しかしそういう二つの神の区別自体が人の救いという観点からなされるとすれば、それは問題なしとはいかないであろう。イエス・キリストにおいて啓示された神は人の救いへと直結しているのは事実である。だがそれは神への直接的信頼が存しているからであろう。啓示された神はもとより、未啓示の神も人にかかわり、全天空のような被造物全般を摂理しているのである。しかるに罪の赦しという点に一極集中する場合、そういう方向へ向けて神への関心が、ひいては神自身が歪められることとなってしまうのではないかという懸念が生じるのである。例えば旧約では啓示された神が常に人を助ける神とは限らないのである。罪深い人を滅ぼすような神も啓示された神である。隠れた神と啓示された神との区別はあるとしても、それは原理的には人を助けるか否かによって区別がなされているのではないのである。かくて隠れているか否かという観点と人を助けるか否かという観点の二重の観点から考えることができる。そこで都合四種類の神が考えられることとなるのである。あるいは隠れた神は一つと考えれば三種の神ということとなろう。

さて、ルターのように神への恐れが強い場合、いかなる仕方でにしろ神へ直接かかわるということは考えられない。そもそも不可知の神は知りえないのである。また当然栄光の神学を拒むこととなる。十字架につけられた神の一人子イエス・キリストとのかかわりにおいて神を受容することをしていないからである。さらに、神はパトス的ではないという哲学的神観念も存しているが、そういういわば一種の先入観で見てはならない。旧約で示された神を見ていると、パトス的でないどころではない。時と場合によっては人以上にパトス的である。律法と福音は共に啓示された神に属している。共にパトス的であることと何ら矛盾しないのである。一方、聖書は啓示と無関係な不可知の神というような存在については特に述べていないのではなかろうか。隠れたという場合は恵みを施すことをしなくなった神という意味でいわれているのである。そういう意味では西洋の神学でいう隠れた神というものの原型ともいえるであろう。この点はイスラエルの思考が極めて現実的であることとかかわっているであろう。痛みを感じない（impassible）こととは結果的には滅ぼすことなので、人を哀れむことなく滅ぼす神ということを意味する。痛みを感じない神は不可知な神自体とは別のことになるが、後者のような思弁的な、人知を超えた神についてはまったく問題外であろう。否、さらにいえば問題外とさえしていないであろう。創世記1,1以下にしても天地にかかわる神を告白している。これに対して本来的にいえば、律法の神として啓示された神は、律法は福音、救いを目的としているので、痛みを感じない神とは異質である。結局、啓示の神と隠れた神という区別をすること自体もルター的信仰との関係でいえば、自我の確立と信仰とが一という事実の一部として考えられるであろう。ルター自身は罪からの救いに集中する結果として次のようになっているのであろう。すなわち痛みを感じない裸の神は受肉において克服されたのである。そこでそういう十字架上の神を信じることを拒否すれば、主からの恵みを受けることはできないのである。そしていつまでも罪人を追及してやまぬ裸の神にしか出会わないのである。

律法の下にある人間はいかなる状況にあるのであろうか。ルターはその点について次のようにいう[1)]。彼らは律法の脅しの前での恐れによって罪の業から抑制されている。彼らは律法を憎んでいる。欲求の赴くままに任せたいのである。罰の恐れが彼らを強要するか、現世的な約束への愛が彼らを誘惑するので、彼らはすべてを行なっているのである。以上である。ここで「律法を憎む」という。しかしパウロの「わたしたちは、律法が霊的なものであると知っています。」（ローマ7,14）、「『内なる人』としては神の律法を喜んでいますが」（ローマ7,22）などを見ていると、律法を憎んでいるとはとても考えられないのである。また「罰の恐れ」というように恐れということをいっている。このような律法への憎しみ、恐れというかかわり方は元来のユダヤ人のかかわり方とは異質である。パウロは確かに回心前律法精進の熱心さの余りキリスト者を迫害する結果になっている。そこで律法について「信仰が現れる前には、わたしたちは律法の下で監視され、この信仰が啓示されるようになるまで閉じ込められていました。」（ガラテヤ3,23）という否定的ないい方をもしてはいるが、これは律法の持つ本来的意義を述べたものではないのである。本来からいえば律法はイスラエルの人々一般の生活の指針として神から給わったものである。そこで律法は極めて尊いものなのである。地上において神を具体的に現しているものなのである。こういう観点から見ると、ルターの場合、神を恐れるとしてもそういう恐れ自体が自我の働きを反映しているといえる。自我が働いているので恐れる結果になるといえる。もし働いていないのであれば、神を恐れるという心の動きは生じないであろう。恐れと自我の萎縮とは好一対である。したがっていくら恐れても自我からの解放はそこにはないであろう。恐れが強ければ強いほど自我はますます萎縮するのみであろう。かくてこのような恐れが激しければ激しいほどますます求心的に自己自身の内に閉じこもろうとするのみである。こういう方向をどこまで徹底してみても、自我崩壊という契機は出てこないであろう。このような心理的な動きの背景として“自我”というものの存在が考えられるのである。先に挙げた「律法の下で監視」というパウロの言葉は律法精進から解放された彼の経験を反映していると思う。しかしルターが経験し、そこから考えるような意味での罪の意識の地獄を指してはいないであろう。修道僧としての時期について、売春宿にいたときより無駄に費やし、より悪しく送ったと述懐している[2)]ことからも、いかに律法精進的生活がひどいものだったかが推測されるのである。一方、パウロはどこにもそういう類のことはいってはいないのである。むしろパウロの経験からいえば、律法精進が正しいことと信じていた。そこでキリスト者を迫害したことの苦い反省が「監視」、「閉じ込め」などの表現にいわば（逆）反映していると見るべきであろう。ということはこれらの表現はパウロ自身の経験をそのまま表したものではないということである。またこのことは「わたし自身は心では神の律法に仕えていますが、肉では罪の法則に仕えているのです。」（ローマ7,25）が彼の経験をそのまま表しているとは考えにくいことと呼応したことであろう。キリスト信仰は地上から人、人の心を離れさせるのと同様に、自己自身、および自己自身の経験からも離れさせるのである[3)]。自己の在り方に直結しているのではなくて、それを離れている事情が伺える。さもなくば救いにはならないであろう。天を飛翔することなどできはしないであろう。このことはキリストの霊が自我に取って代わっているという事態を反映しているのである。自己がもはや自己としての在り方を直視しているのではないのである。

（b）信仰による義。パウロは「キリストがわたしの内に生きておられるのです。」（ガラテヤ2,20）という。だがこれはキリストを信じた結果である。義とされるのはあくまで信仰によってである。かくてキリストの義が人の側に移動してくるわけではない。人は何も持つわけではない。義とされねば何も持たないのはいうにおよばず、義とされても何も持つのではないのである。義は持つことの対象にはならないのである。こういう点にも関連するが、ルターは例えば「そういう人は律法全体を行う義務があるのです。」（ガラテヤ5,3）について次のようにいう[4)]。なぜ神の律法は重くないのか。我々が新約聖書の内にいるからである。これは何であるか。人がキリストを持つときに、これは存している。これは何であるか。人が罪を除き、人に賜物を与えるところの救い主を持つときにである。その方が私をその肩に乗せて担うならば、私はそのことを行うことを好むのである。以上である。ここでキリストを持つといわれている。パウロでは逆にキリストによって持たれているのである。ところで、「神おひとりのほかに、善い者はだれもいない。」（マルコ10,18）とイエス自身がいっているのである。しかるにキリストや義を持てば正しい者になってしまうであろう。これはそれこそ傲慢の罪に堕することではないのか。たとえキリストが霊として人の中に生きていても、人はそのことによって義とされるのではない。義とされた結果としてキリストが人の内に生きているのである。人が十字架の出来事をそれ相応の意味のあることとして信じ受け入れて、はじめてキリストは人の内に入ることができたのである。信じることは心の扉を開くことである。そこで信じること自体とその後の霊の働きとは区別しなければならないのである。さもなくば信じることによって義とされるのか、あるいはその後の働き的要素と一体の信仰によって義とされるのか不分明となるであろう。働き的、行為的要素は微塵も混入させるべきではないであろう。「わたしは神に対して生きるために、律法に対しては律法によって死んだのです。」（ガラテヤ2,19）という言葉はこのことをよく示している。つまり律法そのものはパウロ自身のいうようによいものである。そこでここでの律法とは律法への誤ったかかわり方を含めての意味での律法と解しなくてはならないのである。そうしてはじめて神に対して生きることとなるのである。神に対して生きることと律法そのものに対して生きることとは別のことではないのである。イエス自身「律法の文字から一点一画も消え去ることはない。」（マタイ5,18）というとおりである。律法自体は極めて尊いのである。さて、死ぬという点では主語は“わたし”である。ガラテヤ2,20では「キリストがわたしの内に生きておられるのです。」という。つまり生きるという点では主語はキリストである。かくてわたしは死んでキリストが生きているのである。主体が入れ替わっているのである。ルターではこの点が明確ではない。死ぬ面、生きる面いずれの面についても主体として私が挙げられうる状況といえるであろう。なお義認について行為的要素のないことは胸を打ちながら悔いている徴税人の姿（ルカ18,11以下）に象徴的に示されている。

さて、イエスという他者なる存在を自己の救い主と信じることは自己の側における現実性の喪失という契機を必要条件とするであろう。そのためには試練との遭遇という事態が不可欠であろう。確かに度重なる試練によって、ヨブの場合を見ても分かるが、自己中心性は失われるであろう。自己中心的ではなくて、キリスト中心的に考え生きざるをえないからである。しかしルターでのように神への恐れの前で自我が萎縮していく場合、そういう過程がいくら進んでも自己中心性から脱するという現象は生じないと思われる。同じ過程がさらに亢進するだけであろう。そうであればこそキリストさえもが救い主とは目に映らなくなるという状況に立ち至るのであろう。これはサタンの策略と理解されうるであろう。こういう観点から見るとき、キリスト中心的になること自体が、自我の萎縮からの解放が無意識的に目指されていることが背景にあってのことという場合もあることであろう。ルターでは神への恐れが極めて強く、その結果人の側には罪以外の何も残らないのである。一介の罪人である。そこに徹してはじめて神の側からの救いを受容しうる条件が整うのである。罪の意識に苛《さいな》まれ、自我の萎縮が深化したとき、人が全体として無化しているとある意味ではいえるであろう。だがいくら自我が萎縮しても存在全体として無にはなりえないであろう。神からいわば見捨てられた罪人である。そういうものとして有のままである。正の有が負の有へと裏返っているのである。それを神の助けが再び正の有へと裏返すのである。真の無とは正の有でも負の有でもないものである。両者のいずれでもないが、両者に共通の背後に存している（存していない）ものである。負の有がいくら深化していっても、無へとは至らないのである。有の性格としての負が何乗にも倍加されていくだけのことである。たとえそうであってもそういう事態の具体的様相である試練を神の導きによることと理解することは十分できることであろう。もとより無という言葉がその場合にも使われることであろう。しかしその場合当時のルターにいわゆる東洋的思想の素養があるわけではない。そこで無は東洋的意味とは異なっている意味で使われるであろう。実存的には先にいった負の有という意味においてであろう。一方で哲学的には無からの創造ということを考えるのであろう。いずれにしても聖書自体から理解される無ということとルター自身において実現している実存的意味での無（負の有）とは内容的に異なっているであろう。もっとも聖書自体には無から有を創造という思想は厳密な意味では存してはいないのであるが。

ところで、少なくともルター的な信仰観からすれば、神への愛といっても人の自然的欲求がその根底にある限り、例えば罰を避けるためとか、あるいはこれらは少しましだが、救いのためとか永続的な安穏のためとかということのために神を愛しているのである。そういう愛が自己中心的欲求より由来することはいうまでもないことである。神のゆえに神を愛しているのではない。自己のために神を愛しているのである。そうであればこそ神から給わった律法さえをも自己安心のための手段に貶《おとし》めてしまうのである。パウロによる律法精進もそういう傾向と無関係とはいい切れないであろう。キリスト信仰による主客の逆転が生じていない限り、自己自身が人にとり最終的、究極的な眼目となることが不可避なのである。しかしこういう要素をすべて排除するまで徹底することはルター自身の立場では不十分であり、不可能ではないか。恐れの前での自我の萎縮が出発点にある限り。自然的欲求が根底にある場合での神への愛についてはいうにおよばず、そうでない場合といえども基本的には変わらないであろう。たとえ神の恵みが先行し、その下で行なわれていると理解している場合でも、恐れによる自我の萎縮が出発点にある限り、人の意識に反してなおそういう次元、地平に留まっているという事態が存しているのではないかと思う。恵みによって心が清められ、欲求から発した状況とは無縁と自己としては感じる心境になることも生じるであろう。しかしそういうところから再び地獄の恐れへと転落する——全般に神秘主義ではこういう事態が不可避的に生じる——ことが生じることにおいて、自我の残存が顕わになる。もっともこの場合、欲求に基づいたような悪い意味での自我ということではないであろう。そうではなくどこまでも神の恵みが優先している状況の中での事態であるから、根本的には異なった状況にあるとはいえよう。だがしかし自我の萎縮という事態が根本にある限り状況が基本的にいって転換したとはいいえないであろう。パウロではルターでのように恵みの下から再び怒りの下へ転落するというような状況は生じてはいないであろう。こういう神の怒りの下への再転落という事態と次のようなルター理解[5)]とは対応している。ルターは恵みの中にあっても、かっての誰よりも鋭く幸せ追求と敬虔との密接な関係を発見した。そしてそれが神に反していることを認識した。以上である。確かにそうだといえる。ただ懸念されることは信仰での主従逆転という観点から判断して、余りにも世俗のことに否定的になりすぎているのではないかという点である。自我の残存がこういう点にも反映しているのであろう。一度世に対して死んでいれば、その後は感謝して受ければそれ自体悪いものは何一つないのである。ただ聖別という手続きが不可欠なのである。この世界が神によって創造されていることから判断してもそうであろう。「産めよ、増えよ」（創世記1,28）から見てもそうであろう。もっとも「わたしの子供たち、キリストがあなたがたの内に形づくられるまで、わたしは、もう一度あなたがたを産もうと苦しんでいます。」（ガラテヤ4,19）について、パウロ自身の働きによりも神の恵みにより多くを帰している[6)]点については神中心的発想が伺えるのである。つまりここでは神の恵みが正しく理解されているのである。

【注】

1）M. Luther ; Kommentar zum Galaterbrief 1519（以下Kommentarと略記）1996, 157頁

2）M. Luther ; Das Magnifikat Vorlesung ueber den 1 Johannesbrief（以下Magnifikatと略記）1996, 155頁

3）以上のように信仰の意義の一つは地上からも、そしてそこに生きる自己からも心を解放して自由にしてくれるところにある。こういう観点から見た場合、最深の対立は我々の罪と神の恵みとの間ではなく、神の律法と神の恵みとの間にあり、また律法と福音とは根本的には区別されつつ、人の経験では緊密に結合していると理解される（Dennis Ngien ; ibid, 125頁以下）ならば、まったく問題なしとはいかないのである。ここで取り上げられているローマ1,18は神を信じない人々の反信仰的行為について述べている。決してキリスト者についての話ではない。かくてこれはキリスト者の生活の中へ取り入れて考えるべき事柄ではない。ただルターのように義人にして同時に罪人という考えに立つ場合にはそのようになりやすいと思われる。こういう点も回心において自我の確立という事態が見られることと呼応したことであろう。

さらに、ルターは我々がキリストを信じることについて次のようにいう（M. Luther ; Kommentar, 137頁）。我々は既に律法の成就者である。そして律法の呪いから自由である。なぜなら我々が儲けたもの、つまり呪いと責めをキリストは我々のために自己の上に取って支払ってくれたからである。以上である。成就者（Erfueller）という考え方はパウロとは異なるであろう。パウロは「義とされる」、「義としてくださる」（ローマ3,28;30）、「義と認められる」（ローマ4,3以下）というのみである。いかなる意味においても成就者ではないのである。成就者ということになると何らかの意味において行為者ということとならざるをえないであろう。確かに「キリストは、わたしたちのために呪いとなって、わたしたちを律法の呪いから贖《あがな》い出してくださいました。」（ガラテヤ3,13）といわれている。呪いということがいわれている以上、それを償うものとして責めとか罰という考えが出てきても不思議はないと

いえる。第二コリント5,21も呪いという表現はないが、神が罪なきキリストを罪としたので我々が神の義を得られたという。呪いという表現にはパウロが律法精進の熱心さの余りキリスト者を迫害したという苦しすぎる経験の反映を読み取りうるであろう。つまりここではパウロは自己の経験に深く思いを致しているのである。すなわちある時は自己の経験から自由に、またある時は自己の経験へ沈潜していくのである。このようにどちらをも自由になしうるところに信仰的、霊的自由が見られるのである。一方、ルターには自己の経験に密着したところは見られるのだが、そこから離れたところが見られないように思われるのである。

4）M. Luther ; Magnifikat, 193頁

5）Adorf Hamel ; Der juenge Luther und Augustin, 1980, 33頁
　さらに、ローマ7,7についてこれが霊的人間についてのものであるという点で、ルターとアウグスティヌスとが一致していることが取り上げられている（同68頁）。これは自我的なものの残存という点で共通している状況から由来していると思う。ただルターはアウグスティヌスよりも動機が霊的人間に属すことなので、心理学的により掘り下げて考えているという（同71頁）。アウグスティヌスではたとえ不完全でもその行為へとアクセントは置かれているという（同71頁）。こういう相違はルターでは神への恐れが強いからであろう。ローマ7,7以下については古来より議論が多いが、回心後から回心の前後を通じての人間の在り方を反省していると理解するのが適切であろう。

6）M. Luther ; Kommentar, 193頁

（二）キリストへの信仰の具体的様相

（a）救いでの神の中心性。ローマ8章以下は神による人間の救いを念頭において書かれているように思われる。10章では万人の救いがいわれている。救われる者と救われない者とに分離しての予定ということをいおうとしてはいない。神の経綸としては救いの一本道しかないのである。少なくともパウロはそこをしか見ていないのである。滅びへ目を向ける余裕（逆の余裕、窮迫感）は持ち合わせていないのである。外部の人々のことは度外視している（第一コリント5,12）が、この点もそういう一面を現している。イエス・キリストの出来事、そしてそのキリストとのダマスコ途上での出会いによって圧倒され、自我崩壊したパウロにとっては救われないということを思いつくことさえできなかったことであろう。律法精進の熱心さの余りキリスト者を迫害した自分さえこのように神は救って下さった。このことを反省するとき、一体誰が救われないであろうかという心境であったであろう。この点に関する限りでは親鸞の心境にも一脈通じたものを見いだしうるであろう。ただルターでは神への恐れが極めて強くこういう心境にはな

かなかなりえなかったのではないかと思われる。常に恐れという契機が心のどこかに存していたのであろう。そこでいかに啓示された神を信じるとはいえ、隠れた神を一方で考える点にも現れているように神全体としては彼にとっては隠されているのである。そこで敬虔な心と共に恐れとおののきとをもって神に近づかざるをえないのである。隠れた神を考える以上、人の目には神はいわば覆われているのである。その限りいわば闇黒に閉ざされているのである。

確かにパウロも先に述べたようにいわゆる予定とも考えうるようなことをいっている。ただ彼は現実には救われている信者に向かっていっているのである。救われるか否か分からない人々に向かっていっているのではないのである。このことは先に挙げた「外部の人々は神がお裁きになります。」（第一コリント5,13）という考えにも呼応したことである。つまりこれは神ご自身のこととしていっているのである。人間の現実に密着していっているのではないのである。というのも少なくともパウロにとって自分が救われる側に入ることに囚われ、固執はないと思われるからである。なぜなら「同胞のためならば、……神から見捨てられた者となってもよい」（ローマ9,3）と告白しているからである。そこで「御心《みこころ》が行われますように」（マタイ6,10）というのが最終的、究極的祈りであろう。ここには人間の側からの何らの要因ももはや含まれてはいないのである。人の側にはいかなる意味の有もなくただ無があるのみであろう。ただただ神の意志のみが支配する世界の現成である。ルターはアウグスティヌス同様に祝福と呪いとへの二重の予定を弁護したと解されている[1)]。自己密着的、人間密着的に考えると、そういう結果になることであろう。西洋的、哲学的、人間論理的に矛盾が生じないように詰めをしていくような考え方をしていくと不可避的にそういうところに落ち着くであろう。だが信仰とはそういう浅薄な人間的理屈をも打破する一面を有するのではないであろうか。だがこの際百歩譲って西洋的論理的思考を仮に是としておこう。そうすると全体的見方としては先のでよいとして、各個人の観点に立つと自分はどうなるのかという疑問が不可避的に生じるであろう。ここでは神の側からのその意志、働きに唯一の妥当性が承認されることはいうまでもない。罪により断絶している神人間の交わりを回復させうるのは神の側からの行いのみである。人の側でのあらゆる言行はその罪ゆえに無効である。

以上からも分かるように人の救いは神の側からのみ期待しうる。すなわちイエス・キリストにおける神の受肉である。「神はこのキリストを立て、その血によって信じる者のために罪を償う供え物となさいました。」（ローマ3,25）といわれる。人類全体の罪が念頭にあってのことであろう。個人としてはそれに参与しなくてはならないことはいうにおよばないことである。ルターも、彼のように神への恐れが強い場合にはなおさらそうであるほかないであろうが、ヨハネ5,2以下に関連して「イエスが私のキリストであるということ以外のことを信じることではない。」、「私のためにもその血を流した。」と説明している[2)]。ここで“私のキリスト”という。パウロも「キリストがわたしの内に生きておられるのです。」（ガラテヤ2,20）という。キリストが主体となっている。“私の”ということではまだ私（自我）というものがキリストとは別に存しているのである。この点が異なるであろう。もっとも“私のためにも”ということは真実であろう。“も”が入っている。だがパウロはそういう類のことをいっていたであろうか。ローマ7,25においても「わたしたちの主イエス・キリストを通して神に感謝いたします。」というのみである。ここでも“私”という言葉は入ってはいない。キリストが彼の内で生きているのであるから、“私”という意識は存してはいないといってもよいのではないかと思う。ただ「わたし自身は心では神の律法に仕えていますが、肉では罪の法則に仕えているのです。」という。ここでは確かに“私”という。つまり神からのことをいう場合は“わたしたち”と複数形でいい、人間としての自己自身のことをいう場合は単数形であると考えられる。この相違を反省すれば、後者では神による救いから離れた自己を見つめているといえよう。神の恵みの力の支配下にない場合、人は不可避的に罪の勢力圏内にありその意志は真の意味において善を行いえないのである。こういう判断それ自体としては何ら悪いことではないが、もしルターがそうしているとすれば、それは問題なしとはいかないのである。というのも回心に当たってパウロのように一回的に全的に自我崩壊していないからである。そこで自己に密着して深く反省し、そこから先のような告白へと至るのである。一方、パウロは一回的に自我崩壊しているので、自己密着的に自己反省する必要に迫られていない。そこで逆にローマ7,25bでのような告白さえなしうるのである。自己追及という反省は自我崩壊の欠如より由来するといえる。こういう状況では自己の救いを自己以外のところに求めざるをえない。そこで自我崩壊の欠如と相俟って他者的なるものの内に自己として何か体験しうる次元のものを探求するという事態に立ち至るのである。自我崩壊の欠如が自己による体験という事態を惹起しているのである。キリストの出来事をそういう意味のある出来事としてただ信じるというところに留まりえずに体験的、体験主義的なるものへと赴くのである。パウロではダマスコ途上でのキリストとの出会いで自己の救いを体験することは終了しているのである。一方、ルターでは試練のたびに一度神から給わったものを奪われて先のような結果になると思われるのである。真にキリストの出来事がそういう意味のあることと信じられれば、その出来事と自己の人格とは一となる。つまり双方の区別はここに至って消えるのである。主体として自己がその出来事をただ対象的に見ているという関係ではなくなっているのである。自己の内にその出来事が入ってきているからである。だからこそ「キリストがわたしの内に生きておられるのです。」（ガラテヤ2,20）といいうるのである。

ルターでももともとよりイエス・キリストは一人の具体的人格として受け止められている。例えばギリシャ哲学的に考えて人間とは理性を有する動物であるというように、まず人間性の本質を考えてというのではない。普通の人間が養子として神の子になったというのではないし、反対に元来の神の子が人間性を受け取ったというのでもないのである。どちらかが先ということではない。もし仮にそうであれば二種の存在があってそれらが何らかの仕方で結合していることとなるであろう。旧約に啓示されて以来の神がイエスにおいて受肉したのである。栄光の神学を拒むことからしても受肉について哲学的な解明を行おうとはしないことは十分推察されるところである。イエスにおいては神性と人性とが不可分に結合しているのである。キリストはまったき人であると共にまったき神である。一人格の中で双方の性質が混交しているわけでもなく、また部分的に分割しあっているのでもないのである。哲学的解明の拒否は論理的完結性を求めていないことを示唆している。ただ神性、人性という両面[3]を考えていわば結論的に結合させればよいというものではないであろう。なぜなら聖書はそういう試みはまったくしていないからである。そういう考え方をすること、あるいは思いつくこと自体が既に問題なのである。神、キリストと人との間での主従逆転が生じていないので、そういうことを考えたくなるのであろう。自我崩壊に対して自我の残存は必然的にそういう結果を招くのであろう。人の側に軸足があるままだからである。そういう軸足の上で神中心的に考えているのである。

(b) キリストによる贖《あがな》い。パウロは我々の義認について、「ただキリスト・イエスによる贖《あがな》いの業を通して、神の恵みにより無償で義とされるのです。」(ローマ3,24)、「神によってあなたがたはキリスト・イエスに結ばれ、このキリストは、わたしたちにとって神の知恵となり、義と聖と贖《あがな》いとなられたのです。」(第一コリント1,30) という。これらについてルターは「キリストの義へ自己を基づかせねばならない」、「キリストの義の中に移植されるべき」などという[4)]。こういう考えでよいのであろうか。パウロが伝達したいことは「人は心で信じて義とされ」(ローマ10,10) に代表的に表されている。先の二つのルター的表現とはニュアンスが大いに異なっていると思う。ルターではただ信じるというのではないからである。信じるということとは異なる要因の混入を感じざるをえないのである。つまりどちらの表現も行為的要素が感じられるのである。しかしながらたとえキリストの義の中に移植されようと、自己を基づかせようと、義、つまり罪の赦しという事柄は当人の本性になってしまうのではないのである。これは義とは義と見なされることを意味するのであるから、当然ともいえる。だからこそ少なくともルターにとっては再びキリストを見失って地獄に陥ることも生じるのである。だが「キリストがわたしの内に生きておられるのです。」(ガラテヤ2,20) においては、義という性質が人のものにならないというだけではなくて、キリスト自身が人に取って代わっているのである。「信じて義とされ」るのは確かであるが、そういう信仰の対象であるキリストが自己の内で生きているのである。かくて義の根拠が自己の内にあるともいえるであろう。しかし信じて義とされるのであるから、内なるキリストは神の前では自己のものではないのである。ただ人の前では自己のもの、というよりも自己そのものといってもよいものでもあろう。

こういう状況は見方を変えれば、主の霊が心に注がれている在り方といえよう。そしてこれは「信仰と、希望と、愛、……その中で最も大いなるものは、愛である。」（第一コリント13,13）といわれているように、外に対しては愛として働くのである。かくてこの愛は神からのものといえる。霊、心、体の三者一体の人間を霊が主導するのである。この点は「神の言葉を守るなら、まことにその人の内には神の愛が実現しています。」（第一ヨハネ2,5）にも表されている。この聖句についてルターは「なお欠けているところのものがキリストを通して弁済される（erstatten）、その言に我々は固着する。」と述べている[5)]。元来キリストの血は人の罪を完全に償ったのである。だからそれに固着するのは不可欠のことである。ルターのように神への恐れが強い場合は特にこの点は大切であろう。彼にとっては神の受肉ということは神の子の受難の背景として不可欠であろう。だが中でも大切なのは神の一人子が我々の罪のために、それを担って苦しみ十字架につけられたという事実である。罪と義との交換という考えからしてもそうであろう。このことは彼の目が人の罪というところへ留めつけられて、そこから一瞬たりとも離れえていないという事情より由来している。本来からいえばそういう意味での自己への集中から解放されることも救いの一要素として含まれているであろう。彼にとってはこれこそ必要なことといえるであろう。こういう観点から見て、神を知る場合、神を人を恐れさせるような仕方ではなくて、愛の主体として知ることがことさら重要となろう。そうでない限り人の救いは不安定なままであろうからである。ルター自身が再び地獄に逆戻りするように。神について恐れさすという面を感じればこそ、その反対の愛の神を信じようとすることになるのであろう。これら二つの事象は切り離せないのである。一方、パウロでは直接的な神信頼が基底にあるので、こういういわば二者択一的なことにはなっていないであろう。ルター自身がそうだというのではないが、“愛する神”という俗信へ一脈通じている要素をここでは読み取りうるのではなかろうか。やはり聖書本来の義にして愛、愛にして義なる神への信頼という契機が大切であろう。

さて、受肉し十字架上で死に復活させられたキリストの出来事において神は我々への愛を示されたのである。これはいうまでもないことである。ただ我々のためという契機を余りにも強調すると、人間中心的理解になってしまうであろう。こういう点から見るとき、キリストがその義でもって一つの霧を神の目の前に作るので、神はもはやいかなる罪人をも見ることができないという理解[6)]は興味深いのである。たとえとはいえ霧が人の罪を神の目から覆うので、その結果神はもはや見ないというわけである。キリストが神の前に義によるとはいえ霧を作るという考えでよいのであろうか。第一ヨハネ2,1以下にはそういう類のことは出てはいないが。神の目をいわばふさいでしまう。視界をさえぎるというわけである。神に対してそういうことが可能であろうか。キリストであるから可能ということであろうか。少なくとも旧約によれば神はすべてをご存知である。神に対して隠し立てはできないのである。しかも神の一人子でありキリストたるものがそういうことをするというのである。つまり神が神に対して隠し事をしているのである。神が神を裏切っているのである。不正なことをしてキリスト者を神から守っていることにならないのか。キリストがそういう目的のために使われていることになるであろう。それで神、キリストは義といいうるのか。自己矛盾とならないのか。ところで、キリストの出来事をそれ相応の意味を持つ出来事として信じて義とされるという場合は、すべての事柄が白日の下にさらされるということが前提である。見えなくするというような姑息な一面はどこにもない。人の側でのすべての罪が神には顕わになっているのである。にもかかわらずキリストの出来事をそういう意味のものとして信じれば義とされるというのがキリスト信仰の基本である。キリストは人の罪をかばっているのは事実であろう。しかしその死と復活が示すのは神の前におけるキリストの義である。かくてそれ以上にかばう必要はないのである。もし煙幕を張る必要があるとすれば、十字架の死と復活は不十分なものとなってしまうであろう。これらの事実はそれだけで必要かつ十分なものでなくてはならないのである。あとは各人がそれを信じるか否かである。そもそもかばうという考えは聖書には基本的には欠けていると思われる。なぜならそれでは罪を顕わにすることを避けることとなってしまうからである。顕わにしてこそ償うということもはじめて問題となりうるからである。かばうという考えと償うという考えとは矛盾するであろう。少なくとも旧約では罪は必ず償われなければならないのである。そしてこのことは新約でも共通的背景をなしているであろう。霧で神の目を見えなくするなどとはとんでもない話である。先にいった俗信へ通じてしまうであろう。罪はどこかで誰かが必ず償わなければならないのである。もっとも霧の煙幕という発想は好意的に理解すれば、赦しの意味を罪が算入（rechnen）されないことと考えることに対応しているともいいうる。確かに罪が現実的に消されてしまうのではない。もしそうであれば、交換という考えとは合致しないのではないであろうか。信じて義とされると考えた方が算入されないという考えとはより整合的であろう。さらに、交換してキリストの義を持つというのであれば、算入されないとか、見なされるということではなくなるであろう。こういう考えに呼応していると思うが、少なくともパウロに比すればルターでは信仰が実態的な変化を要請するものとして受け止められているのではないかと思われる。交換においてキリストの義を持つのであればその義へ実践的に参加するのは当然の義務ともなるであろう。逆にいえばそういう変化なしの信仰は無意味となるであろう。一方、パウロは信じて義とされるという（ローマ3,28以下）。もっともパウロも「悪には疎くあることを望みます。」（ローマ16,19)、「このわたしに倣う者となりなさい。」（第一コリント11,1）ともいう。しかしこれら二つのことを結合してはいない。結合することは回心体験である恐れからの解放という契機と無関係ではないと思う。

ルターは栄光の神学を退けることに応じて上昇の神学をも退ける。それもそのはずである。人間イエスにおいて神が受肉したのである。我々にとっては「この人を見よ。」ということが永遠のテーマとなったのだからである。信仰とは人が何らかの仕方で天に上ることではなくて、神が地に下ってきたことを信じることである。心における垂直移動ではなくて水平移動である。ところでそのキリストであるが、我々の最大の慰めであり、我々を絶望させないところのその血が薬にたとえられている[7)]。第一ヨハネ1,7に関していわれていることだが、アウグスティヌスと同様の考えをしている。これもやはり自我の萎縮からの解放という事態が根底にあってのことであろう。ヨハネ自身はイエスについて薬とはいってはいない。薬ということは薬を服用する主体として自我が持続していてはじめて生じてくる発想といえよう[8)]。薬を服用して、あるいは注射して元通りの状態へと癒されるのである。それが薬の働きである。病を癒すのである。かくて元の状態が根本的に変化した、つまりもはや元の状態への回復は不可能となってしまったという自覚は欠如しているのである。どこまでも回復可能なのである。たとえ手術をも視野に入れて考えても同様であろう。原状への回復が第一の目標である。手術の場合には切ったところに傷が残るので完全な原状回復は困難であるが、薬服用の場合にはそういうことが可能なのである。何一つ失われるものはないのである。ただ薬による治療期間についてはそれまでどおりに自由に言動することはできないが。直れば元通りである。ルターの頃にはある程度の外科手術は行なわれていたであろう。にもかかわらず薬というたとえがでてくるのは、たとえそういうことを意識するとしないとにかかわらず、手術の必要はない程度の治療で原状回復が可能という意識が根底にあってのことであろう。それだけイエスの出来事が人間の存在全体にとって軽い意義しかもっていないことを反映しているのであろう。ルター個人としてはイエスのことを重く考えていたではあろうが。薬を利用する側に立って考えると、大変重い意味を持つのであるが、一転して見方を換えてイエスの側に立って考えると、このように薬として見られていることは軽く見られていることとなるであろう。主体（人間）の側に立つか、対象（イエス）の側に立つかによって、軽重の判断が逆転するのである。ルター個人がイエスをどれほど重視しているかとは自ずから別問題なのである。彼にとって罪の意識の激しさから考えても、その償いのためにはイエスは人としてはいうにおよばず、神としても受難しなければならなかったのである。もし仮にその人性のみが受難したとすれば、そういうイエスは罪を償う権能を持たなくなってしまうであろう。一方、パウロではキリスト者を迫害したことを考えてみるだけでも、原状回復が不可能たることは一目瞭然であったであろう。

【注】

1）Adorf Hamel ; ibid, 112頁

2）M. Luther ; Magnifikat, 189, 199頁

3）こういう神性と人性との二種の人格性を考えた場合、誰でも思いつくことであろうが、後者のみが十字架にかかって受難したと考えたら、どのような問題が生じるであろうか。神性はいわば下界のことには携わらないこととなろう。それでは神性はまったく強いともいえるが、まったく弱いともいえる。強弱一体である。これでは強いとはいいえない。そういうことでは人の罪など担いはできないであろう。もし二つの性質を分けて考えうるのであれば、そのように考えることもそれなりの合理性を有するであろう。しかしその場合でさえも後者が受難すればそれと一体の前者もまた受難することは十分察せられることである。まして文字どおりの一であれば共に、というより一人格として受難するのである。こういう観点から

翻って見る時、後者のみの受難という発想は極めて貧しい、乏しい内容の考えということとなろう。ルターももとよりそういうことは考えない。神性、人性一体の一人格という考えそれ自体は正しいのであるが、ただ懸念されることがあるとすれば、それはキリストの神性、人性ということが人間の側から見られているという点である。人の救いのためにキリストは受肉したのであるから、それは当然ともいいうるであろう。しかしそれでもなお問題があるとすれば、軸足が人間の側にあるままという点である。自我の残存――神への恐れ――罪の意識――良心の慰めとしての信仰――受動的義の非受動的受け取り方――キリストとの間での罪と義との交換という見方などと一体であるという点である。人間中心的見方から彼の考えが由来しているという点である。ルター的見方だと、禅的立場からルターのキリスト教と親鸞の真宗とを同列の扱いにする可能性も生じるが、そういう見方も首肯しうるというものである。人間にとっての意味、効果という点から見られては、それは見方の軸足が依然人の側にあることを顕わにしているといえる。神性、人性についてたとえルターのように考えるのが正しいとしても、それはあくまで事柄そのものの性質上そうでなくてはならないということである。こういう点から見て多少懸念を感じるのは、二つの本性がその特質を保持しつつ、各々は他方にその特質を伝達すると考えられていることである（Dennis Ngien ; ibid, 74頁）。しかしそれでは神自身の中へ立ち入って論じることとなってしまう。越権行為といえないであろうか。隠れた神についてはいうにおよばず、啓示された神イエスについてもその内面まで人の論理で解明しようという姿勢には疑問を感じざるをえないのである。そういう点ではルターとは反対の考え方を取るツビングリも同じことであろう。パウロではこういう議論自体が存在しないのである。これは自我崩壊とキリスト信仰とが一であるという事実の反映であろう。

4）M. Luther ; Magnifikat, 151頁。sich auf gruenden,　verpflanzen

5）M. Luther ; ibid, 140頁

6）M. Luther ; ibid, 140頁

7）M. Luther ; ibid, 133頁

8）M. Luther ; ibid, 205頁以下。キリストを信じることは洗礼とキリストの血を説教するところの言（葉）の待降節を通して起こる。パウロのローマ10,8以下での詳述は殆ど同じ意味を持つ。聖霊は水の中に存している。以上のような内容のことが書かれている。しかしパウロはこの個所において洗礼のことは一言も述べていない。しかもパウロは「クリスポとガイオ以外に、……洗礼を授けなかった」（第一コリント1,14）という。こういう考えにも現れているが、聖霊を可視的なもので具象化して考えようとしている。パウロのいうように「心で信じて義とされ」ということであれば、可視的なものの介在は必要ではない。信じることにすべてがかかっている。つまり自己の全存在がそこにかかっているのである。それに対してルターでは、可視的なものの介在があるので、その中間物に信じることの何％かは依存することとなろう。これでは信仰によって“のみ”ということにはならなくなるであろう。もとよりイニシエーションの儀式としての意義は理解できるのではあるが。事実、聖書ではそう

ではないであろうか。もっとも確かに聖霊が鳩のように降ったと記されている（ヨハネ1,32以下）のは事実である。イエスは聖霊によって洗礼を授ける人として描かれている。とするとやはりルターのいうように水の中に聖霊があるのであろうか。しかし“中に”ということではないのではあるまいか。聖霊において（en）洗礼を授ける人となっている。ルターのいう「聖霊が水の中にある」というのとはむしろ逆ではないのであろうか。なぜなら霊は無限なるものであるからである。こういう逆という事態もキリストが薬であるという事態と連なっているのではあるまいか。救いの保証の広い意味での実体化である。このことも自我の確立と信仰とが一というところより由来すると考えられるのである。自我が存していると哲学的に論理整合的に考えたり、神秘主義的になったりするが、これらも広い意味では可視的次元のものである。これらと一連のことである。目が見えているので可視的なるものを求めるのである。イエスはいう「『見える』とあなたたちは言っている。だから、あなたたちの罪は残る。」（ヨハネ9,41）と。パウロは一旦目が文字どおり見えなくなっているのである。この出来事は極めて象徴的である。

第二節　良心の慰めとしての信仰

(a) 良心における恐れ。前節においてルターにとっての受肉したキリストの意義について見てきたが、次に彼にとっての信仰の根本的性格について論じたいと思う。彼にとってはキリスト信仰の底流として神への恐れが存しているのではないかと思う。良心というものは少なくとも聖書ではそうであるように神の前に立つ存在である。そして神から給わった広い意味での律法に基づいて人間としての自己自身を反省するのである。かくて良心自身はそれ固有の判断基準を有しているのではないともいえる。もっとも“心に書かれた律法”（ローマ2,15、7,22;25）というものは神から給わる律法といわば一対のものともいいうるであろうが。いずれにしろ神からの律法が優先的であることは否めないであろう。基本的にはそれに照らして自己を判断するのである。良心は地上における、人の中でのいわば神のエイジェントとしての機能を果たしているのである。良心は限りなく人の内面へと深く穿孔していく。ここに神への恐れと相俟って良心は窮地に陥る。いくら神やその律法の前にあってへりくだってみても、信頼ではなくて恐れのある限り良心は立つ瀬がないのである。身を捨ててこそ浮かぶ瀬もあれというが、ここでは恐れのために捨てることさえもできないのである。まさに地獄である。したがってルターのように神への恐れが激しい場合には、キリストさえもが救い主としてではなく、反対にいわば裁き主の仮面を被って人に向かって現れるという事態さえ生じるであろう。このような場合はサタンの策略と解されるであろう。これも自我の残存があればこそといいうるであろう。一方、第二コリント11,14でのサタンの偽装はパウロ個人の心の中での実存的事態をいっているのではないことは明らかである。4節から判断しても、パウロ以外の人がやってきて、彼が既に宣べ伝えている福音とは異なったことを伝える人々のことを指しているのである。こういう相違が存している。ローマ7,7以下を見ても、ルター的観点からは修道院的な律法精進から神嫌悪にまで陥るのであろうが、パウロはそうではない。これは25節を見ても分かる。そういう要因は少しも見られない。ルター的視点がどこまで深化していっても自己の実存への注視はそのままなので、視点そのものの転換は生じてはこない。このことが生じない限り実存的在り方が根源的に変わることはありえないのである。萎縮した状況から解かれることもある意味では根本的変化ということもできるであろう。だがしかし再び元の状態へ陥ることが生じることはそうでないことを顕わにしていると思うほかないのである。だから変化をどのように表現するかではなくて、問題はその内容である。内容的にはルターの場合は自我（良心）の萎縮から解放されるということである。

さて、そもそもルターは何が契機となって修道院へ入ったのであろうか。雷雨を体験し、神への恐れに襲われ、死への恐怖を感じ、そういう事情が彼に世俗を離れ修道院に入る決意をさせたことは周知の事実である。神への恐れが彼の求道生活の出発点にあったのである。これは幼い頃からの厳しい薫陶による父への恐れと二重写しになっているともいわれている。死への恐怖が修道院へ入った動機の一要因であることから判断しても、自我の萎縮から良心が慰めを得ようとしているという理解は当を得ていると思う。しかしその修道生活は期待とは裏腹に良心に慰めを提供するどころか逆に不安に陥れたのである。彼は「私は貞潔、清貧、従順を守った。……にもかかわらずこの高潔と信頼の覆いの下でたえず不信頼、疑い、恐れ、憎しみ、そして神に対する冒涜を抱いていました。[1]」という。こういう事情は親鸞の場合に似ているといえる。律法は人に罪を示し、良心を不安に陥れる[2]。そしてキリストへの養育係となる。人は霊を渇望するように仕向けられるのである。福音はそういう不安を抱えた良心を基本的には慰めるのである。だがそういう状況にあってもなおかつ良心が律法に縛られているという状況は変わらないのではないかと思う。福音の下から再び律法の下へ落ちてしまうことが生じる事態でそのことが知られる。律法との遭遇によってかえって自我が強く自覚されることとなるのである。この点はパウロでもそうである。「わたしは、かつては律法とかかわりなく生きていました。しかし、掟が登場したとき、罪が生き返って、わたしは死にました。」（ローマ7,9以下）と告白されている。こういう状況では律法の成就は神への恐れが動機となっており、それは正しくはない。神への信頼が基礎にあってはじめて神の命令や禁止をそれ相応の意味で実行しうることとなるのである。だが自我が存していると、これら二つの事柄を明確に区別して実行しうるのかと思う。たとえ自我があっても、少なくともある時には本当に後者でのように言動することは生じるからである。もとより本人も心底よりそう感じ、思ってもいるのである。かくて自我の残存の有無は直ちに表面的な行為での相違へと反映するのではないのである。再び律法的状況への転落があるか否かという点に現れるといえる。自我が存しているので上下に振れるのである。信仰をキリストへの信仰と規定した場合、良心（自我）は上下に振れるのであるから、信仰している時とそうでない時とがあることとなろう[3]。パウロの回心前の律法に縛られている状況に対応しているであろう。ただパウロでは神への信頼が根本になっているので、ルター的振れは表面化してはいないのである。

(b) 福音と律法との拮抗。福音と律法とはいわば同一次元で対抗関係にある。キリストに捕らえられているときは恵みの下にあるが、離れたら律法の下に逆戻りするのである。「キリストが住み律法が滅ぶか、律法が住みキリストが滅ぶかのどちらかである。キリストと律法が一致し、一つの良心の支配を共有することは不可能である。[4]」という。キリストと律法は単に二者択一の関係なのか。イエス自身が「わたしが来たのは律法や預言者を……廃止するためではなく、完成するためである。」（マタイ5,17）という。パウロも「信仰によって、……むしろ、律法を確立するのです。」（ローマ3,31）とまでいっている。ここまでいかない限り律法はその権威を廃されたことになってはいない。パウロでは自分が最大限努力してキリストを捕らえようとするのではなくて、自我崩壊においてキリストによって捕らえられている。ここから世の霊との戦いを展開している。したがって彼は自己の内で既に世に勝ったキリストを働かせるという仕方で戦っているので、この戦いは同一次元に立った対等な立場同士の戦いではなく、勝つことを確信した余裕のある戦いを戦っているという性格を持っているのである。「キリスト者は律法が彼の体を、その肢体を支配するのを許してもよい。だが彼の良心をではない。なぜならその女王である花嫁は律法によって汚されてはならない。唯一人の夫たるキリストのために清く保たれねばならない。パウロが他の個所（第二コリント11,2）でいうように。[5]」という。ここでルターは二元論を取っている。しかもパウロの中へ不当な読み込みをしている。なぜならパウロは第二コリント11,2でキリストの花嫁としているのは「あなたがた」であり、単なる「女王、花嫁」すなわちルターのいう良心ではない。体と良心双方伴った人間全体を花嫁としている。ルターでは律法、福音が同一次元での緊張関係において受け取られ、後者が前者より圧倒的に強大であることが彼の身に即して受け取られていない。律法によって良心が貫かれつつも、なお福音によって救われているのでない限り救われたとはいい難い。かくてこそ怒りの力が外から良心にかかわり包囲するように、キリストは外から良心に到来し良心の中に入り込むという仕方で、キリストとサタンはその人格性と力とに関して同等の形式的構造を有しているという理解[6]が成立するのである。

このように良心がキリストと律法の双方に引かれるという緊張の中にあって、彼の良心はその安らぎを求めてキリストを捕らえるという方向へ逃れようとするのである。ここに次の二つの節において取り扱う受動的義[7]の非受動的受け取り方とキリスト神秘主義との動機が見いだされるのである。双方に引かれている以上、彼の良心、つまり自我は基本的、根源的にはキリストから離れているのであり、こういう状況にあっては良心は律法の下にあることとなり、安らぎはないのである。このようにルターは良心における二極分裂的な心境から神秘主義的なるものへと不可避的に進むこととなるのである。こういう状況では良心がしばしば律法の下に立つことになるのである[8)]。これに対してパウロが「心では神の律法に仕えています」（ローマ7,25）という場合、心はキリストによって勝ち取られているのであるから、心が自己自身を告発するという状況ではないであろうと思う。ともかくキリストにある良心が逆に今度は律法の下にあることになる危険があることから彼は神秘主義へと進むと判断されることは述べたが、そういう逆戻りについて、次のように解されている[9)]。あっという間に神はキリストにあって神の恵みを喜ばしく確信していた心を恐れさせる。そこで我々は今やキリストにおいていかなる慰めをも持たず、サタンが心に吹き込むところの、神が我々に対してただ怒り、無慈悲であるかのような恐るべき考えによって苦しめられるのである。以上である。良心はあるときはキリストにあって慰めを得、またあるときは反対に慰めのない苦しみの中にあることが分かるのである。パウロでは心はキリストによって勝ち取られているので、それが再び慰めのない――慰めという表現はルターにとっては適切な表現ではあっても、パウロにとってはそうではないが――苦しみの中に落ち込むことはないのである。パウロの場合には慰めを求めようとしている自我そのものが崩壊していると思う。自我が残存していれば不可避的にルターでのように逆戻りの危険性があるであろう。そういう危険性あればこそキリストとの何らかの意味での合一神秘主義（unio mystica）へと追いやられるのであろう。その辺の消息について次のように解されている[10)]。ルターにとって神は生涯焼き尽くす火であった。彼にとって神は教義ではなく宗教的体験であった。永遠なる者が根源的な力を持って彼の現存在の中へ侵入したのであるから。神の怒りの只中で彼は突然暗い信仰の窓を通して恵み深い父を見た。怒りは神の他なる業である。一方、愛が神をその固有な本質において啓示するのである。以上である。しかも皮肉なことにそういう神秘主義において自我がキリストを捕らえようとしている以上、いくら捕らえる努力をしても捕らえ損なうという危険が常にあり、そういう方向へと進んでいった原因である慰めのなさという契機はついには止揚されえないのである。

パウロの場合、キリストによって捕らえられているので、キリストを捕らえ損なうという事態は生じえない。ここにパウロにとってのゆるぎない確かさがある。彼の存在自体の中にキリストが食い込んできているので見失いえないのである。信仰は自我崩壊を契機としているので、信じること自体によって義とされるという確信がある。信じることにおいて自分が義とされるか否かについての疑問、不安は消えている。ルター的不安は先の神秘主義を徹底するという方向においてではなくて、自我崩壊においてそういうことをする必要がなくなるという仕方でしか除かれえないのである。このことは律法とか神の怒りの前で良心たる自我がいくら萎縮してもそれで自我が崩壊するわけではないことと呼応しているといえよう。彼は「キリストに属す者はすべて肉をそのすべての欲と欠点と共に十字架につける。……聖徒達は怒り、嫉み、気短……等へ喚起されるが、彼らはこれらの感情を実行しない。なぜならパウロがいうごとく彼らはその情と欠点を共に十字架につけるのだから。……彼らが世に生きている限り信者はその肉を十字架につける。[11)]」という。パウロは十字架につけたとアオリスト形（estaurōsan）で書いている。ルターは現在形に変えている。アオリスト形で書いている以上、パウロは自己の回心のことを想起しつつ語っているのであろう。一方、ルターでは回心に際し自我崩壊はなく、逆に自我が安きを見いだすのであるから、十字架につけたとアオリスト形でいいえないのであろう。彼の自我である良心を律法が常に刺激するので、常に肉の思いに囚われる。そこで十字架につけると現在形で表現するほかないのであろう。さらに、彼は「これは特にパウロ的表現である。『この世は私にとって十字架につけられてきた』（すなわち私はこの世を責められたものと見なす）、そして『私はこの世にとって十字架につけられてきた』（すなわちこの世は私を責められたものと見なす）、このように我々はお互いに十字架につけ責める。[12)]」と現在形でいう。後で現在完了形でも書いてはいるが、ここでルターは現在お互いにそうしていると解しているようである。だがパウロはこの個所を現在完了形（estaurōtai）で書いている。回心という一回的出来事以来そのことがずっと続いていることを述べている。特に現在自分がそうしつつあることを述べているのではない。このようにパウロがアオリスト形、現在完了形で書いているところを現在形に変えたりしている。ここにルターの特色が出ている。つまり一回的に肉に対して死んだという事態――自我崩壊が不可欠だが――が欠けているのではあるまいか。

【注】

1）Luther's Works Vol. 26, 1963, 70頁Galatians 1,15～17（Concordia Publishing House Saint Louis)。さらに、「私は修道士であった時、修道院の規律の諸要求に従って生活するために大変な努力をした。……にもかかわらず良心は決して確かさに達しなかった。かえって常に疑いの中にあった。」(ibid Vol. 27, 1964, 13頁 Galatians 5,3) ともいう。

2）金子 晴勇『ルターの人間学』昭50, 388頁。律法から生じる罪の意識ゆえに人は不安になることに関連して、ルターがレビ記26,36の「ざわめく木の葉」を引いていることが取り上げられている。だがこの聖句は偶像崇拝のために町が廃墟になるとの警告としての言葉である。かくて少なくとも個人的な罪の意識のことをいっているのではない。イスラエルの国全体のことをいっている。社会的次元のことである。現実の敵の前で敵を恐れてのことである。そもそも律法は本来罪の意識を生じさせ人を不安にするようにと与えられているのではない。確かにパウロもローマ7,23以下で「罪の法則のとりこ」、「死に定められたこの体」という。しかしルターのように罪の意識に苦しめられている状況はどこにも感じられない。自己についてより客観的な見方をしているといえよう。パウロ自身も確かに「罪が生き返って、わたしは死にました。」（ローマ7,9以下）という。だが彼自身が回心前に罪の意識で苦しんだとはどこにも述べてはいないのである。

3）以上のような事情をもう少し細かく考えてみよう。神への恐れという出発点にある感覚は何らかの形でその後ずっと尾を引き、その人の考え方に本人が気付かぬような形においてさえも影響を与えることを考える時、神への恐れが出発点にあることは極めて重要なことである。ところでルターは修道院に入って後そこで安らぎを得たのであろうか。「律法を通して人の罪、死、神の怒りと審判……が彼に顕わになるとき、彼はいらいらしてつぶやき、その意志を憎む。……そこで彼は不可避的に神に対する憎しみと冒涜に陥る。……しかし罪と死が顕わにされた今、彼は神が存在しないことを願う。」(Luther's Works Vol.26, 313頁以下 Galatians 3,19) という。律法は神への憎しみをかきたてるのである。律法への恐れの下で自我が萎縮しつつ、なお自我がいかに健在であるかが分かる。神への恐れと神への憎しみとが表裏一体をなしている。パウロは律法が罪を顕わにするとはいっても、神への憎しみを生むとはいわない。この点に関連して次のようにいわれている（W. Nigg ; Heimliche Weisheit, 1959, 22頁)。修道院の壁は彼を神の雷鳴から保護しはしなかった。彼が読んだ最初のミサにおいて早々に聖なるものの恐怖が彼を貫き通ったので彼は言葉を終わりまで語りえなかった。彼の形而上学的な驚愕は一直線に神秘主義へと通じるような精神的状況を示している。以上である。ニッグはルターを神秘主義者として解釈しようとするのであるが、神への恐れが彼をそういう方向へと押しやったのである。こういう神への恐れは彼の修道士時代ばかりではなく、回心後においても続いているのである。

次に、P. Althaus ; Theologische Aufsaetze I, 1929, 113頁以下では大略次のようにいわれている。ルターは人間が隠れた奥義の下で震えるところではじめて現実的なまったき信仰が可能であることに関していかなる疑いをも許さない。神は永遠の恵みを永遠の怒りの下に隠す。以上である。これによると、人間が一度神の前で恐れおののきその後ではじめて信仰においてその恐れから解かれるのが彼にとって信仰となることが分かる。自我が自己の喪失を恐れて絶望しかけている時に――絶望してしまったのではない点が重要だが――キリストが助けにきて、というより自分の方からキリストを捕らえることによって助けられるという仕方で信仰は受け取られている。丁度これはアウグスティヌスにおいて自我が最初から肉欲に絡みつかれて、そのとりもちから解放されたいと思っているところへ医者なる神がキリストという薬を持って登場するという信仰の受け取り方と本質的には同じである。パウロの場合、信仰の自由はルターのいうような良心の自由ではなく、自我崩壊が契機となっているので存在の自由ともいうべきものであろう。また、W. v. Loewenich; Luthers Theologia Crucis 1954, 190頁では信仰は神の怒りを感じる場合、また再三再四感じる場合にのみ神の憐れみを経験するという。

さらに、D.L. Ihmels ; Die christliche Wahrheitsgewissheit, 1914, 18頁では次のようにいわれている。ルターは二重の意味で信仰を特徴づける。信仰は人の中で一定の内的経験なしには成立しない。罪、死、地獄の苦しき経験である。そこではじめて信じることが許されることが祝福となる。以上である。このような面を考えても、ルターでは神への恐れの前で自我が一度萎縮し、そしてそれがキリストにおける恵みにおいて解かれるという構造でキリスト信仰が受け止められていることは明らかであろう。ここより信仰とは良心における慰めであるという事態が顕わとなるのである。この点について次のようにいわれている（D. L. Ihmels ; ibid, 32頁)。神の言葉はそれが福音である限りにおいて恐れおののいた良心において、まさに律法を通してその他なる業を遂行したところの同じ神の言として証言されうるのである。以上である。同様の趣旨のことはG.Jacob; Der Gewissensbegriff in der Theologie Luthers, 1929, 9, 29, 36頁などにも示されている。「神の声は矢のように心の中に差し込まれ、良心を恐れさす。」、「罪を感じる良心は怒りを感じ、神が存しないことを望む。」、「キリスト教の宣教は臆病で悲しめる良心の慰めである。」など。

このように良心は律法の前でおののき、キリストの福音はそのおののいた良心を慰めるのである。ところで自我であるところの良心という人間的な場において律法が出てきたり、福音が現れてきたりするこのような信仰においては、良心は一回的にキリストによって勝ち取られるという事態は生じてはいないのである。したがって良心は種々の試みが来ることによって福音から引き離されるという事態も生じうるのである。

4）Luther's Works Vol. 26, 54頁。Galatians 1,7。さらに、「悪魔の策略によってあらゆる慰めとなるテキストが我々の目から消え、我々を唯脅かすテキストのみが我々を打ち倒すために現れるということが……」（同 114頁 Galatians 2,13）ともいう。

5）ibid, 120頁　Galatians 2,15

6）G. Jacob ; ibid, 38頁

7）「神の約束が、……信じる人々に与えられるようになるため」（ガラテヤ3,22）といわれる。ここで与えられるのは福音のことである。決して義が与えられるのではない。義はどこまでも「心で信じて義とされ」（ローマ10,10）とあるように、“義とされる”だけであり、義が与えられるのではない。義の「中」へ（eis dikaiosynēn）となっている。義という世界の中へ入れられることを含意していると思う。世という不義、罪の世界から義という聖別された世界へと入れられるのである。自己の側には義である根拠は何もないのであるから、義を持つことなどありえないのである。こうしてはじめて福音と律法との区別も明確となるのである。律法による義の場合は自分がその義を持つのである。eis dikaiosynēnという場合、eisということなので、信じる人よりもeisの後に来ているものの方が大きいと考えられる。例えばキリストを信じるという場合も、pisteuō eisというごとくである。こういう点から見ても、信じる人が義を持つのではない。反対に義によって持たれることになるのである。

8）D.R. Hermann ; Luthers These “Gerecht und Suender zugleich”, 1930, 21頁

9）D. C. E. Luthardt ; Die Ethik Luthers, 1875, 61頁

10）W. Nigg ; ibid, 29頁

11）Luther's Works Vol.27, 96頁以下　Galatians 5,24

12）ibid, 135頁　Galatians 6,14

第三節　受動的義の非受動的受け取り方

（a）義認の内容。以上においてルターの信仰を神への恐れの前でおののいた良心の慰めという方向から考えてきた。たとえキリストを信じていても、今までの論述からも分かるようにいつでも逆転の可能性がある。律法と神の怒りの復活である。罪の赦しが疑われ、信仰が否定されるような心境に陥る場合である。罪の重さゆえに神の恵みから漏れてしまうのではないかという不安である。キリストにおける福音が忘却されるという危機である。パウロは自己についてこういうことを語っているであろうか。パウロでは回心前のキリスト者迫害において、既に神から捨てられているともいえる。捨てられ尽くしたところから神の召命によっていわば復活させられているのである。かくて今更そういうルター的心配は無用なのである。そういう心配の彼方で生きているのである。ルターでは無とい

うことが負の有であるという事態を端的に示しているのである。

義とされることにおいては自らは決して何も持つのではない。そのように見なされるのみである。もし“持つ”とすれば、その限りそこには何らかの意味で行為的要素が混入していることとなろう。“見なされる”ことでは体験的、体験主義的要素は欠如しているといえる。義という点については何も体験するのではない。信じるということは自己自身が義に関する何かを体験することを含まないのである。たとえ受動的にさえ体験的要因を含まないといえよう。神が一人ひとりに赦しを分配するわけではない。イエス・キリストの出来事においていわば一括して赦したのである。後は各人がその出来事をそういう意味のある出来事として信じるか否かである。信じればその人も義と見なされるのである。神が各人に義を与えると考えるので、受動的体験という発想が生じるのではないかと思う。そこから神秘主義的要因が生じるのであろう。完全に受動的ではなくなるのである。その限り能動的とも考えうるであろう。このことは義人にして同時に罪人という理解や心に書かれた律法とのかかわりから不可避的に生じるともいいうるが、律法の下への再逆転において現れる良心と律法との結合のし易さなどとも一連の事柄である。

そこで良心はおののいてそこにのみ慰めのあるキリストの許に逃れようとするのである。ただ逃れようとしている自我が、たとえどんなに恐れの前で萎縮したにしても、残存している限り他なる受動的義の受け取り方が一概に受動的とばかりいい切れない面がありはしないかという疑問が出てこざるをえないのである。したがって本節ではこういう面からルターの信仰における人間の側での能動性の残存について考えてみたいと思う。

まず、彼の自我がキリストと律法の双方へと引かれていることはこれまでにも述べたが、こういう点についてはパウロ自身もローマ7,7以下において述べている。ただパウロでは25節でも分かるように自己自身からキリストへと目が転じられている。ここでの“転”ということは極めて大切である。これが曖昧であると、ルターでのように再逆転が生じるのである。こういう点から反省する時、ここでの「わたし」というものはルターでは良心という形をとって福音と律法の双方に対していわば中立的立場に立っているのであろう。そうであればこそそういう実存的状況を背景としていわゆる彼のいう義人にして同時に罪人ということがいわれるのであろう。その都度霊と一であったり、反対に罪と一であったりするのである。だからあるとき恵みの下にあると感じても、すぐに罪の支配下に堕ちていると感じて神への恐れに苛《さいな》まれるのであろう。こういう事情は回心後も霊の人としても罪が残存していることを現している。この点を考慮に入れると、部分的に義人――部分的に罪人、常に義人――常に罪人という理解[1]は大変興味深いのである。これも神への恐れが背景にあってのことであろう。だから新しい命が十全な意味では体験の対象にはなりえないという判断になるのであろう。こういう点で注意すべきことがある。すなわちイエスが「キリストの弟子だという理由で、あなたがたに一杯の水を飲ませてくれる者は、必ずその報いを受ける。」（マルコ9,41）といっていることである。動機を問題にさえしていないのである。余りにも動機を問題にして深く詮索しようとすることは、かえって人間中心的な、肉的行いとなるのである。神中心的とは人間の動機などは問題外となっているという要因を含む場合もあるということであろう。けれども罪人ということは現実的なことである。それに対して義人ということはあくまでルターにとってはいわば法的な次元のことであって、人間の現実の中に人が罪人であるということと同じほどの根拠をもっていないことである。したがって義人ということは人間の実存の中では罪人ということに力関係において対抗できないのである。罪人ということが現実である以上、こちらの方が強力であるほかないであろう。

さて、キリスト信仰には信仰とそこからの倫理という二面が考えられると思う。つまり義認とそれに相応しく聖化されるという面とである。こういう点について興味深いのは帰せられた他（fremd）なる義という考え方[2]である。帰せられたという表現（zugerechnet）からは我々の内へキリストの義が注がれているという印象は受けない。だが一方ではキリストを捕らえるとか持つという考え方をしている。信仰では信じて義とされるのであって、何も持ちはしないのである[3]。持つということは体による行いではないが、心による行いである。信じることは心による行いでさえない。例えば太平洋の彼方に米国があると信じることは心での行いではないが、米国へ行ってみたいと思うことは心の中での行いであろう。キリストの出来事の救済史的、客観的意味の確認が問題なのである。米国が太平洋の彼方にあることが客観的事実の確認の対象であるように。だから心の中での行いではない。一方、米国へ行ってみたいと思うことは客観的事実の確認ではない。その人の個人的欲求である。イエスも「みだらな思いで他人の妻を見る者はだれでも、既に心の中でその女を犯したのである。」（マタイ5,28）という。この言葉は心の中での行いを明確に示しているのである。義とされたいと思うことは個人的欲求である。キリストが個人的欲求の対象となっている。そこで心での行いとなる。行いとは基本的にって自己の何らかの欲求を満たすための動きであるからである。キリストの出来事によって人類全体の罪が償われたという事実をそうと考え、信じることはそれ自体としては個人的欲求ではない。客観的意味の確認である。極端ないい方をすれば、義とされたいという個人的欲求とは無関係のことである。しかしルターではキリストの義が一回的に信じた人の義と見なされるのではなくて、何回も与えられ最後に完成されるという全体的印象である。義が実態的に前進していくかに感じられる。確かにパウロもそういう趣旨のこともいっているであろう（ローマ6,6;13、第一コリント9,27、フィリピ1,11、3,21など）。しかし義が前進するとはいっていないし、考えてもいないであろう。一回的に義とされたのであるから、前進も後退もないのである。義は全体としていわば我々の勘定に既に入れられているのである。つまり義ということは二つの側面を持っているのである。宣言的側面と実態的側面と。パウロは前者について義とされるという。しかし後者については義とはいわないのではないのか。贖《あがな》われるその他のいい方をするのではないのか。例えば「体の贖《あがな》われることを、心の中でうめきながら待ち望んでいます。」（ローマ8,23）という。後者について義という見方をしないことは、自我崩壊から判断して我々自身の実態を密着して見ていないことと対応している。後者までをも義という点から見ると、義と“される”のではなくて、義と“ならされる”ということがその本質ということとなろう。信仰とは本質的にいってそうではないであろう。実態は義ではないのに義とされるのである。アブラハムでもそうであろう。根本的な次元で何か異質なものを感じるのである。

義ということはキリストにあるのであるから、原理的にいって我々の外にあるのである。そこで義と考えうるような要因が我々の内に現れた場合、それを信仰の対象であるキリストの義からのものと考えることも生じうるであろう。キリストの義が我々の内へいわば受肉していると受け止めるのである。もしそう考えるのであれば、それは問題である。そこにはキリストの義への固執が感じられるからである。ただ信じただけでは満足できていないのである。信じることにおいて人の側でのすべてが脱落していないのである。このことが背景にあるといえよう。かくて常にキリストにかかわっていないと不安なのである。たとえ一時的に我々への神の愛を信じて、自己愛を忘れえても、それは決して持続的状況ではないのである。失われる可能性のあることに過ぎないのである。人の心はいわば天国と地獄との間を行き来しているのであろう。こういう状況にあるので自己外のものとはいえ、キリストの義が自己の内に常に何らかの形で存していることが要請されるのであろう。義とされることとそれに基づいての在り方とをいわば一対一で連動させることは正しいのであろうか。信じて義とされることは一旦それで終結させることが必要であろう。このことは後ろに下がって胸を打ちながら自分は罪深いと告白した徴税人をイエスは称えている（ルカ18,11以下）ことにも現れている。実態における変化は別次元のこととして考えねばならないであろう。パウロもフィリピ2,5以下において変化をいっている。しかしパウロはここでもキリスト自身のことを称えている。またフィリピ2章では我々の義については何もいってはいない。キリストに倣うこととキリストによって与えられて義とされることとは別次元のこといえる。もっともイエスも木はその実によって知られる（ルカ6,44）という。かくて義とされることと変化とが全く別とはいえない。全く変化なしかと問われれば実は木によって知られると答え、変化が不可欠かと問われれば信じて義とされると答える。こういう二面性が信仰には不可欠といえよう。これこそ業による義に囚われない信仰による自由を表しているのである。キリストへの信仰による義が確立していてこそ取りうる態度といえよう。ルターの場合、回心での自我の確立という事態と関連して、業による義という考え方によって影のように付きまとわれているというほかないのである。

(b) 自我崩壊か萎縮か。パウロの場合には信仰と自我崩壊とが一なので、罪人であるということに対して拮抗しうるような実存的現実というものが自我崩壊という形で存しているのである。ルターでは神への恐れが極めて強く、いやがうえにも罪人ということに対して拮抗しうるごとき何かを実存的に求めざるをえなくなるのであろう。ここに彼はキリストと一体になるという方向、つまりキリスト神秘主義へと向かわざるをえなくなるのである。そしてそういう一体化において現実的な罪人たることに対しての対抗勢力を得ようとするのである。なぜなら罪を克服し、したがってその方ゆえに罪が帰されない方はキリストのみであるからである。ルターはこういう仕方で確かさを求めることになるのである。かくてこういうキリストへのかかわり方においては受け取る人間の側において能動性の残っていることは当然推測されることである。このことはキリストを捕らえるという考え方[4]にも現れるのである。人の側からの自己による義からキリストの義は免れているのは確かなことである。しかし次節で扱うキリストの義と自己の罪との交換という事態では自己がキリストを持つことになる。ただただ信じるというのではなくなる。持つ、あるいはそれと類似した表現ではそういう行いをすることが不可欠であろう。これは行いであるほかないであろう。何らかの意味での実態的変化を意味しているからである。たとえ与えられて持つにしても、そういう行いが必要である。パウロはどこかで実態的変化を伴う信仰によって義とされるといっているであろうか。こういう点については次のようにも指摘されている[5]。ルターにとって天に住まう（versari in caelo）ことは心においてキリストを持つことと同じである。同様に心における自己の感情の強調は、自己の感情の彼方にある、それに人が自己を固着させるところの言への指示と矛盾しない。感情とは外から、経験の領域の彼方から来るものとして把握されるところの言の実存的な自己化以外の何ものでもない。以上である。ここでも持つとか感じるとか自己化とかという人の側での行為が強調されている。パウロでは自己がキリストによって捕らえられているので、捕らえようとしているのである。ルターではもとより捕らえられているという事態は何らかの意味であるにしても、少なくともパウロの場合のように自我崩壊を契機としてキリストによって捕らえられているのではないであろう。パウロでは自我が崩壊するという仕方でキリストに対して開かれていることは同時にこの現実の世界に対しても開かれていることである。この世が神による被造物としてそういう性格を持って彼に迫ってくることを意味しているのである。したがっていわゆる神秘主義的仕方で不可視的世界へ逃避しようともしなくなるのである。真の意味でこの世の中で、この世の中へと生きることができるのである。

キリストという言を捕らえることによって恐れから逃れようとするのであれば、それは果たして完全な意味で信仰義認といいうるのであろうか。何らかの意味で自己義認という要素が入ってきているのではあるまいか。神の腕の中へ逃げるのが救いとも解されている。ここでいう神とはキリストのことであろうが、パウロは神の腕の中へ逃げるとかキリストへ逃げるとかという表現はしていない。逃げるという表現によって示されるキリストへのかかわり方は逃げようとする人の自我を前提としているのである。キリストによって捕らえられ、キリストに対して開かれていれば、逃げるというのは適切な表現ではないであろう。こういう形においても受動的義の非受動的受け取り方が見られるといえる。ルターでは良心の不安という契機があり、ここよりキリストへ逃れようとするのである。かくて信仰の対象は従来の神秘主義と異なってキリストではあるが、そのキリストへのかかわり方では人間主義的なるものが残っているといえよう。パウロでは受け取り方においても自我崩壊によって人間主義的なるものは廃絶されているのである。ルターの信仰はパウロに比すれば人間主義的信仰といわれても止むをえないであろう。パウロの信仰の内には自我崩壊によってルター的不安を克服する契機が含まれているのである。ルター的感覚ではキリスト信仰を通してキリスト自身の律法成就への参与を保持すると考えるのであろう。というのも信仰はキリストとの最深の生の交わりであり、キリスト信仰において我々の内での罪を覆うキリストの内在が達成されるからである。だがこれでは福音の下にあってもなお律法成就が問題となっている印象は避けがたいのである。キリストを信じることは律法を満たすための手段のごとき観がある。これはしかし正しくはないであろう。パウロはそういういい方はしないのではあるまいか。キリストにおける出来事を信じるというのみであろう。そこでの律法成就への参与というようなことはいわない。これは行為的要素を意味するであろう。キリストを把握するとか義の自己化とかという理解はパウロとは異なるであろう。パウロではむしろキリストによって持たれることが信仰である。キリストとの結合はルターではキリストを心に取り入れることだが、パウロではキリストによって捕らえられることであろう。人間とキリストとの結合の仕方においてパウロではキリストがイニシアティブを持っているが、ルターでは人間がそうであるといえよう。両者でキリストと人間との関係が逆である。

ルターでは確かに義は人の内的性質にはならないで帰されるものであろうが、そういう義の受け取り方は決して受動的ではないことが知られるのである。良心（自我）が回心の前後を通じての靭帯と考えうるが、このことはこういう受動的義の非受動的受け取り方と呼応しているのである。ルター的なこういう受け取り方ではパウロのいうような「今この時に義を示されたのは、御自分が正しい方であることを明らかにし、イエスを信じる者を義となさるためです。」（ローマ3,26）という義における神の第一義性が果たしてその十全な意味において受け取られているのであろうかという疑問が生じるのである。人間中心的受け取り方になると、神がまず義となったことを第一義的に受け取るのではなくて、人間が義とされるという人間的側面に重点をおく結果になってしまうであろう。だがその実そういう受け取り方は自我崩壊を欠いているので、人間的側面に重点をおくことになっていないことは誠に皮肉というほかないのである。神を神として第一義的に立てることと人間的側面の重視とは対応しているといえよう。パウロでいえば神が神となることとパウロがパウロになることとは一である。ところで義とするのは信仰における行為ではなくて内容であるとルターが考える点について次のように解されている6)。人格を中心に置く考察方法では信仰で把握されるキリストの保護、助けではなくて、神の気に入ろうとすることの根拠としての信仰という行為が中心と見なされる。その場合信仰者は義人となってしまい、義人にして同時に罪人ではなくなってしまう。この同時性は信仰の行為ではなく内容が義とする場合にのみ考えられる。以上である。このように信仰という行為ではなく、内容だというルター的主張はパウロの「心で信じて義とされ」（ローマ10,10）という考えと完全に合致するのであろうか。行為と内容とを分けて考えうるのであろうか。受け取ろうとする行為は何かを受け取ろうとする以上、論理的にはともかく事柄そのものとしては内容から切り離しては存しえないといわねばならないであろう。また受け取る行為が行為として考えられていること自体に問題がありはしないかと思う。特に神の気に入ろうとする行為として見られている点に。これでは信仰が律法的行為という観点から見られていることとなってしまうであろう。パウロの場合のように信仰という行為は自我崩壊と一であればそれはもはや行為として退けられねばならない行為ではないであろう。というよりもはや行為とはいいえないであろう。行為ならざる行為である。さらに、ルターでのように受け取る人間の能動性が残っている場合、そこで受け取られるキリストは果たして真に他者なるキリストか否かも同時に問題となるのである。ここで受けとられるキリストは真に他者なるキリストではなくて、人間の自我の内へと投影されたキリストであるほかないのではないかと思う。真に他者なるキリストは自我崩壊を契機として、すなわち人間的なるものの廃絶においてのみ受け取られうるのではないかと思う。

(c) キリストの把握。ここでルター的なキリストの把握についてもう少し考えてみよう。罪に対するキリストの勝利が信仰によって“把握”されるのである。パウロは信仰によって義とされるというのみである。「捕らえようと努めているのです。」(フィリピ3,12) とはいうが、これは特にキリストを捕らえようとしてではないであろう。「死者の中からの復活」(11節) を指しているのであろう。パウロのキリスト信仰は基本的にいってそういう自力的、行為的要素は持ち合わせていないであろう。また勝利を把握するごとき主体はもはや存しないのである。信仰することによって本来キリストに属している何かを持つのではない。人としての現実に変わりはないのである。ローマ7,7以下を見ても分かるように、罪や死の影は依然として消えてはいないのである。消えるのは終末においてである。ルターでは我々がキリストを捕らえることによって、キリストが神と我々との間の仲介をして我々の罪はいわば霧、煙幕によってのように、隠されているのである。罪はあってなきがごとくになるのである。ルター的には、人は信仰によってキリストという自己の外にある義を把握すると考えるのであろう。キリストに属す義を持続性はないがいわば分与されて、それを持つと考えるのであろう。律法、神への恐れによって試練に直面し、キリストの赦しに捕らえられるのである。捕らえられたり捕らえたりするところに、そういう二種の相反する行いの主体、客体として自我の存在が感じられるのである。確かにキリストの霊が人の内に宿って、人の内で働いている以上、義の根拠、少なくともその一部を自己が持っているともいえよう。そこでここから悔い改めが課されることともなるのであろう。確かにパウロも「ふさわしい」（フィリピ1,27）というが、これは課されるのとは異なるであろう。つまり義とされていることは確定した後の次のことであるからである。これら二つの事柄を連続させるのが人の自我である。その結果ルターのように福音の下から律法の下へと再び逆戻りすることも生じるのである。義認と聖化とを区別して考えることを可能とするのが信仰と一体の自我崩壊である。確かに持つということはいわゆる体を使っての何かの行為をするという意味での行いではない。ただパウロのいう“義とされる”に比すれば、持つということは自我的な働きであるという意味で行いであるといえよう。持つという積極的性格の表現はそう解釈できるであろう。持つ、捕らえるという積極的性格の意思表示がたとえいわゆる行為ではないとしても、他者からそういう解釈を受けることについても、ルター本人に責任があることは否めないであろう。パウロのように“義とされる”というのみであれば、そういう解釈もまた生じないであろう。パウロのように信じるということは持つということに比して自我的でないことは、信じることが霊によって惹起せられたことであるからである。持つということはルター自身がいうように自己がキリストを持つのであるから自我的である。その上、自我が萎縮から救われることがキリスト信仰と一の事態であるから、どこまでも自我ということは消えるわけではないであろう。これに比して信じることはパウロ自身においてそうであったように、自我崩壊と一の事態として生じている。信じることが自我崩壊と一たることは信じることにおいて自己を丸ごとキリストへ引き渡していることに現れている。自己が何かを信じるというには尽きない状況がここには出現している。またそうでない限り信じたことにはなってはいない。それに比して萎縮から立ち直るような場合、自己という基底はそのままでその上で何かが生じているという構造になっているのである[7)]。

こういう相違は最初にまず何よりも神への信頼があるか否かという問題ともかかわっている。そうである場合は自己のすべてを引き渡す可能性が最初から存している。そうでない場合はどこまでも神と自己という二という事態が持続するのである。前者のような場合と違い神による一というところへは至らないであろう。そういう状況へは終末へ向けて望み見る仕方以上には近づきえないであろう。前者の場合、今既にそうだという契機が存している。そしてそこから終末における神による一という事態の出現が望み見られているのである。そうでない限り現在的終末ということは厳密な意味では欠けることとなろう。パウロは何といっても最初から神を信じているので、律法精進を行いえたのである。アウグスティヌスでもルターでもいずれも、神と魂とを知りたいとか神への恐れが強いとか最初は疑問なり問うことが存している。こういう違いは最後まで消えることはないであろう。このように考えてみると、パウロの場合キリストと出会ってそのときはじめて自我崩壊が生じたのではなくて、神へのいわば盲目的ともいえる信頼に基づいた律法精進において自我は既に崩壊していた、あるいは未形成とも考えうるであろう。だからこそそういう過程において自己の律法精進について疑問を感じていなかったのであろう。最初から神への信頼が存している場合には、いわゆる自我は形成されないとも考えられる。なぜなら人格形成の過程において神信頼という形で当人を超えた人格的存在が常時入ってきているからである。そういう存在のことをまず考え、次にそれに応じて自己について考えるという順番になるからである。しかし神への恐れが強い場合には、逆に神のことを考えると同時にその神からの罰の到来を考えるので、神とは別個の存在としての自己のことを念頭におかざるをえないのであろう。かくてこの場合には自我の形成となるのであろう。ただパウロの回心直前の状態を考えると、神への信頼ということを他の人々、具体的にはキリスト信仰へと転じた人々との関係で徹底するという方向で自我が形成されてきていたと考えられる。もし仮に彼が一人で暮らしていれば、そういう形での自我形成はなかったであろう。ということは自我形成は自己と同じ立場、資格、状況にある他の人々とのかかわりの中でなされていくと考えられる。

では最後に次節への繋ぎとして、ルターでは義認と合一神秘主義とが即事的に同一であることについて考えておきたいと思う。この点については、本来の神秘主義への反対を逆説神秘主義的に、主キリストよ、汝はわが義、我は汝の罪と表現しており、ルターでは義認信仰は合一神秘主義なしには考えられないのであると解されている[8]。ところで従来の神秘主義に対する完全な反対としてルターの合一神秘主義を理解しうるのであろうか。彼にとっては信仰とは良心の慰めであり、受動的義の受け取り方が非受動的であることを考慮する時、こういう疑問は禁じえないのである。神秘主義的な合一の対象が直接に神ではない点では確かに完全な反対であるとはいいえても、その対象へのかかわり方ではそうはいいえないであろう。つまりルターのいう合一は人がキリストを捕らえるという仕方で考えられているので、対象へのかかわり方という点では従来の神秘主義と共通しているといえるであろう。このように考えてみると、ルターでの信仰義認は“信仰と業”による義認とも考えうるであろう。彼のいう“のみ”はまさに“と”、心の中での行為を含んでいるのである。しかしそういう信仰は軸足が良心という人間の側にあるままであって、信仰といってよいのかと思う。「神のことを思わず、人間のことを思っている。」（マタイ16,23）という言葉が当たりはしないかと感じざるをえないのである。それに比してパウロでは「心で信じて義とされ」るので、文字どおり信仰“のみ”による義認といえよう。かくて“のみ”は自我崩壊に対応しているといえよう。“と”は自我の確立と信仰との一という事態に対応しているのである。このように見てくると、ルターでの自我の萎縮はパウロでの自我崩壊とは異なっていることが知られる。かくてアウグスティヌスでは自我の崩れ、ルターでは自我の萎縮、パウロでは自我崩壊として区別する必要があると考えられるのである。

パウロでは受け取り方においても自我崩壊によって人間的色彩が廃絶されているので、ダマスコ途上でのキリスト顕現とか、「信仰に成熟した人たちの間では知恵を語ります。」（第一コリント2,6）とかという場合、神秘的信仰と呼ぶことは許されるとしても、神秘“主義”的信仰と呼ぶのは適切ではないであろう。なぜなら神秘“主義”ということはあくまで人間主義ということを含み、人間中心的色彩を内に蔵しているからである。

【注】

1）Adolf Hamel ; ibid, 78頁以下。partim justus-partim peccator
semper justus-semper peccator

2）Karl-Heinz zur Muehlen ; Nos Extra Nos, 1972, 189頁。キリスト自身が我々のものにな

るとさえいわれている。パウロでは「キリストがわたしの内に生きておられるのです。」（ガラテヤ2,20）とはいうが、キリストが我々のものになるとはいわない。なぜならこの場合ルター的な信仰の在り方を前提とした時には、我々という主体がキリストとは別に生き続けていることとなるからである。キリストの義が我々の内で固有な義の基礎、根源として現実的になるということは許容しうるであろうが。

3）eis dikaiosynēn（ローマ10,10）とあることは前にpisteuōがついていることからしても、義を信じるとの意であろう。いずれにしても何も持ちはしないのである。

4）「誰でも信仰によってキリストを把握する者はどんなに律法によって恐れさせられ、罪の重荷によって圧迫されても、自分が義であると誇る権利を持つ。」（Luther's Works Vol.26, 89頁　Galatians 2,4以下）という。彼は義は受動的といいつつ、その義の受け取り方においては決して受動的ではない。キリストを把握するということは自己の側での何らかの能動性が残存していることを示す。

さらに　christo adhaerere（cling to）W. A. 40. 6. 22.
Christum apprehendere（take hold of）W. A. 40.20.14 ; 27. 14 ; 28. 4.
Christum retinere（keep）W. A. 40. 20. 19.

5）G. Jacob ; ibid, 48頁。同様の趣旨のことは以下においてもいわれている。

D. L. Ihmels ; ibid, 23頁。あなたはただあなたの心の中へとこの言をのみ捕らえよ。すなわちキリストはあなたに救いの説教を送った。これこそあらゆるものに対しての救いであり、勝利である。

H. J. Iwand ; Rechtfertigungslehre und Christusglaube, 1966, 82頁以下。罪認識の特性は人が自己の人間的本性の内に善への制約を見いだすことの内にある。自己の悲惨を認識する人間をいかなるものも当人が神の腕の中へ逃げるのを抑制しえない。

D. C. E. Luthardt ; ibid, 32頁以下。この信仰が信じるところのものをそれは所有する。信仰とはキリストとの結合であり、キリストを心の中へと受容することである。信仰がキリストを把握して罪の赦しを自己化し、神の目において我々を新しいものにする。かくて我々の慰めとなるのは注入された義ではなく、帰せられた義であり、内的性質ではなく、我々の外なる義である。信仰はキリストとその霊を我々の心の内へ運び入れるので、新しい生命である。

6）H. J. Iwand ; ibid, 40頁

7）もっとも、ルターによって「肉による子供が神の子供なのではなく、約束に従って生まれる子供が、子孫と見なされるのです。」（ローマ9,8）という聖句が引かれている（M. Luther ; Kommentar, 162頁）。logizestai eis spermaという。見なされるのである。キリストを信じて義とされるのも同じことであろう。内容的には同じ事柄を指しているからである。義を持つわけではないのと同様に、6節以下を見てもイスラエル人以外の者もそう見なされるのである。イスラエル人になるのではないのである。どこまでも肉による子供が神の子供ではないのである。これは信仰の一般論として受け取りうるであろう。またガラテヤ3,27、ロー

マ13,14、エフェソ4,24などで「キリストを着る」または類似の表現をパウロはしているが、それが取り上げられ、これは義、真理、恵みそして全律法の成就を着ることを意味するという（ibid, 159頁）。これはこれでもよいと思う。ガラテヤ書では受洗でキリストに結ばれていることがキリストを着ることである。ローマ書では肉に心を用いないことがキリストを着ることである。エフェソ書では正しく清い生活を送ることである。後二者ではキリストを着るとは倫理的生活面のことを内容としては指している。着物として着るということなので外面的なことを指していると考えるのが適切であろう。

8）P. Althaus ; ibid, 84頁

さらに、W. Nigg ; ibid , 30頁以下では義認は形式的教義として機械的に真似されれば人を通例怠惰な無思慮へ導くが、緊張を持った体験として経験されれば義認は多数の糸を神秘主義と結合するという。

第四節　ルターにおける神秘主義

（a）合一神秘主義の成立。本節では良心の慰めとしての信仰、受動的義の非受動的受け取り方に応じたキリスト神秘主義について考えたい。

まず、「キリストがわたしの内に生きておられるのです。」（ガラテヤ2,20）とあるように、キリスト者の生命がその内に生きるキリストの生命であるには、我々は取り壊され（abbrechen）、砕かれ（zerschlagen）ねばならないとルター自身がいう[1)]。パウロの場合そうだといいうるが、ルターでは必ずしもそうではないであろう。萎縮する過程がどこまで進んでもそういう事態には至らないであろうからである。そこで義認ということについても一回的というわけにはいかなくなるのであろう。更新される必要がでてくるのであろう。聖化との区別が曖昧になるであろう。取り壊されてはじめて先の聖句のようにいいうるのである。そこでルターではキリストは教会の頭なので我々がキリストの中にいるとはいいえても、我々の一人ひとりについて先の聖句のようにはいいえないであろう。キリストと我々という二元はそのままであろう。そこでたとえ自己がキリストに属すと考えても、またそのことによって罪に属すものが取り除かれても、義に属すよ

うなものはキリストのものである。かくて罪と義との交換が必要となる。ルターの場合にはキリストが内で生きているとはいいえないであろう。キリストがいわば小キリストという一個の人格的存在として彼という存在の内へ引っ越してきているのではないであろうから。この点はキリストが薬として観念されているという事実にも現れる。キリストの義を是非とも自己化せねばならないのである。さもないと地獄へ再転落するのであるから。ここに無理が生じるのである。別々であるにもかかわらず、どうしてもそれでは不都合なのである。キリストは罪なし、我々は罪あり、こういう根本的相違を考えると、そうであればこそ益々キリストの義の自己化を迫られるのである。自己化を現実にすることを退けることはできないのである。キリストと自己とを是非とも一体的に考えたいという欲求が渦巻くのである。各々を固有なものとして考ええないのである。義の根拠、義とされる希望は自己の外のキリストの方にあることはいうまでもないことである。自我崩壊が信仰の契機となっていれば自己化のような契機は不必要である。したがってそういうことを思いつくこともないであろう。かくてルターではこのことは自我の確立と信仰とが一である事態を反映しているのである。

さて、ルターでは神秘主義的傾向は次第に背景へと退いてはいくが消えてしまうのではない。従来の神秘主義を、新プラトニズム的中世的なものであれドイツ神秘主義であれ、退けようとしているのであるから、内容的に同じものが連続することはない。直接的、神秘主義的仕方で神にかかわろうとすることは退けられている。神に代わりキリストが登場する。受動的義の非受動的受け取り方に応じてキリストを捕らえる捕らえ方において神秘主義的なるものが残っているのである。そういう意味で後期においても神秘主義的なる要因の連続を見いだしうると思う。ルターにおける合一は永遠の根底の中への安らいだ没入ではなくて神の聖さと憐れみによって奪い去られることである[2)]。かくてルターでの神秘主義は中世的なそれやドイツ神秘主義とは基本的に異なっていることが理解される。これらの神秘主義は結局は神に対して直接にかかわろうとしている立場である。またそのかかわり方は当然神秘主義的である。一方、ルターではかかわる対象が直接に神ではなくて、キリストである。しかるに結論的にいえばかかわり方は、パウロの場合のように自我崩壊してはいないので、そのことに応じて神秘

“主義”的である。これに対してパウロでは自我崩壊によってかかわる対象も直接に神ではなくてキリストである。同時にかかわり方においても神秘主義的仕方は廃絶されている。このように考えてくると、第一の中世的神秘主義は端的に神秘主義と、第二のものはキリスト神秘主義、あるいは信仰神秘主義と、そして第三のものは神秘主義という表現は避けてパウロの言葉をそのまま借りて「キリストが私の内にある」信仰、あるいは強いていえばキリスト秘（神と主義とを外して）というべきであろう。

では、ルターはどういうところから合一へと進むのであろうか。その動機について、キリスト者は罪であると共に義であるが、事実においては罪人で希望において義人であるという事情よりであると解されている[3)]。このようにルターでは義の受け取り方において自我崩壊が欠如しているので、義人ということは希望としてしか受け取りえないのである。恩寵の現実性は約束といういわば実存の外にのみあるわけである。したがってこれだけでは事実としての罪の現実性に対抗できないこととなろう。彼のいう不確かさや不安を解消さすためには不可避的に実態的なものを求めることとなるのである。キリストによって捕らえられている（フィリピ3,12）という根底がないと、このようになり信仰は業という性格を持つこととなろう。カトリックの業による義は退けたが、彼自身新たなる業による義へ落ち込んでいるのではあるまいか。捕らえるという心での行為がないと信じたことにならない。かくてそういう信仰によっては義とされない。信仰には捕らえるという行為が不可欠なので、信仰は業という性格を持たざるをえないであろう。ここより彼はキリストとの一つのケーキ（ein Kuchen）というキリスト神秘主義へと逃れていくのである。彼にとっては恩寵の現実性が約束でしかないので文字どおりの罪の現実性に対抗できないところから生じたところの補完物であるともいいうるであろう。こういう消息について、良心と共なる一つのケーキを形成する言の内にあることとは地獄、サタン、さらには神さえも突き倒しえないところの力の内にあることであると解されている[4)]。これによるとケーキということは少なくとも結果的にはサタンなどの彼の良心を責めるものから逃れるためのものであることが分かる[5)]。要は神の裁きから逃れるためにキリストの許に逃れるのである。キリストとの結合が強いほどより効果的となるであろう。薬という発想がでてくるゆえんである。常に裁きへの不安があるので、常にキリストの許に逃れねばならないのである。そしてこの逃れることの極致が合一神秘主義である。ここにおいてのみ不安からの良心の安らぎがあるのである。キリストとの一つのケーキということこそルターの信仰の究極であろう。こういう神秘主義が欠如している場合はキリストと自己とは別々の存在なので、良心は律法の下にあり、常に不安によって脅やかされているのである。かくてこういう神秘主義は彼にとっては不可欠のものである。

この場合キリストとの一つのケーキというときの“との”（mit）ということが興味深いのである。ギリシャ語ではsynであるが、パウロは“キリストと共に”ともいうが、“キリストの内に”（en Christō）という表現も多い。パウロではキリストが到来して自我崩壊しているのに対して、ルターでは自分の方からキリストを捕らえようとしている。その結果“共に”という表象になると考えられるのである。結びつきの方向が逆であるともいいうるであろう。こういう状況は信仰が自我の確立と一か自我崩壊と一かの相違に呼応しているのである。このように考えてみると、合一神秘主義が義認のためのものである限り、ルターでの信仰義認はパウロに比すれば自己義認という性格を残しているといいうるであろう。捕らえるという心の中での行為なしには信じたことにはならないのである。そういう意味での行為なしの信仰は空虚な信仰であって現実的ではないのである。かくて捕らえるという行為が不可欠な信仰によってということは、何らかの意味で業によってということを含まざるをえなくなるのである。さらに、『キリスト者の自由』第12節によれば、信仰においてキリストと一体になることにおいてキリストとの間で交換と取り合いが始まり、自分の罪がキリストのものになり、逆にキリストの義が自分のものになることをルターは述べている。ここで彼はエフェソ5,30を引用して義認を論じているが、パウロはこれを厳密な意味では義認の関連で述べてはいないのである。現実的、倫理的実践の関連で述べている。主につくものは主の霊と一になるとは内実的にはルター的な神秘主義ではなくて、主の苦しみの欠けたところを満たしているという事態と対応していると思う。実態的な信仰の保証を何も持たずとも、自分が義とされていると信じうるほどパウロの信仰は徹底している。自我崩壊した信仰はルター的不安を除く契機をそれ自体の内に含んでいるのである。こういう点から振り返ってみても、神の裁きから逃れるための合一神秘主義という彼の信仰の性格がよく出ていると思われるのである。

（b）合一神秘主義の内容。では最後に彼の合一神秘主義において与えられるところの新しき生命とはどういう性格のものか、つまり真に人間の側での完全否定を通っての肯定へ達したものか否かについて考えてみたい。まず次のように解されている[6)]。救いの確かさを神の約束に基づかせるので、あらゆる意識神学に対して境界線が引かれる。約束の把握の内に救いの確かさがあるが、それは合一を通して我々のものになる。合一において自我（Selbst）はなくなるのではなくて、反対にキリストと信者との間での罪と義との交換が遂行されて、その生成、消失、新たな誕生を持つのである。以上である。自我が存している限り、どうしてもこのように業による義という性格が生じてくるのである。真の意味では他力的にはなりえないのであろう。ただ信じるだけでは自我が不安を感じるからであろう。そこでそこから何らかの仕方での心での行為、自力へと赴くのであろう。自我が新たに生まれる——これは良心が福音の下から律法の下に転落し、そこから再度福音の下に帰ることに呼応している——という理解がなされるところに、ルターにおいて自我崩壊という人間側での一回的否定が媒介されていないという事実が反映されているように思われるのである。かくてその言葉の意味内容にもよるが、一種の意識神学という性格を残すこととなろう。

ルターは「イエスよ、あなたは私の義だ、そして私はあなたの罪だ、そこで私は罪を私の良心から追い出しうる、そうでなければ決してできない。」という[7)]。こういう考えはパウロとは異なっている。「御自分が正しい方であることを明らかにし」（ローマ3,26）という。かくてここでの義は神のものであって私のものにはならない。それ以上に納得できないのは“私はあなたの罪だ”という考えである。確かにキリストは人の罪を負ったのは事実である。しかしこれは人類全体の罪ということであって、個々人の罪をではない。にもかかわらずそれを個別化して自己の罪と考えている。確かに間接的には自己の罪も人類全体の罪に含まれていることは事実であろう。パウロもこういう広い視野での告白をしている。

例えばローマ5,12以下において個々人の決断以前でのイエス・キリストの恵みがいわれている。しかしローマ7章でも自己の罪の告白はしているが、その罪をあなたの罪とは呼んではいない。やはりキリストの義はキリストの義であり、自己の罪は自己の罪なのである。“良心から罪を追い出す”という。これも薬という発想と連なっている。キリストが現実の自己の心の中での働きとして見られている。自己の罪をキリストへと持っていくところに、罪が現実になくなるわけではないのに罪がなくなるかのような偽りが入り込まないのであろうか。そうではなく、罪があるままでキリストを見上げ、信じることにおいて義とされるのである。かくて罪があるままであるということを認めて心安きを得るのである。“私があなたの罪”という考えでは自己の罪は除かれているという印象を受けるのである。先に挙げたエフェソ5,30においても、また同じエフェソ2,14以下やローマ8,32以下においても、義と罪との交換、あるいはそういうことを連想させるごときことはいわれてはいない。エフェソ2,16においても敵意を十字架にかけて滅ぼしたというのみである。これはキリストの受肉と死、復活の結果といえる。人類は全体として一括的に可能的には義とされているのである。個々人の罪について述べてはいない。信じて義とされるのであって何も交換するのではない。我々が罪人であることは少しも変わらないのである。「わたしが今、肉において生きているのは、わたしを愛し、わたしのために身を献げられた神の子に対する信仰によるものです。」（ガラテヤ2,20）という。ここでは自分個人に関する言葉で書いている。しかしここでも“信仰による”となっている。どこまでもキリストの出来事をそれ相応の意味のあることとして信じる信仰がすべてなのである。もっとも信仰は実存的なものなので、結果的には“私のため”ということは当然いいうる。

さらに、ローマ7章も実存的であるが、交換という発想はどこにもないのである。キリストが我々の罪ある人格を引き受けるとか、罪に打ち勝った人格を我々に与えるとか、そういう発想はパウロには見られない。もっとも「天から与えられる住みかを上に着たいからです。」（第二コリント5,4）とはいっているが、これは義認の関連でいっているのではない[8)]。先のような発想はやはり自我の確立と信仰との一という事態より由来しているのであろう。自己とキリストとを交換

9）という仕方で直接的に結び付けようとすることは自我の働きによるといえる。キリストと自己とを切り離した上で、キリストの出来事を感謝するところに自我崩壊が反映するのである。ということは自己（内なるキリスト）は自己として自立、自律していることを現している。キリストと直接的に結合してはじめて立ちえているのは真に自己が確立できていないことを現している。自立できているところまで行かなくては真に自律しているとはいいえないであろう。信じるということは自律的働きといえる。たとえそれが神の導きによると信じられているにしても、キリストの出来事がこれこれの意味を持つと信じることは太平洋の彼方に米国があると信じるのと一脈通じている面があるであろう。なぜなら共に各人の主観的判断を超えた客観的事実の確認であるからである。何事につけ信じたときには既にその事柄は信じることによって当人の心からは消えているというモティーフが生じているといえる。消えているからこそかえって当人の心に対応しうるものになっているのである。つまり信じることによって自己の心はその事柄の上に出ているといえる。かくてこそそこには自由があるといえる。キリストの出来事はそういう出来事として与えられている。しかしキリスト自身はその出来事を超えて今は天におられるのである。そこでその出来事をキリスト自身と同じ比重で受け止める必要はない。キリストが天にいるように、その出来事を信じるという道を経て我々の心も天にあることもできるのである。キリストの出来事は確かに神の子の受肉として大切であるが、そのことが信じられてしまったら、信じた当人に対してはその役目を終わっているともいえる。心は自由に飛翔しているのである。かくてこのように考えてみると、キリストの出来事と信じた当人とは密着していないといえる。信じていなければ何の関係もない。だが信じても密着した関係ではない。しかしルター的信仰では“私はキリストの罪”ということであれば密着している。大いに異なっているといえる。

ルターでは人間的なるものが残存しているので、こういうパウロ的仕方での虚無の克服は不可能であろう。ルターでは良心の萎縮が信仰の前提であるが、自我崩壊を通ってはいない。そこでたとえ人間的には萎縮からどれほど激烈な反応が生じても、虚無そのものと一ではない。かくて虚無にあってこういう萎縮に何の意味ありやと問うとき、ルター的萎縮——信仰という図式は無意味なものになってしまうのである。もとよりルターはまさにルターとしてこの現実の世界に対して開かれているといえるであろう。しかしパウロでのように徹底していないことはローマ1,19以下の解釈などにも現れてくる。自我崩壊した信仰では人は世界に対して開かれているが、逆に世界に対して開かれているからといって自我崩壊しているとはいえない。なぜなら世界に対して開かれることは多義的でありうるからである。世界がリアルな性格を持って迫ってくることが少なければ、それだけそういう信仰は人間主義的、体験主義的、神秘主義的要素を残しているのである。そういう意味ではパウロの信仰はまさにイエス・キリスト――リアリズム、信仰――リアリズムともいうべきものであろう。ここでなぜあえてイエスという語を入れるかといえば、地上の史的なイエスが我が救い主キリストであると信じるのが信仰である以上、キリスト――リアリズムというと復活のキリストが一方的に強調される危険があるのでそれを避けるためである。決してもはや人間主義的色彩を残している神秘"主義"という語をもってパウロの信仰を特徴づけるべきではないであろう。信仰神秘主義、キリスト神秘主義という表現はルターには適切であろう。なぜならそういう表現は人間の側に重点をおいた表現であり、しかも事実ルターでは人間主義的色彩を残しているからである。パウロではキリストの側に中心があるであろう。信じる主体としての人間ではなくて、信じる対象――これは同時に信仰における主体でもあるが――に中心があるといえよう。しかもこうしてはじめて人間の側にも重点をおいたこととなるのである。またパウロを信仰神秘主義と解する人はパウロとルターとは基本的には軌を一にしていると考える。本稿においてそうではないとする解釈もありうることがいくらかでも理解されたかと思う。パウロを神秘主義的に解する人はパウロがそうなのではなくて、自己自身がそうであることを露呈しているのである。その限りパウロに対して不当な読み込みをしているのである。その上、信仰神秘主義というと、信仰においてキリストに対して開かれる面と現実の世界に対して開かれる面とのうち、前者を特に重視して第一次的に扱うこととなろう。その実キリストに対して開かれているのではないのであるが。いずれにしろそういうところから二次的に世界にかかわるという仕方で考えることとなろう。だがパウロでは自我崩壊において両者に対して同時に開かれている。そこでそのような二段階的仕方で考えることは即事的ではないのである。神秘主義のようにこの世から出て行って、次にこの世へ帰ってくるという回り道は取らない。こういう回り道は真にこの世へ入っていく道ではないのである。なぜならこの世から逃れようとする自我は真に逃れ切っていないので、常に逃れようとしていなければならないからである。上昇と下降、往と還という仕方でキリストと世界へのかかわりは考えられているのではない。もしそうならなおそこには自我中心的性格が残っているのである。こういう意味でも信仰神秘主義という表現はパウロには当てはまらないであろう。

従来のカトリックの立場からすれば、キリスト教史上その神学的立場が最もパウロに近いと考えられるのはアウグスティヌスである。またプロテスタントの立場からはそれはルターである。ルターはアウグスティヌスにおいて入ってきた新プラトニズム的傾向を排除して、再びパウロ的立場にキリスト教を引き戻したと考えられるのが通例である。確かにルターはそれまでのカトリック神学に入って来ていた人間主義的、自然神学的、神秘主義的、思弁的傾向を克服していると思われる。だがそういう傾向が完全には廃絶されていないことが本稿においていくらかでも示されたのではないかと思う。否、それればかりではなく、ルターにおいては基本的には自我、彼における良心が神の恐れの前で萎縮して、その萎縮からキリストへと逃れ良心が解放されるのが信仰である以上、その信仰は良心の慰めという性格を有しているのである。これはアウグスティヌスが肉欲というとりもちから解放されて、後に「私たちの心は、あなたのうちに憩うまで、安らぎを得ることができないのです。」（Conf I, I -1-1）と告白している消息と極めて類似した様相を呈していると考えねばならないのである。一方、パウロでは彼の自我がそこへ依拠していた律法精進の立場が崩壊して、彼の自我そのものが崩壊しているのである。良心（自我）というような人間的な場を前提としてその上でキリストが受け取られている信仰とはその根本において趣を異にしているのである。こういう事情は受動的義の受け取り方の相違にも現われることは述べたとおりである。ルターではそれはキリストを捕らえるという形で、つまり受け取る人間の側での何らかの意味での能動性を前提として考えられている。パウロでは自我崩壊において彼が「キリスト・イエスに捕らえられている」（フィリピ3,12）と表明している仕方で、この義は受け取られている。このようにパウロでは義が受動的であるのみでなく、その義の受け取り方までも受動的であるといわねばならないのである。

こういう性格のルター的信仰は神秘主義とどうかかわるのであろうか。そもそも神秘主義とは人間が思弁的にこの可視的な恒常なき世界に対して不可視的な永遠の実在的世界を構想し、その世界に対してかかわろうとするそのかかわり方であろう。かくて神秘主義は元来思弁的なものと関係しているのが通例であり、これらは共に人間の側での能動的な理性とか知性に基づいている人間の活動である。かくてルターは信仰によってのみというその信仰の立場より、そういう神秘主義の立場を退けようとするのは当然であろう。新プラトニズム的、中世的な神秘主義をも、また彼がより好意をもっているところのドイツ神秘主義をも否定していくのである。しかしこういう否定においてルターは完全にそのことを遂行しえたのであろうか。かかわりの対象として神を直接的には考えないという点では確かにそういいうるであろう。だがかかわり方においてもそうであろうか。彼の場合良心の慰めはキリストにのみあるので、必然的、論理的帰結としてキリストを捕らえねばならず、逆にキリストから離れれば律法の下に逆戻りするのである。そこで彼にとってキリストとの一つのケーキというキリストへの関係は彼の信仰の真髄を示すものであろう。ルターでも対象が神からキリストに代わっている点で確かに信仰といえよう。だが一方、かかわり方ではキリストを自己の側での何らかの意味での能動性に基づいて捕らえようとしている限り、それはやはり人間主義、体験主義、神秘主義の色彩を残しているといえよう。かくてルターの信仰はまさに信仰神秘主義、キリスト神秘主義という特徴づけが当てはまると思われる。これに対してパウロでは受け取り方においても人間主義が廃絶されているので、そういう特徴づけは非即事的と判断されるのである。異なったものに同じ名称を使うのは正しいことではないであろう。かくてパウロの場合、人間主義の完全廃絶と表裏一体のキリスト信仰であり、またそれが同時に恒常なき可視的世界に現実性を与えているのである。「被造物も、いつか滅びへの隷属から解放されて、神の子供たちの栄光に輝く自由にあずかれるからです。」（ローマ8,21）と彼は告白している。実に彼の信仰は壮大な叙事詩でもある。

【注】

1）M. Luther ; Kommentar, 193頁

2）P. Althaus ; ibid, 90頁

さらに、E. Vogelsang ; Die unio mystica bei Luther, 1938, 74頁では神秘主義的な合一は人格的個別性の消滅において頂点に達するのに対し、ルターでは創造および救済において個別的な自我は神の前に有意義として存立したままであるという。

3）D. R. Hermann ; ibid, 20頁

さらに、H.J. Iwand; ibid, 84頁では次のようにいわれている。恩寵が唯一の可能性として認識されるところでは恩寵は現実性である。その際それが可能性として留まっているということはただこの現実性が約束の内に求められるべきことを示す。ここでは恩寵という観点から同じ事情がいわれている。

4）G. Jacob ; ibid, 44頁

5）W. A. 40.1; 284. 26以下 ; 235. 6; 290. 10; 545. 5.

さらに、H. J. Iwand ; ibid, 109頁では次のようにいわれている。神が我々の内でその裁きを行なうと同時に、神は我々の傍らに表象的に明白に立っている。そこで我々の恐れさせられた心は神の前にあって神の中へと逃げることができる。以上である。これによると恐れからキリストへと逃げるのである。

6）H. J. Iwand ; ibid, 108頁

7）M. Luther ; Magnifikat, 153頁

8）このことに関連するが、前節注7）でも挙げたガラテヤ3,27、ローマ13,14、エフェソ4,24などでのキリストを着ることはキリスト者であること、それにふさわしく生きることを各々の状況での霊の発露としていっているのである。ルターの意図するようなことがいわれているわけではないであろう。

9）罪と義との交換ということに関して、胎児と母体との一人格における対立と融合が挙げられ子をはらんだ母は分離できない一人格において第二の人格を持ち、それは同時に合一である共同であると解されている（E. Vogelsang ; ibid, 79頁）。母子の関係にたとえられている。これは極めて注目すべきことである。ルター的発想の特徴を簡潔に示している。すなわち母と子とは相互に直接的生命において結合している。決して他方の死を媒介して結合しているのではない。ルター的信仰において人間の側での完全否定を媒介していないことを暗示しているのである。交換において受動的義が持たれるのである。義が交換においてこちらへ来ると理解する点が問題であろう。パウロではそうではない。こちらへ来てはいない。パウロはキリストが私の内で生きているとか、我々がキリストの内で生きるとかとはいうが、私がキリストの義を持つとはいわない。私が主体となっているようないい方はしていない点が異なっている。この点は極めて重大な相違である。ガラテヤ2,20において私とはキリストと相互的、交互的人格的関係にあるものではないのである。相互的人格性ということはキリストから離れた、離れうる人格としての自己、自我がなお生きていることを反映しているのである。

もっともパウロは「キリストにあって」(en Christō) ということをよくいうが、これはごく一般的意味でいっている。そこで罪との交換で受けた義というルター的意味での「キリストがわたしの内に生きておられるのです。」と対応しているのではないであろう。パウロ的意味でのこの聖句は自我崩壊を契機としている、人間的なるものの完全否定を媒介した信仰を意味している。そうしてキリストが真にリアルなものとして受け止められている。そしてこれはこのことだけに留まらない。この可視的、現実的世界が神の被造物としてそのリアルな意味を持ってキリスト者に迫ってくるのである。パウロの「信仰に成熟した人たちの間では知恵を語ります。」(第一コリント2,6) という聖句とか、ダマスコ途上でのキリスト顕現とかの場合はキリストに対して自己が開かれているのであり、こうしてはじめて人間も世界も無の中に差し掛けられた存在としての虚無的性格を剥奪されるのである。ここにはじめて虚無の克服が成立するのである。ローマ8,19はこのような消息を示している。またローマ1,19以下もこういう背景から解釈されるべきであろう。トマス的な自然神学でのように直接的な宇宙論的な神証明とも、ルターでのように被造物からの神証明は人間の業による義であるとも解すべきではないであろう。両者共に否定を媒介した肯定の立場に立っていないといわねばならない。当時パウロが地中海世界全体に福音を宣べ伝えようとしていたことも、世界が神によって創造されたものであるという感覚を背景としているであろう。

補遺　従来の神秘主義の克服

(一) 信仰における人間主義の否定

(a) 人間主義の否定。ルター固有の神秘主義については論じたが、ここでは従来の神秘主義の否定について見ておきたいと思う。ルター的神秘主義への批判に対して、カトリックや従来の神秘主義批判に現れたルターの立場に対する批判という意味を持つこととなるであろう。西洋のキリスト教史において新プラトニズムがアウグスティヌスにおいて入ってきて以来、そのような傾向がずっと尾を引いているのである。そこで彼にとってそういう傾向の克服は重要な課題であった。また彼にとって従来の神秘主義の克服は信仰における人間主義の否定ということと呼応したことであった。かくてこういう点についてまず考えてみなければならない。このような人間主義の否定ということは彼の生きていた時代的状況を考えれば、カトリックとの対決という形をとっていることはいうまでもないことである。彼はカトリック的な資質（habitus）という考え方や業による義を退けている[1]。業ということはカトリックの教義によれば確かに資質（habitus）を増大させ、またそれは功徳（meritum）という意味を持っているのであるから、信仰によってのみ義とされるというパウロの立場に立ち返って、このような考えを退けるのは当然であろう。業を退けること自体はカトリックとの対決から由来することとしてよく理解しうるとしても、それに関連して常に義とされることを請い求めるという点については、直ちにそれを全面的真理としてまったく疑問なしとはいかないのである。

確かにパウロも「五体を義のための道具として神に捧げなさい。」（ローマ6,13）といっているが、彼は自己が救われ義とされていることを確信していたと思う。ルターの場合、神への恐れが強いのでサタンの策略ではあろうが、キリストさえもが救い主とは見えなくなる時さえ生じる。この際地獄行きさえ覚悟するのがもっとも信仰的と感じても不思議はない。かくてルターではたとえ自己が救われていると信じていたとしても、その意味内容はパウロの場合とはかなり異質ではないかと感じられるのである。こういう状況では神への恐れを忘れることは生じにくいとは考えられるが、必ずしもそうとばかりはいかない。場合によっては皮肉にもそういう事態が起こってしまうのである。既に救いを把握してしまったと思い込むという考え違いが生じるのである。こういうことがあってはならないのである。こういう状況はカトリックとの対決という面に限って考えれば正しいとしても、そこに現れた考えそれ自体として見るときにはやはり問題なしとはいかないのである。なぜならルター的見方によると、主を恐れて常に目覚めているか、あるいは逆に既に捕らえたと思い眠っているかという二元的対立という図式で考えることになるが、眠らないという契機と既に把握したという契機とは二つ共に真の信仰においては保持されていなければならないからである。ルター的二者択一はかえって彼と彼が批判している者も結局同一の場に立っているのではないかと感じさせるのである。確かにルターについては、キリスト者を途上にある存在として把握するのであらゆる既知のものを捨て日毎に悔いるとか、既達のものを越えて限りなく前進するとかと解されている[2)]。確かにどこまでも前進するという契機は信仰には不可欠であろう。だが反対に一回的契機も不可欠であろう。さもなくば「心で信じて義とされ、口で公に言い表して救われる」（ローマ10,10）ということにならないであろう。「生きているのは、もはやわたしではありません。キリストがわたしの内に生きておられるのです。」（ガラテヤ2,20）ともいう。余りにも激烈な人間的側面の否定はかえってそういう要因の残存を示唆しているようにさえ思われるのである。パウロでのように主体の入れ替わりという事態は少なくとも生じてはいないのである。かくてルターにおける人間主義の否定はその裏面において何らかの意味で人間主義の残存、さらには肯定をさえ含んでいるのではないかと感じられるのである。

さて、以上のようなルター的信仰における人間主義の否定を義の付与という観点から考えてみよう。こういう面に関して、“事実における罪人”（peccator in re）――“希望における義人”（justus in spe）という対立において、経験の未完成たることが根拠づけられていると解されている[3)]。つまり罪人であることは事実であるが、義人ということは事実ではなくて希望においてであることがいわれている。常に赦しの過程の中にあるのである。確かに義人ということは希望であるという面を持つが、それと同時にまた同じ強度において罪人ということが事実であるのとは異なった意味でそのことも現実的なものであることが強調されねばならないと思う。イエスをキリストと信じることからの新しい生命は希望、約束の上にのみ立つのではなくて、何か現在に存している現実的性格を持ったものに立脚したものでなくてはならないと思う。余りにも途上にあることを強調することは、たとえ回心の出来事がパウロの場合と同じく一回的であるとしても、その内容が相違しているところより由来すると思われるのである。一般的にいえることは人が義とされることは神の側からの決定によることである。かくて義たることは人の有する資質という問題ではない。しかし義ということが神の判断に依存しているのは事実としても、パウロもいうように信仰によって義とされるのであるから、人の側における何らかのものなしに義が宣せられるのでもないであろう。人の側における何かがやはり神の側からの義の宣告に対応していると考えるべきである。ただ我々人間はいわば巡礼者として地上に生きている限り、パウロをも含めて、キリスト自身以外の内に新しい生命は完全には宿りえず、常なる成長の過程の中にあるほかないのである。しかし完成ではなく成長の過程というようにいわば二者択一的な解釈を許容するところにルター的信仰理解の問題性があるといいうると思う。何らかの意味で完成しており、そしてそれに基づいて成長していると考えるべきであろう。

このように考えてみると、ルターはカトリックの人間主義を否定しつつも、キリストへの信仰に関して否定的側面を特に強調している限り、彼が否定する当の人間主義をカトリックとは別の意味で残しているのではないかという疑問は消しがたいのである。「キリストがわたしの内に生きておられるのです。」（ガラテヤ2,20）というような否定を媒介した肯定というところにまで至らねばならないであろう。否定面の強調はかえって否定の未達成を暗示しているように思われるのである。ルター的感覚では新しい生命は今現在は人の経験の内へ少なくとも完全には内在化しえないのであろう。基本的にはどこまでも希望であり、約束の内にあるのであろう。こういうことに関して、現在ではその信憑性が疑問視されているコロサイ書の「あなたがたは死んだのであって、あなたがたの命は、キリストと共に神の内に隠されているのです。」（コロサイ3,3）がよく引用されるという[4)]。ここでは信憑性の問題は措くとして、確かに新しい命が主の内に隠されているのは事実であろう。しかし同時にそれは各キリスト者の内に霊として生きているのでなくてはならない。その限りにおいてその命は人の経験の内に入っているのでなくてはならない。入っていてもそれをなおかつ否定的観点から見てそこに確かさを見いだしえないとすれば、それはそういうキリスト信仰自体に問題があるからと判断せざるをえないのである。パウロは「主の憐れみにより信任を得ている者として」（第一コリント7,25）とまでいっている。先のガラテヤ書の言葉と考え合わせると、彼は自分が救われていると確信していたであろうと思う。キリストが自己の内に生きていること以上の確かさの根拠はないのである。ルターではキリストさえ救い主とは思えぬ事態が生じるので、そういうところに確かさを求めえないのであろう。新しい生命を自己の内に求めえないとか自己の経験と確かさとを結びつけえないとかということはカトリックにおける人間主義の批判とは異なった意味を持ってくることであろう。というのも確かさがないということは自己が確かさに達しようとしているからこそ、確かさを見いだしえないという結果にもなるからである。ここには人間主義の否定ではなくて、逆に人間主義の肯定が感じられるのである。確かさは「キリスト・イエスに捕らえられている」（フィリピ3,12）というところにあるのである。逃げても逃げても逃げ切れないというところにあるのである。エレミヤを見てもそうである。ここでは救いや確かさの根拠を自己の内外に分けて考えることは不可能であろう。こういう次元での神の真実と義とは現実であり、事実である。決して単なる希望でもなければ、建前とか形式とかというものでもない。事実的でない限り事実である罪人という事態に対抗する力は欠如しているであろう。確かに人は罪深さの認識から絶望に追い込まれることが生じるでもあろう。この場合には自己の側にはいかなる意味においても確かさなどは微塵も見いだしえないであろう。ここより事実的なるものを求めてルターはキリスト神秘主義へと逃れようとするのであろう。だがしかし真実の信仰としては、内外が統一された確かさからの静かなる喜びが泉のごとく湧き出るものであろう。このように考えてみると、信仰において人の内面的在り方を極度に退けようとすることはもとより人間主義の否定ということではあるが、その実かえってルター自身において人間主義が否定され切っていないことを逆に示唆しているように思われるのである。

(b) 愛と聖書の権威との関係。以上において扱ったルター的意味での人間主義の否定をアガペー、エロス、カリタスなどという観点から考えると、どのようになるのであろうか。結論的には彼にあっては否定を媒介している肯定さえもが否定されているように思われるのである。というよりもそういう契機は一切承認されないのであろう。彼はどこまでも自己愛を罪として追及した。このことはいわば無条件的に妥当するのであろう。つまりここには自己とはどこまでもいうなればエロス的であるという暗黙の了解が存しているのである。これは自己の方向転換はどこまでも起こらないことが前提となっている。しかし序論でも述べたパウロのダマスコ途上でのキリストとの出会い、その後の経過などを考慮すると、どのように考えてみても否定媒介後の肯定という契機を承認するほかないのである。ただルターの場合にそういう契機が欠けているのである。このことは彼にあっては神への恐れが強いことと呼応したことであろう。恐れが激しいと、自我は萎縮し際限なく自己否定的になるので否定後という地平へ出ることができないのであろう。丁度ブラックホールへ落ち込んでいるようなものであろう。そういう地平へ出るにはやはり信頼という関係が根本にはなくてはならないであろう。否定後の肯定にあっては自己はもはや単なる自己ではない。自己ならざる自己である。しかしルター的発想では自己愛はすべて否定されるのであろう。こういう点に関連して、アウグスティヌスは隣人を愛せよという命令から自己自身を愛するようにとの自己愛の命令を読み出そうとしたのに対して、ルターは反対に愛の命令は自己愛が意味するものすべての否認を含むと主張する、と解される場合も生じるのである[5)]。前者では新プラトニズムが入ってきているので、いわば直接的な人間肯定が混交していてもそれは首肯しうるのであろう。一方、後者ではこの人間肯定を退けようと全力を尽くしているのである。ここではどれほど自己否定をしようと努力してみても、そうしようとしている自己、すなわち自我が残っている以上、自己を否定することはついにできないであろう。彼は直接的肯定の場に立ちつつ自分の立っている場そのものを否定しようとしているのであるから、そのような企ては成功しないであろう。恐れから信頼へ基本的な場が移ってはじめてそれまでの自己の立つ場を否定しうるであろう。

このように考えてみると、少なくとも東洋的発想の観点から見ると、アウグスティヌスもルターも共に真に否定を媒介した肯定の立場に立っていないのではないかと感じられるのである。「自分のように愛しなさい。」（マタイ22,39）という聖句はそれを聞いている人の直接的自己愛を事実としては背景としているのである。パウロでのような自我崩壊を契機とした信仰では、当人の心はキリストによって一回的に勝ち取られているので、心は体を鞭叩いて自己とキリストに従わせることとなる。こういう状況では自己愛ということは信仰の立場から考えても許されることであろう。さらにいえばキリストによって勝ち取られた心と体との自己全体、その上に加えられた霊をも含めて、を愛することは許されねばならないであろう。積極的に肯定されねばならないであろう。信頼への転換、積極的肯定への転換——これら両者は一のことである。こうしてはじめて人は悪い意味での自己中心性から解放されるのである。と同時にキリスト（自己）中心性が生起するのである。ここでは自己中心性は否定されることによって肯定され、肯定されることによって否定されているのである。どちらか一方のみではないのである。確かに直接的に肯定されるのではない。要求とは別の仕方で肯定されてそれまでの要求の根が払われるのである。人は救われていてはじめて善行をなしうることはルターを含めて誰でも思うことである。倫理は信仰から由来するのである。確かに救いを求めることは自己中心的なることである。そこで自己中心的なるものが残っている限り、この自己中心的な救われたいという要求は満たされない。キリストによって捕らえられることによって自己中心性が打ち砕かれる。そこではじめて救いという自己中心的欲求が満たされるのである。かくて満たされることと否定されることとは二者択一ではなく、同時なのである。

次に、ルター的な人間主義の否定について聖書の権威との関係で考えてみたい。カトリックは聖書以外に伝承を重んじるのに対して、彼は聖書のみを権威として立てる。しかし聖書はニケアの宗教会議で聖書として教会によって決められたのであるから、聖書のみを権威として立てるといっても、その客観的保証はないこととなってしまう。人が神、キリストを信じるのであるから、そういう根本に立ち返って考えれば客観的に確かなこととしてゆるぎない確信をもって信じなくてはならない。対象の方にぶれるのも、主体の方にぶれるのも正しくはない。ルターの場合ある時は聖書の言葉の客観的妥当性、またある時は反対に主体的受容の方が優先されており、聖書についての確信が到達されていないのではないかという疑問が残るという理解も存している[6)]。この点は一般的に考えても難しい問題をはらんでいるといえよう。聖書の権威の確立には人間の主体的な活動を当てにはできない。客観性を重視すればするほどそのようになる。だがそれで真にそうなりうるのか。信仰にはそれに参与することが不可欠である。それなしには客観性もまた存しないのである。かくて主体的受容と客観的妥当性との双方が同一事態の両側面として考えられねばならないと思う。ある時は前者が強調され、またある時は反対に後者が強調されるというのは決して正しい聖書理解の在り方ではないと思う。人間主義を廃して聖書の権威をたてようとしつつも、こういう状況になっては人間主義の排斥は成功しているとはいいえないであろう。

ところで、その信仰的、倫理的内容はその都度異なるであろうが、個としての人格がそれ固有なものとして存しているのである。これは神への信仰と一体でない場合には罪の根拠となるが、一体の場合には信仰の基礎ともなるであろう。このように信仰に対して中立的、無記的な基体を想定することはそれ自体が非ないし反信仰的な感覚に由来すると思われるのである。西洋的な感覚からすれば主体的自己を想定することは宗教をも含めて人間の活動全般について必要なことであろう。たとえ信仰がなくてもそれ自体として存しているのだが、神への信仰がそこに宿る場として考えることができよう。それなしに一体どのようにして人は活動しうるのかという疑問が生じてしまうのであろう。そこでこれを超越しようというような東洋的発想は生まれえないのであろう。そういう意味では自我である個としての主体は回心の前後を通じての人間の基礎である。確かにローマ７章での告白は回心の前後を通じての状況を回心後から見ている。そこで前後での何らかの意味での共通的なるものを見いだすこともできるであろう。ただしそれはキリスト信仰を前提としてのことである。しかし「キリストがわたしの内に生きておられるのです。」（ガラテヤ2,20）という告白では自我という枠、共通項は破れていることであろう。

以上で信仰における人間主義の否定を見てきたのであるが、このこととアウグスティヌス以来の新プラトニズム的な神秘主義の否定とは呼応しているのである。そこで今まで述べてきたことはルターが従来の神秘主義をいかに克服していくかを見るための前段階、ないし準備的手続きともいうべき意味を持っていると考えられるのである。しかし彼は人間主義を否定しつつもなお人間主義の否定という人間主義の域を脱していないと思われるのである。それと平行して神秘主義についてもそれを否定しつつも、なお神秘主義的なるものから脱却し切ってはいないところがあると思う。そこで次に従来の神秘主義の克服の面を取り扱いたい。

【注】

1）H. J. Iwand; ibid, 45頁。あらゆる業は恩寵においてなされるものさえもただ準備的なものとして見られるべきである。かくて人格形成的なものとして見られてはならない。なぜならそれらが人に一つの資質（habitus）を付与するや否や、それらは不可避的に退けられるべき自己に満足すること（sibi in iis placere）へと導くことになるからである。同様の趣旨のことは47頁にも見られる。ここでは信仰と業とは同時的であり、かくて業は功徳ではないという。

2）ibid, 53頁以下

3）ibid, 60頁以下

4）ibid, 64頁以下

5）A. Nygren ; Eros und Agape Ⅱ, 1937, 532頁以下

さらに、559頁ではルターの命題「人が善行をなすには浄福が必要」についての解釈として、浄福は人を自己中心的行為から自由にするが、それは自己中心的関心が満たされるからではなくて、克服、否定されているからだという。これだけで見れば正しいことであろう。しかし彼の考え全般との関連で考えてみると、人間主義の否定という形での人間主義の残存は否定し切れないであろう。

6）D. L. Ihmels ; ibid, 25, 30頁

信仰的内容の強調という点からはたとえヘロデ、ピラト、ユダなどがいったとしても信じるべきだと説いているという。

（二）伝統的神秘主義の否定

信仰において人間主義と神秘主義とは相呼応しているのであるから、信仰において前者を退けることは当然後者をも退けることを伴わざるをえないのである。神秘主義は一般にこの現実の可視的世界に対して不可視的世界の方に現実性を求めるのである。一方、キリスト信仰においては神の一人子イエス・キリストがこの世に下ってくることによって、この可視的世界が神の被造物として受け取られる。その結果そのようなことにはならない。神秘主義は基本的には「この世から」という方向であるが、信仰は神の具現者イエス・キリストをこの世に持つことによって「この世へ」という方向をも含んでいるといわねばならないのである。感覚的世界から魂の内面性へと退き、救いの確かさへと赴く神秘主義者の嘆息にルターは批判的であるとされる[1]。自己の内面へといわば掘り下げていくのには反対なのである。だがキリストと自己との間での交換という内容であればそうではないのである。“内面へ”ではなくて、“自己の外なるキリストへ”なのである。神の受肉の目的は罪の贖《あがな》いとその啓示であり、神は自身を我々に見せようと欲しているとされる[2]。確かにそういう面はあるであろう。しかし「父のふところにいる独り子である神、この方が神を示されたのである。」（ヨハネ1,18)、「言は、自分の民のところへ来たが、民は受け入れなかった。」（ヨハネ

1,11）などと書かれている。これらを見ても“贖《あがな》い”ということは直接には出てきていない。マタイ伝でもインマヌエルという名が「神は我々と共におられる」という意味であるということが出ているのみである（同1,23）。贖《あがな》いということは出ていない。だが「わたしの民イスラエルの牧者となるからである。」（マタイ2,6）と出ている。確かに結果から見ると贖《あがな》いが目的といいうるであろう。

ただ聖書はもう少し神中心的発想で書かれているように思われるのである。マタイ27章以下を見ても贖《あがな》いに当たるような言葉は少なくとも出てはいない。ヨハネ20,31でも「あなたがたが、イエスは神の子メシアであると信じるためであり、また信じてイエスの名により命を受けるためである。」とされている。ここでも贖《あがな》いということは出てきていない。ただローマ8,23には「体の贖《あがな》われることを、心の中でうめきながら待ち望んでいます。」と出ている。このように贖《あがな》いということは体についていわれている。「心で信じて義とされ」（ローマ10,10）というように、心は義認にかかわっている。罪の贖《あがな》いということは、ヘブライ9,15には出ているが、パウロはいっていないのではないのか。四大書簡には少なくとも直接的にそういう表現はない。「すべての人の贖《あがな》い」（第一テモテ2,6）というが、罪ということはいっていない。「その血によって贖《あがな》われ、罪を赦されました。」（エフェソ1,7）と、また「贖《あがな》われて神のものとなり」（同1,14）という。さらに、「贖《あがな》い、すなわち罪の赦し」（コロサイ1,14）という。しかしエフェソ、コロサイ両書には信憑性の問題が存している。「律法の呪いから贖《あがな》い出してくださいました。」（ガラテヤ3,13）とはいう。いわばルター的である。だがここでも「罪の贖《あがな》い」とはいっていない。律法の呪いとは人がそこに置かれているそういう体制を意味しており、ルターでのように個人が犯した罪について述べているのではない。その点が大きく異なっている。罪については信じて義とされるというのが中心である。罪の贖《あがな》いというような考えも自我の残存による罪の意識に基づく神への恐れとの関係で生じるのであろう。ローマ7,7以下においても神への恐れということは述べられてはいないのである。

（a）新プラトニズム的神秘主義。まずアウグスティヌス以来の新プラトニズム的色彩を帯びた神秘主義一般に対してルターはどのような態度を取ったのであろうか。彼がディオニシオス・アレオパギタを退け、ボナベンテゥーラから自己の魂と神との合一を学びえなかったことが取り上げられている[3]。またアウグスティヌスとの対比で、我々に父を示してくれれば満足できるというフィリポの言葉（ヨハネ14,8以下）に関して、ルターがここにいわゆる栄光の神学の型を見ていることが示されている[4]。これらの見解によってもルターが新プラトニズム的な見神（Visio Dei）に対して否定的であることは十分察せられるところであろう。

さて、ルターの新プラトニズム的神秘主義への否定的態度を、彼自身の有する神秘主義的傾向ないし残滓への検討の参考として、こういう類の神秘主義に属するベルンハルトとディオニシオス・アレオパギタに関して簡単に見ておこう。まず前者に関して。ベルンハルトでは謙遜（humilitas）とはあらゆる自己の業の虚無性の洞察にもかかわらず人の持つ一つの性質に留まっているのに対し、ルターでは徳として表示されるにしろ徳と業による義の終わりとなると解される[5]。謙遜ということが人間の自然本性的な資質となっていることがルターの反対の理由となっているのである。さらに、ベルンハルト的神秘主義の核心は甘美な恋愛的形式のキリスト神秘主義だが、ルターでは甘美性、不明瞭性を受け継がず、キリスト信仰として精神でのキリストの現在として把握されるので合一（unio）は融合を意味しないと解される[6]。ルターは従来の神秘主義における人間主義の排斥を通して次第にそれを離脱していったのであろう。しかし完全に従来の神秘主義を脱しているか否かについては即断はできない。自我というものが回心の前後を通じての人間的基体として存していて、そういういわば一種の枠が砕かれていない以上、従来の神秘主義の残滓がルターにも残っていると感じざるをえないのである。次にディオニシオス・アレオパギタとの関係について。哲学的、神秘主義的直観は神の賜物に直接近づこうとするが、キリスト者は愛が憎しみの下に隠されているように、神を間接的告知において反対の相の下で行為する者として経験するという[7]。ルターは神に対して間接的仕方においてのみかかわろうとしているのである。神への恐れが強いのであるから当然の結果であろう。アレオパギタは神を闇黒（caligo）と規定する否定神学の立場に立って、そのような神に神秘主義的にかかわろうとする。こういうかかわり方もやはり神に対する直接的なかかわり方として否定しているのである。彼による神への直接的かかわりの否定は次のことでより明確になる。つまり第二コリント12,2での第三の天に挙げられることのごとき連れ去られること（raptus）を彼自身知っているが、それを神への接近と解していないのである[8)]。神によって連れ去られるという神秘主義的体験を持ちつつも、それを神への接近として積極的に評価していない点では、従来の神秘主義を克服しているといえよう。しかし神による連れ去りという事態が神への接近を意味しないとしても、何らか別の意味、仕方で肯定的に見られ、評価されうるのであれば、彼にはなお従来の神秘主義的要素が残存しているという判断をもせざるをえないであろう。ともかく対象を直接的に神としていないという点では従来の神秘主義を脱して、パウロ的な信仰へと復帰しているといわれうるであろう。アレオパギタは神の顕わな尊厳についての思弁に機会を与えたが、仲介者キリスト抜きの理性による直接的な神性把握は危険で主の仲介的役割を退かせるという[9)]。神へ直接的にかかわろうとする神秘主義的態度をはっきり拒否している。なぜならそういう態度は結局その間に無限の裂け目のある人間と神との間に介在する仲介者キリストをないがしろにしてしまうからである。

だがこのようにかかわりの対象が神でなくてキリストである点ではよいが、そのキリストへのかかわり方には問題がないか否かは自ずから別問題である。ルターはスタウピッツのお陰で神秘主義的な啓示から解放されたとされる。直接に神とかかわろうとするという意味での神秘主義をルターが克服したとして、神秘主義的な人間学との関連で彼がどのように考えているかを見てみよう。知性自体が神認識に達するのではなくて、信仰の知性のみがそうなので、不可視のものに属する信仰の知性を与えてくださいと祈っている[10)]。新プラトニズムでは人間の自然本性的な知性が神に対して何らかの意味で連続性を持っている。だがルターでは信仰の知性のみが神を認識する。それによって新プラトニズムは退けられている。ルターは小ガラテヤ書講解において経験的には人の三分割について語りつつ、神を顧慮しては全体としての人間を罪人として見ており、スコラ哲学的、神秘主義的な段階的、分割的思考を離れている[11)]。スコラ哲学的な人間学が否定され、自然本性的人間の内にいわば存在の類比（analogia entis）として神に類比的なものを求めていく考え方が退けられていることが分かる。これに関連して彼は監視（Syntheresis）ということを退ける。この点について大略次のようにいわれている[12)]。全中世の神秘主義同様ジェルソンの神秘主義の核心は監視についての観念の中に総括される。それは堕罪にもかかわらず人が保持する絶えず善へと向けられている人間の中にある高次な神的な火花を意味する。監視は人がそれに寄りかかろうとすると、人にとり災難となることもありうる。彼は善への不変の傾向の内に隠されているひそかな自己追求を発見することにより、監視という神秘主義的観念の意義を根本的に止揚したのである。以上である。これにより人間主義の否定と神秘主義の否定とが相即していることが知られる。と同時に彼がそれら両者を克服していることが分かるのである。

【注】

1）Karl -Heinz zur Muehlen ; ibid, 223頁

2）Dennis Ngien ; ibid, 93頁

3）W. Nigg ; ibid, 19頁

4）A. Nygren ; ibid, 526頁では大略次のようにいわれている。アウグスティヌスはこの言葉を我々がそこで満足する神を最高善と見、享受することへの正しい上昇として妥当させる。一方、ルターにとっては誤った神学、神の権威へ向けての、天への飛翔という誤った試みを持つ栄光の神学の型である。

5）H. Quiring ; Luther und die Mystik Zeitschrift fuer Systematische Theologie 13, 1936, 159頁

6）ibid, 159頁以下

7）ibid, 165頁

8）ibid, 166頁

9）ibid, 170頁

10）ibid, 181頁

11）ibid, 186頁

12）ibid, 203頁以下

(b) ドイツ神秘主義。以上はアウグスティヌス以来の新プラトニズム的な神秘主義に対するルターの態度についての検討であった。次にタウラーなどのドイツ神秘主義に対する彼の態度に関しての検討に入る。彼は新プラトニズム的な中世的神秘主義に対してとは違い、この神秘主義に対しては好意的であったといわれている。したがってその分この点についての検討は彼が神秘主義をいか

に、またどの程度脱しているかを考えるにはより重要と考えられるのである。彼とドイツ神秘主義との間に共通的要素のあることは周知のことである。例えば大略次のようにいわれている[1)]。我々の外（extra nos）ということは謙遜のしるしである。彼は自己と神の賜物とを区別できる人を謙遜な人と考える。この点で彼がどれほど進みえたかは底なしの淵への忍従（resignatio ad infernum）の描写が示す。この点で彼はドイツ神秘主義やタウラーに従っている。以上である。

さて、彼がドイツ神秘主義をいかに克服したかを見る前に、ドイツ神秘主義の教義内容について簡単に見ておこう。大略次のようにいわれている[2)]。ドイツ神秘主義にとっては否定は謙遜という実践的態度に対応する表現である。離脱（excessus）において見られるものは神の知的世界ではなくて、自己の人間的虚無性である。離脱では人が自己の虚無性を振り返り、自己が仮象と霧へと沈んでいるのに気付く。ここに自己の否定、ないし非難が成立する。タウラーは宗教的認識の最深の奥義として自己の無の中への消失を描いている。以上である。離脱において見られるのは知的な、神的な世界ではない点で新プラトニズム的な中世的神秘主義とドイツ神秘主義とが異なることが知られる。また離脱において見られるのが人間の虚無性である点で、ドイツ神秘主義がルターの信仰と結合する可能性のあることが示唆されている。こういう点に関連して、神秘主義全般にとり構成的な“観る”ということはドイツ神秘主義では謙遜という思考に従属し指導的地位を失い、それ自体消滅という目標を持ち、タウラーでもルターでも神秘主義的に観ようとすることへの警告を見いだすと解される[3)]。しかしこのようなドイツ神秘主義も完全に聖書的信仰に立脚しているわけではない。なお哲学的、思弁的傾向の混入のあることに関して、子の父からの永遠の誕生が神の人間における誕生において強められ、基礎づけられるので、タウラーが後者を先に置くという事実が挙げられる[4)]。さらに、魂における神の誕生は現実的出来事で、両者の完全な一致として記述され、一致は主客の区別の止揚を意味し、互いに応答し合い、啓示の出来事の不可逆性についての知は没落し、ここでは友情、花嫁という関係はこの統一の表現、たとえを提供するとされる[5)]。このように見てくると、ドイツ神秘主義に対してルターが好意的であったとはいえ、それにも哲学的、思弁的傾向が新プラトニズム的中世的神秘主義へと同様に入ってきていることが理解されるのである。

では続いて、以上のようなドイツ神秘主義をルターがいかに克服したかについて見てみよう。彼が新プラトニズム的中世的神秘主義に関して、そういう神秘主義と共通の体験を有しつつ次第にそれを克服していったように、ドイツ神秘主義に関しても彼はこの神秘主義から学ぶべきことを学びつつ次第にそれの限界を認識して離脱していったのであった。彼はタウラーから中世的神秘主義への対応とは違って、業による義の虚無性の明瞭な把握、神の業の排他性、人間の神の前でのまったき受動的態度、神がすべてであり人間はその業と共に虚無であるということ、神がすべてということは苦悩と試みにおける慰めであるということ、人の無たることは自己愛の断念へ導くことなどを学んだ[6]。このようにルターはドイツ神秘主義から人間の自然本性的な虚無性を学ぶのであるが、そこでの虚無性の理解に対して彼は満足できないのである。すなわちそこにはなお人間の側での現実性が残存していると考えるからである。つまりタウラーでは自己の虚無性の洞察と同時に根底が残っていることは度外視しても、自己批判は神秘主義的、瞑想的と考えられる平静さで終わっており、ルターはこれに対して最深の平静さにおいてさえも人間は祈りなしにはありえないと理解する[7]。タウラーは神秘主義的な平静さに留まっているが、ルターはそういうところへ留まりえないのである。また困窮あるいは試みについての見解に関しても、ルターはタウラーを超えていく。誕生の苦しみたる困窮が来ても魂の中に神の誕生が生じたら試みは去り、神の形となった人間は神性の海に没し、あらゆる試みから自由であるとされる[8]。タウラーでは苦しみや試みは神秘主義的な救いへの道へ組み込まれているのである。自己批判が神秘主義的な平静さに終わることと対応して、試みも人間が神性の海へ没すると同時に終わるのである。かくてたとえ新プラトニズム的な神性との合一とは異なるとしても、やはりそういう平静さに至る以上、新プラトニズム的神秘主義と類似した性格を持っているといわざるをえない。かくてルターはそのようなドイツ神秘主義に留まりえないのである。この点について大略次のようにいわれている[9]。タウラーでは夜、眠りは合一神秘主義が始まる点であり、人は自己の本性を克服し、闇すなわち神の中へと形造られるが、ルターでは夜は災難、試みの時として表現され、かくてタウラーにとって終わり、安らぎを意味するものはルターでは活動性へ変わり、神と人との対立関係は維持されたままである。ルターではパウロ的、終末論的眺望、罪の体が殺され、死すべきものが不死の命によって飲み込まれるまででもって終わる。彼は罪の力をあまりに真剣に受け取ったので、それを既にこの世で克服されたものとは見なしえなかったのである。以上である。このようにタウラーにとって終着点であるところはルターにとっては決してそうではなかった。ルターでは神への恐れが余りにも強く神秘主義的な平静の中で安らいでいることはできなかった。またタウラー的神秘主義的平静では信仰が受肉した神の子イエス・キリストを媒介している点が必ずしも明確でないことが重要であろう。ルターでは神への恐れが強いので直接的に神にかかわることは思いもよらないことであった。このような点よりルターは新プラトニズム的中世的神秘主義をも含めて神秘主義全般の克服をなしたのであった。つまりルターでは根本的には直接的に神にかかわろうとする神秘主義的姿勢は克服されているといえよう。

なお、直接的に神にかかわることを退け、キリストを媒介する立場をルターがいかに強調するかは次の研究によっても分かる。即ちルターは theologia mystica に対して theologia propria を、verbum increatum に対して verbum incarnatum を対置し、しかもこれは神秘主義的合一ではなく我々の間での神の行為の表現であり、このことは彼のより深い罪理解より由来するのである[10)]。さらに、タウラーにもルターにもよく出てくる花嫁のたとえについて、花嫁の交わりというたとえは神秘主義者にとっては人格的、個人的な存在の中止、まったく自分の内で安らいだ統一の中での主体、客体の区別の消滅にとっての表現であるが、ルターにとっては、キリストが与える側で人が受け取る側で、キリストが具体的な救いの出来事の主体で人が客体であるという意味で信じる魂はキリストの花嫁である[11)]。このようにルターがキリストを媒介としようとしていることはよく理解されるのであるが、しかしキリストへのかかわり方において神秘主義的な態度が根源的に否定されているか否かは自ずから別問題であろう。この点は人間主義の否定という名の下に隠れているいわば一種の人間主義の残存とも関連していると思われるのである。

【注】

1）H. J. Iwand ; ibid, 28頁以下

2）W. Link ; Das Ringen Luthers, 1955, 320頁以下

3）ibid, 322頁

4）ibid, 336頁

5）ibid, 338頁

6）H. Quiring ; ibid, 210, 212頁

7）ibid, 213頁

8）ibid, 215頁

9）ibid, 216頁

10）ibid, 219頁以下

11）W. Link ; ibid, 345頁

第二部　キリスト『信仰』

第一章

パウロにおける良心(syneidēsis)という語の信仰的意義

第一節　良心という場

神秘主義においては一般に神性との合一というごときことが目標とされるのであるから、内心における霊肉の争いのごとき自己分裂の契機は見いだしえないのではないかと思う。しかるにパウロにあってはローマ書７章でも分かるごとくそういう争いが存している。この点からみても彼を神秘主義的とは見なしえないであろう。では彼にあってはそういう分裂が際限なく深く進んでいくのかというと決してそうではないと思われる。例えば良心にしても彼をどこまでも責めるのではないのである。そこでこういう観点からパウロにおける良心の働き方について考えてみたい。

さて、彼は良心をいわば人格化して自己の内に存在するところの、行動する自己とは別の独立したものと考えている。このことは、第二コリント1,12によってよく分かることである。ここで彼は自分達がコリント人達に対して神からの純真と誠実とによって行動してきたことを自分の良心が証しするという。つまり自分の行動が神の誠実に合致するか否かの判断を良心に委ねているのである。良心はそういう判断をしているのであって、良心の働き自体についてそれが神の誠実に合致するか否かを問題にしているのではない。良心はあくまで独立した判断の主体である。神からさえも独立した判断者である。こういう意味で良心は心（nous）とは働きを異にしている。後者はローマ12,2でも分かるごとく何が神の御心であり、何が善か、完全なことかを知る働きをしている。したがって人の心が神の御心はこういうものだと判断したことに自分の行動が合致しているか否かについて良心が判断を下すことになるのである。

そしてしかも良心というものはその人自体と互換的に受け取られているのである。例えば第一コリント８章11節においては弱い人とかかれているが、一方７、12節においては良心が弱いとか弱い良心といわれている。このような表現の仕方を見ているとパウロにとっては良心はその人自体であることが分かる。しかも良心というものは弱い場合もあるわけで、その時には誤まった判断を行うことがあることが知られる。

以上のことから良心は人の言動を判断するにあたって中立的立場に立っていることが分かる。したがってまた良心は「告発する証人であると共に解放する証人[1)]」である。このことは大切なことである。例えばルターの場合のごとく良心が常に神への恐れの前にふるえおののくという信仰の在り方とは異なっている。パウロがこのようになりえているのは心が何物からも自由になっているからであろうと思われる。何かに囚われがあると良心はそのものの下にあることになり自由を失うことになるであろう。かくてこの場合には良心は訴える者、裁く者という色彩を強くすることであろう。自己自身とは別の存在である心の示す規範に従って判断するのが良心の働きなので、良心はある時には告発し、またある時には解放することになるのである。ローマ2,15においてこういう事態が表明されている。またローマ9,1によるとパウロが真実を語っていることについて良心が証ししているという。つまり良心は彼自身からいわば独立して自由な立場にあることが分かる。良心はもはや何らかの律法の下にはないのである。もし何らかの律法の下にあればこういう自由はないであろう。そしてまた良心を自分が真実を語っていることについての証言者として挙げることはできぬであろう。そもそも自由な存在にして初めて何か他のこと、ものについての証人となりうるのである。一度、一回的に福音の下に勝ちとられているからこそ、こういうことが可能となるのである。良心は独立的存在としてパウロ自身を監視しているのである。

信仰において自我が崩壊し、パウロ自身から良心が独立して彼をいわば客観的に見、判断していけるようになったことを意味している。

このような良心というものがいわばキリストによって捕らえられている存在といえる。捕らえられることと自由たることとが一である。良心はキリストの側につくことによってあるがままのパウロからは離れているのである。今はそうなっている良心が律法の下にある段階では、わたしとしてのパウロを責める傾向が強いであろう。あるがままの自己、パウロを責めるのが自我とすれば、この自我とはまた良心のことでもあろう。かくて自我崩壊とは良心が自由となり、あらゆる拘束から解放されることでもある。自我が崩壊していないとは逆に良心が自由を失っている状態である。かくて自我崩壊とはあえていえば、良心の否定ということにもなる。しかしこの否定とは却って確立ということでもある。この良心は律法下にある時とは異なり、固定的で融通のきかぬ存在として存しているとはいえないであろう。したがってある意味ではもはや存在していないといってもよいかもしれない。もとより中立的存在として時にはパウロを叱責することもあろうが、もはや決して根本的には私としてのパウロと矛盾対立したりするごときものではないであろう。良心というものがいわば真の自己とすれば、良心が人を常に責めるごとき性格の固定的なものとしては存在していないからこそ、パウロは自分がキリストによって捕らえられているといいうるのである。キリストが自己の内で生きているともいえるのである。良心というものはいわば無である。無的主体である。そしてしかもこれは福音の下にあってキリストによって捕らえられているので、キリスト的無的主体ということになる。あるいは逆に無的キリスト的主体といいうるのでもあろうか。天地万物が無から創造されたように、今ここに無から創造されて存在しているものである。こういう良心にして初めて律法という良心を恐れさすもの、福音という良心を解放するものという二つの異なったものの間にあってもなお福音の下にあってキリストのものたりうるである。そしてこういうことと人が救済史のインストルメントになっていることとが対応している。良心が自由なので人間中心的に考えたり、行動したりする必要がなくなっているからである。人の心はいわば無であり空である。したがってキリストも入ってくれば救済史も入ってくるのである。しかもこういう受け入れによって人格として造られていくことが始まる。主と同じ姿に造りかえられていく（第二コリント3,18）。人の心には人格的なるものへの共感という性格があるので、以上のごとき事柄が可能となっているといえよう。

ただパウロにとって良心は人間学的概念であり、決して超越的なそれではない。そのことのしるしとしてローマ9,1において「わたし」と「わたしの良心」とが、また「キリスト」と「聖霊」とが一対ずつ対応して使われていることがあげられる[2)]。したがって良心を例えば人間超越的な神性と同質なものと考えたりはできないのである。そして前者の対において示されている人間的な判断も、後者の対において示されている神的な判断も共に２節以下のことの真実性を証ししているのである。

ローマ２章によるとユダヤ人でもギリシャ人でも良心の働き方は同じであることが分かる。前者には文字として書かれた律法があり後者には心に書かれた律法がある。そして人の良心はそういうものに照らして自己の言動を良いとか悪いとかと判断しているのである。しかしながらその良心の働く際に、判断の基準になる信仰に関しての知識、認識というものが一様ではないことに応じて、良心による判断にも人によるばらつきが生じてくるのである。例えば第一コリント８章においては偶像への供え物を食べてよいか否かについての問題がとりあげられている。４、６節でも分かるごとく唯一の神のみが存在すること、また４節でも分かるごとく偶像なるものは実際には存在しないこと――これらの知識を７節でも分かるようにすべての人がもっているのではない。そこで信仰に関してのこういう正しい知識を有していない人々は、偶像に関することについて良心による判断を誤まる可能性があるわけである。ここでは、偶像へ供えた物は食べてはいけないとそれまでの習慣上思っているため、食べている人を見ると心が動揺してしまい、一途な信仰がぐらつくことになる点が問題とされている。だから良心そのものの働きが誤まっているのではなくて、信仰に関しての知識が十分ではない、すなわち信仰そのものが幼稚であることになるわけである。したがって逆に考えて良心の判断の基準になる正しい知識をもつようになれば良心もまた正しく機能するようになるのである。そしてそういう基準の正される可能性は例えばローマ12,2にもあるごとく、心を新たにすることによって何が神の御心であるかをわきまえ知ることによって達成されると考えられるのである。

以上のごとき自己判断の基準ということに関連して、人の自己判断と神による判断、裁きとの関係という問題が生ずる。第一コリント4,4においてパウロは自ら省みてやましくないということと私を裁くのは主であるということとの二つのことを述べている。この点について、自己の判断と神の裁きとが別々であり、前者はパウロを肯定しているが後者ではどうかは今は分からない、したがって彼の良心と神の判断とが一であるとはいえないとされる[3)]。そうであるにもかかわらずパウロは自己を自己で裁いたりはしていない。自己を責めたりはしていない。独立的主体としての良心は自主的に判断している。このことは彼の良心（ここではsynoidaという動詞形である）が律法から自由であることを示している。しかも神、キリストの裁きを未来的に考えつつも、それから良心が自由である点が特に重要であろう。主の日が近く、自己の存命中にも来るかもしれないと思いつつも、良心は主の裁きから自由である。５節の終りにおいて「おほめにあずかります。」といっていることで分かるごとく心の中では既に主の裁きを凌駕してしまっているようにさえ思われる。ほまれを受ける人間が裁かれて地獄に落とされるとは考ええないからである。したがって裁きとは、少くともパウロにとってはこの個所に関する限り主から給わった務めを果した度合に応じてほまれを受ける機会を意味しているのである。決して地獄へ落ちるか、あるいはほまれを受けるかの分岐点を意味してはいないのである。またそうでない限り現在においての救いは十分なものとはならないであろう。思うに良心の判断と神による判断とが一であるとはいえないにもかかわらず、良心の働き、判断は終末での神の裁きの前にあっては相対的なものでしかないのであるから当然であるが、それらを別々のままにしておけるところにパウロの信仰における自由の特色の一端を見うるのである。それら両者を調和的にあえて考える必要を感じないほどに両者は一になっているとも考えられるのである。

そうであればこそ、彼は第二コリント5,10において「キリストの裁きの座の前に立ち、善であれ悪であれ、めいめい体を住みかとしていたときに行ったことに応じて、報いを受けねばならないからです。」といいうるのであると思われる。

ここで悪であれ（eite phaulon）といっていることは特に興味深い。なぜなら悪を行ったということになれば神から裁きを受けることは必定であろう。それにもかかわらずこういうことをいっているのである。つまり一般的には悪を行ったために文字どおり裁かれる人もいるであろうが、そういう可能性を否定せずにしかもここでこういう具合にいいうることはパウロ個人としては決して神によって裁かれて地獄に落とされるということなど少しも考えてはいないからであろう。キリストを救い主として信じ、しかも例えば「キリストの苦しみの欠けたところを身をもって満たしています。」（コロサイ1,24）というほどに、キリストと一体なればこそいいえたことであろう。もし神によって裁かれて地獄に落とされるかもしれないと心で感じていれば、こういうことを自分の口からいうことはできないであろう。キリストによって現在既に救われ、主の日にはさらに救われるという確信あってのことであろう。「いつまでも主と共にいることになります。」（第一テサロニケ4,17）という。この言葉もそのことを示している。既に自我（パウロを責める可能性のある良心）は崩壊しているので、心にはもはや神への恐れなどが積み重ねられ蓄えられていく場がなくなっているのである。このような観点から見る時、第二コリント5,11における「畏れ」（ton phobon）についての、この語の下でパウロが裁く主への畏怖と同時にそれと符号する信頼に満ちた期待を理解しているという考え[4]は当を得ているかと思う。すなわち主の畏れ（phobos tou kyriou）といっても、そのために良心、自我が萎縮してしまうごとき心境をいってはいないのである。終末が近いと感じる状況の中で「キリストの苦しみの欠けたところを身をもって満たしています。」（コロサイ1,24）といいうるほどに使徒として救済史的に活動していることも、こういうパウロの自覚形成に役立っていると思われる。信頼して主を待望しているのである。だからこそ12節において「わたしたちのことを誇る機会をあなたがたに提供しているのです。」といいえたのであろう。このような側面はローマ8,15からも明らかとなる。つまりここで彼はキリスト者が「神の子とする霊を受けた」としている。そしてしかも16節によればその霊が「わたしたちが神の子であることを、わたしたちの霊と一緒になって証ししてくださいます。」という。このような言表から分かることは、裁きを恐れるというごとき意味での恐れはパウロの頭の中にはないという事実である。神とパウロとの間には平和が支配しているのである。15節において「アッバ、父よ」と呼ぶといっているが、神に対して父と呼びかけうることは神に対して父に対してのごとくに信頼に満ちた心境にあることを示していると考えられるのである。子を裁いて地獄に送る父は世に存在しないのである。

このような消息に関連するが、ローマ2,14以下によると異邦人には心に書かれた律法があること、そしてそのことを彼らの良心が証明していること、また15節によると心の中の律法の要求、良心そして心による思いの三つは各々別のものであることが示されている。そしてしかも15節の共にあかしをして（symmartyrousēs）の共に（syn）によって分かることだが、彼らの良心というものが彼ら（異邦人）自身とは別のものとして存しているのである。しかし同時に彼らと彼らの良心との間には分裂のないことも分かるのである。訴えるにしろ、弁明するにしろ、共に（syn）である以上、両者の間には分裂はないと考えられる。自分の良心が自分を責めるというごとき状況は根源的には廃絶されていると思われるのである。

第二節　良心と自己とのかかわり

第一コリント4,3において「わたしは、自分で自分を裁くことすらしません。」と、また4節において「自分には何もやましいところはない」という。前者はパウロの良心が彼を責めたりはもはやしないことを意味している。そしてその理由の一半は後者にあるごとく何らやましいところがないからではあるが、このことは決して彼が倫理的にまったく完全であることを意味してはいない。パウロ自身いっているごとく捕らえられているので捕らえようと努めている（フィリピ3,12）限り完全ということはありえない。主と同じ姿に造りかえられていく（第二コリント3,18）という途上にある存在である。虚無の底を打ち抜いて無からの創造が現在既に始まっているのであるが、しかし完成は少くとも主の再臨以前にはありえないのである。究極的判断は「わたしを裁くのは主なのです。」（第一コリント4,4）というごとく神に委ねているのである。思うに自分を裁かないということは自己が自己から自由たることを示している。自己にかかわる自己がいわば死んでいるのである。自我が崩壊していないと、常にこの自我が良心として自己にかかわり責めたりすることが不可避的に生ずることになる。かくて自分自身を放下した姿をここに見うるのである。自己のありのままの姿から自己の心が離れて自由であって初めて救済史のインストルメントに人はなりうるのである。自己を自己で裁かぬことは、裁きの主体としての自己（自我、良心）も、また反対に裁きの対象としての自己も共に神の御手に委ねられていることを示している。また対象としての自己を、主体としての自己が根源的には自己に属すものとしては見ていないのである。前者は既に聖霊の神殿（第一コリント6,19）となっているのである。自分のものとして見ているのであれば、必然的に裁いたり誇ったりという事態が生じてしまうであろう。第一コリント4,4以下からも分かるように究極的判断は神に委ねられているのであるから、パウロがなんらやましいところはない（4節）といったとしても、それが自己を誇っていることだとは決していいえないのである。

もっともパウロも誇りということをいってはいる。例えば第二コリント1,12以下においてである。14節においては「わたしたち」と彼が宣教した当の人々「あなたがた」とが相互に誇りの対象とされている。自分のものを直接に誇っていればともかくとしてここで彼が誇っているのは他の人々である。たとえ自分が宣教した人々であろうとも自分とは別個の人々である。根本的には自己には属さないものを自分の誇りとすることは本来の誇りとは異なっている。このことはつまりそれを神の前に誇るというごとき誇りとは異なることを意味している。いくら彼が宣教しようとしても、彼ら自身が福音を受け入れねば如何ともなしえないであろう。彼らはパウロがどうすることもできぬ自由を有しているのである。根本的には自己に属さないものについて、それを誇りうるほどまでにキリストの囚人（doulos）として活動したのである。かくてこういう誇りは使徒としてはなければならないものであるといえよう。また12節においては自分達の行動を誇っている。ここでの誇りも同じ文脈の中でいわれていることであり、14節の誇りと無関係ではないであろう。ここにおいて自分達の行いを誇る時、神の前に誇ることに結局はなるけれども、そのことにつき12節において「神から受けた純真と誠実によって」と書いている。いわば神を証人にしているともいえるかと思う。しかもこういう誇るということについて主語を「わたし」とせずに「わたしたち」と複数形にしていることも興味深い。人に対してであれ、神に対してであれ、自分に属す何かを誇る時には通常自分を誇るわけであるから主語を複数にすることは考えにくい。自分を他の人々と区別して「自分は……」という形で誇るわけであるからである。

ましてパウロのように当時の地中海世界を経回りつつ宣教するほどの、他の人々には真似のできぬことをしているにもかかわらず「わたし」とせずに「わたしたち」としていることは、その分余計に興味深いのである。それほどのことをしつつもなおかつ自分を特別視することもなく、そういう行い自体が神、キリストの導きによるものと観念していればこそできたことであろうと思われるのである。このように考えてくると、誇っていることは逆説的に自我崩壊を示しているのである。自我、良心が人としての自己を責めている状態にあれば、何かを誇るということはそもそも起こりえないであろう。かくてパウロが誇っているという事実は一般にいうところの誇りとは次元の異なることと解さなくてはならないであろう。一般的には誇るとは神の前に自己の価値、妥当性を要求することである。それに対してパウロがこういう誇りをもっていることは、神の裁きへの恐れから根源的には解放されていることを示している。恐れがあればどこまで宣教の仕事を推進したにしても心の自由は生まれえないであろう。そこでは究極的には神への恐れが支配しているであろう。いわば恐れによって駆立てられていることになろう。パウロのパリサイ人時代はあるいはそういう心境にあったかもしれない。恐れから解放されることによっていわば神から解放されているともいえるであろう。キリストによって捕らえられるとはそういうことでもあるほかないであろう。何かある一つのことによって捕らえられるとは、他の一切のものからの自由を意味しているのだからこのことは当然ともいえよう。だからこそまた神性との合一というごとき神秘主義からも自由なのである。根源的にはパウロにとっては、誤解を恐れずにあえていえば、神はもはや死んでいるともいえよう。否むしろ逆にそういう状況にあってこそ神は真に神としてパウロにとって生きているともいうべきであろう。神は彼にとっていわば一度死にその後に再び復活してきているのである。彼が第一コリント4,5の終りで「おのおのは神からおほめにあずかります。」としている点からみても、パウロが自分について神から裁かれ地獄に落ちるなどと本気で不安がっていたとは考えられないことである。主から給わった仕事を遂行していれば自然とこういう心境になるのであろう。

次にローマ9,1によると2節において書かれている内容がいつわりでないことについて、パウロの良心がパウロと共に証しをしている（symmartyrousēs）。かくて言動する自己、それを判断する自己と良心と三つの自己が考えられることになる。いつわりをいっていない自己とそうだと判断する自己とそう判断する自己に同調する良心という三層構造で考えられることになる。ただし後二者はまったく別個のものではなくて、良心は判断する自己の一部であり、しかもその中心部分とも考えられよう。同様に第二コリント1,12では神の純真と誠実によって行動してきたことを誇ることについて、そのことを良心が許容しているわけである。これらによって分かることは、正しい行動をしてきたか否かについていつわりをいっていないことをパウロに対して良心がそのことを認めているのである。そうではないのではないかという疑念を除去しているのである。人から罪や責務をいわば免除する働きをしているわけである。こういう良心の働きについてはキリスト者、異邦人を問わず共通的であろう。そしてしかもこの良心というものはローマ9,1でも分かるように聖霊において（en pneumati hagiō）とされているごとく聖霊といわば一体的であると考えられる。聖霊を冒涜する言葉は赦されないとイエスもいっている（マタイ12,31以下）にもかかわらず、聖霊を引き合いに出していることは特に重大な意味があるといえる。他のいかなるものからも自由な立場で判断を下しているといえるのである。他からいかなる拘束も受けてはいないのである。そしてこの際このように責務を免除さえしているごとき働きを良心がしている点は大切である。自己が自己に対して寛容でありうることを意味している。自己に対して寛容というと何かいかにも無責任であるかの誤解さえ招きかねないのであるが、真実には逆である。自我が否定されていないとそうはならない、なりえないのである。自分が誇ることを許すことは、まさに自我が崩壊し、自己に対して寛容になっていて初めて可能であるといえよう。自我が崩壊していないと自己に対して厳しくなってしまうことは必定である。もっともこの寛容さは単にあるがままの自己を素直に受け入れることにつきるものではなく、むしろもっと積極的にキリストの苦しみの欠けたところを満たす自己を、自己の働きを誇ることを許容するほどのものである。第二コリント1,14によると主イエスの日にはあなたがたがわたしたちの誇りであるとされている。

主イエスの日、すなわち終末の日においてイエスの裁きの座の前にあって誇ることを許容しているのである。こういう誇りは当然のことながら信仰理解の不十分さ、浅薄さからのそれとは異なる。もっともまず第一段階ではそういう誇り、次にはそういう誇りの否定、そして最後に第二コリント1,14でのごとき誇り——こういう段階に分けられようかと思う。主イエスの日に誇るなどということは大きな罪に陥るかもしれぬのに、あえてそういうことを許容している。誇る者は主を知ることを誇れ（エレミヤ9,23）とあるにもかかわらず、あえてこういう誇り方をしている。彼は元来ユダヤ人なのでこういう旧約の言葉を知らぬはずはないのにこのようにしている。したがってこのことはパウロが従来のユダヤ教的な信仰から自由なばかりか、さらにはイエス・キリストへの信仰によってある意味で神への信仰からさえも自由になっているようにさえ思われるのである。このことはローマ7,25の「肉では罪の法則に仕えているのです。」という言葉——これについては種々解釈はあるようである[5]——が信仰による自由という事態のいわば逆説的表現[6]ともいうべき告白とも解しうることと対応しているかと思う。彼はキリスト信仰によって従来の神信仰をさえも超えているように思われる。神信仰という、いわば律法的性格の信仰への囚われからイエス・キリストへの信仰によって解放され自由となっているのである。下役らに自分達がローマ帝国の市民権を持つ者だといって唖然とさせた（使徒言行録16,37以下）ことも彼の自由な心の発露である。これも窮屈な神信仰からの解放を暗示しているごとく思われる。そうかと思えば今後は肉は食べぬという（第一コリント8,13）。もっともこれは心の弱い人をつまづかせぬためであって神の律法を頑固に守るという観点からではない。神への関係では自由な立場からそうしているのである。このように主イエスの日における誇り、自由の逆説的表現、ローマ市民だとの宣言、偶像へ供えた肉を食べぬこと――これらの一見何事かに囚われがあってのことだと思わせるごとき事実も、かえってパウロが到達した根本的な自由が現われたものであるといえるであろう。

以上のごとき、自己からの自己の自由は「わたしは、自分で自分を裁くことすらしません。」（第一コリント4,3）というパウロの言葉に端的に現われている。自分を責める自我、良心はいわば既に死に、もはや存在しないも同然である。自我はいわば「キリスト我」[7]によって取って代わられているのである。後者は基本的にいって人を責めるものではなく許すものである。かくてどこにも自己を、人を責める主体は存しないのである。良心が自己（人）を責めぬという状況の根本には自己（あるがままの自己）へかかわる関係としての自己（自我、良心）が消滅しているという事実がある。キリストが人の心の中に入ってくることによってこういう関係は断ち切られているのである。こういう関係としての自己が根本的次元で他己や自然をも自己から区別していたところの当のものである。したがってこういう関係が消失した今、自己、他己、自然は一体となえりえたのである。「キリスト我」というものは単にキリストでもなく、単に自我でもない。キリストから人としての自己までの広範囲にわたっての判断なり、感覚なりをもっているといいうる。ある時はキリストと同じ場にあっての発言を、またある時は人と同じ場に立っての発言を行うのである。人間自身が神の被造物であるのと同様に、自然も世界もそうであることの言表として次のようなパウロの言葉を挙げられよう。ローマ1,20において神の特質が被造物において現われているという。ローマ13,1以下では世俗の権威がすべて神によってたてられているという。自然も世界もいわば神の性質を表現しているものとして見られているのである。さらにまた自然との共感ということでは共にうめき、共に産みの苦しみを味わっている（ローマ8,22）といっている。

なお、パウロ理解については以下の文献をも参照していただきたいと思う。

『信仰と神秘主義』1990

　　第一論文　パウロにおける信仰と神秘主義

『救済としてのキリスト教理解』1995

　　「キリスト教倫理の源泉」

「直説法と命令法」

「信仰と愛」

「霊とその働き」

「啓示とその受容」

「啓示受容の具体的様相」

「救済史における終末」

『パウロと西洋救済史的思想』2004

序章　パウロの信仰における実存と救済史との一体性

【注】

1）H. J. Eckstein : Der Begriff Syneidēsis bei Paulus, 1983, 178頁

2）ibid, 186頁

3）ibid, 211頁以下

4）ibid, 222頁

5）L. Mattern : Das Verstaendnis des Gerichtes bei Paulus, 1966, 91頁, E. Kaesemann : An die Roemer, 1980, 203頁以下等を参照。7,25bは後代の付加という考えが示されている。

6）霊の体をまだ受けていない以上、人として不完全である。そこで誤った言動をすることもありうる。それを霊にある自由から見るとき、自由と対比してみるために、たとえどれほど小さなことであっても非常に大きなものと見える。そこでこういう告白になったと思われる。かくてこの告白は罪の大きさよりもむしろ逆に自由の大きさを示しているものである。

7）神の霊とキリスト者の霊（ローマ8,15以下、第一コリント2,11以下）という二にして一なる回心後の主体を回心前の主体たる「自我」に対比するごとき呼び方をするとすれば「キリスト我」と呼ぶのが適切であろうと思われる。このような「キリスト我」の下で良心（syneidēsis）も心（nous）も働いているのである。こういう二にして一なる霊から心と体を見るとき、体が罪の方へひかれている時には、ローマ7,25bのごとき反省が生ずるのである。

あとがき

今現在の世界を考察してみると、アメリカ合衆国の政治的、経済的体制が唯一の世界標準であるかの観がある。しかしそのうち別の体制が開発され、それも世界標準の一つとして産声を挙げる可能性がないとはいい切れないであろう。

さて、世界中から移民が集まってできた国である米国は今や一つになりつつある全世界の縮図ともいえよう。そこでその諸制度、またその背景となっている考え方は現代においては、少なくとも他の考え方よりはより大きな合理性を備えていると評価されているのである。ともあれ政治的、経済的には世界標準が少なくとも現時点では一つになりつつあるといえよう。しかし宗教的世界ではそうである必要はない。また事実そうはなりえないであろう。なぜなら文化の多様性は消えることはないからである。政治的、経済的世界は効率重視の世界なので、生産力が同じ状況にあってはそれに合ったシステムが合理的であろうからである。それに対して文化は効率重視の世界ではないのである。そこで生産力が同じでも異なった文化がありうるし、またその方が望ましいであろう。文化の多様性があればこそ競争原理も作用し、人類全体としての進歩もあるというものである。ただし個人の創意、工夫を最大限に尊重するシステムであることが大切である。さもなくば一つの国としては他の国に遅れをとることとなるであろう。このことは米ソ冷戦時代の70年間に東欧圏が遅れたことでも明確であろう。

政治的な民主主義と経済的な市場原理という米国方式が世界標準となりつつあるのが実情である以上、国として立ち行くにはそういう方式を受け入れ、しかも自国の伝統的文化と調和させる必要がある。さもなくばそういう方式は受容されないであろう。政治経済の世界は合理性と効率重視なので標準化に向かうが、宗教をも含めた意味での文化は先ほどいったようにそうではないので多様であるほかはない。ここに両面の軋轢が世界各地で生じることとなろう。例えば経済的発展のためには米国方式を採用する必要があるが、伝統的文化がそれに抵抗すると発展が阻害されるという事態が生じる。国としての発展が遅れ、他国に遅れをとることとなろう。一様と多様との軋轢である。特に宗教的、倫理的領域は効率重視ではないので、政治的、経済的観点から見れば効率にとって促進要因ともなれば反対に阻害要因ともなるであろう。むしろあえていえばそれ自体の中に反効率的要素——意図的に入れたわけではないであろうが——さえ入っているとも考えられるのである。効率重視なら生産力が一定であれば何事であれ答えも一つのところへと収斂していくのは自然の成り行きであろう。二つ以上の答えは存しえないであろう。

米国は世界中からの移民で構成されているので、合理的方式を採らないと国が立ち行かないという事情があって合理的システムができ上がったのであろう。伝統的文化に根付いたアンシャンレジームは存していないので、そういうことが可能であったのであろう。文化的多様性と政治的経済的効率とを統一させたシステムが成立したのであろう。

こういう状況との関連で宗教的状況を反省してみよう。政治的民主主義と経済的市場原理の世界標準化に伴って、キリスト信仰の理解もまた西洋で受容された、西洋化されたキリスト教がいわば唯一の世界標準として暗黙の内に承認されている観を呈している。しかしキリスト信仰での世界標準は洋の東西の文化的異質性を考えれば少なくとも二つはあっても差し支えはないであろう。というよりもあるべきであろう。さもなくば東洋人の怠慢ということともなるであろう。こういう事態は経済、技術などにおいて西洋が先行しているという状況とも対応しているであろう。

宗教の世界が効率重視ではないからこそ、少なくとも世界には五大宗教が存している。人が性格的に多様であることを考えれば、宗教的な世界標準が一つということは幸いなことではないであろう。また現実にそういう事態にはならないであろう。世界文化を見た場合、ユダヤ教、キリスト教、イスラム教という唯一神教の世界と東洋的、仏教的な無神ないし多神の世界という少なくとも二つの文化的世界は存している。かくてそれに応じてキリスト信仰もそれぞれの文化を背景とした二つは存していて不思議はないし、またそうあるべきものであろう。ただ唯一神教の世界については、ギリシャ文化を背景とした西洋的世界と西アジアの世界とは異なるであろう。かくてこういう見方は多少図式的に過ぎるかもしれないが、少なくとも三つの文化的世界が存することとなろう。また以上のような現象的見方と、本質的、理念的見方とがありうるであろう。重要なのは後者であろう。この見方によるといわゆる西洋、東洋、そしてユダヤ的世界という三つになろうか。ユダヤ的世界ではヤハウェへの信仰は民族存亡の危機に面してのものであり、唯単に人間の文化的領域に属すものではなかったであろう。文化の一形態としての宗教とは異なった、ヤハウェへの信頼を内容とする信仰であったであろう。文化という性格が強くなるほど信仰という性格は低くなるであろう。それに伴って、語弊を恐れずいえば、一種の装飾的付属品という性格が強くなるであろう。逆もまた真である。こういう見方は信仰と人に発する宗教とを対立的に見る見方と平行したことであろう。イスラエル民族からヨーロッパへとキリスト信仰が伝えられて、それは文化としてのキリスト教になったという理解も成り立つであろう。

アウグスティヌス、ルターはそれぞれ西洋化された、西洋人に受容された形を現している。つまり西洋へキリスト信仰が土着化されるにはそういう形態への変化が必要だったのである。しかしこれは原初の形態（例えばパウロのそれ）とは異質な要素が入ってきていることを意味する。もとより間違いというのではない。それはそういう一つの土着化の形態なのである。ただそれが西洋の文化、科学技術の進展と相俟っていわば世界標準となってしまい、キリスト「教」とはこういうものだとなってしまっているのである。しかし我々東洋の人間が西洋に土着化したものを真似る必要は少しもなく、またそうすべきでもないのである。原初（アルケー）へ立ち返って考えるべきものなのである。これこそ宗教改革の本義というべきものである。しかも西洋的なキリスト信仰解釈をいわば世界標準たらしめている責任は西洋人自身にではなく他の民族にあるのである。我々東洋人としては我々のキリスト信仰理解を生み出し、それを“一つ”の世界標準にすべく努力しなければならないのである。複数の世界標準が存していて何ら問題はないのである。むしろそれこそ自然なことなのである。西洋人にとってはそういう形での土着化はいわば必然的な形態であったといえるであろう。しかも必然的ということは信仰にとっては不可欠の要件であろうと思う。そうでもよいが、そうでなくてもよいということでは当人にとっての形態が未決定であり、突き詰めて求められていないことを現しているのである。

ところで、ヨーロッパに土着化したキリスト教理解はニーチェ以来いわば袋小路に入り込んでいる観を呈している。そのことは例えば欧米において禅が受容されつつあることでも分かる。ニューヨーク近郊には日本から禅僧が行って開いた禅寺があり、全米から共感する人々が集まっていると聞く。さらに、ヨーロッパ各地から日本の禅寺へ修行に多くの人々が来日している。こういう事情を思うとき、東洋的、禅的考え方を背景としたキリスト信仰の理解が求められているように思われる。キリスト信仰的世界の中での二つの世界標準的なもの、というよりもむしろ新しい一つの世界標準が求められている状況ではないかとさえ感じられるのである。

2008年３月

名木田　薫

■著者略歴
名木田　薫（なぎた　かおる）
昭和14年　岡山県に生まれる
昭和37年　京都大学経済学部卒業、その後３年間武田薬品工業(株)勤務
昭和40年　京都大学文学部学士編入学　基督教学専攻
昭和47年　京都大学大学院博士課程単位取得退学、和歌山工業高専講師
昭和60年　岡山理科大学教授
平成５年　ドイツ・チュービンゲン大学神学部へ留学（１年間）
平成７年　倉敷芸術科学大学教授
平成15年　同大学退職（３月末）

主要著書
『信仰と神秘主義』（西日本法規出版、1990）
『救済としてのキリスト教理解』（大学教育出版、1995）
『東洋的思想への問』（大学教育出版、2001）
『パウロと西洋救済史的思想』（大学教育出版、2004）
『旧約聖書での啓示と受容』（大学教育出版、2006）

西洋キリスト『教』とパウロ的『信仰』

2008年６月30日　初版第１刷発行

■著　　者――名木田　薫
■発 行 者――佐藤　　守
■発 行 所――株式会社 大学教育出版
〒700-0953　岡山市西市855-4
電話（086）244-1268㈹　FAX（086）246-0294
■印刷製本――サンコー印刷㈱
■装　　丁――ティーボーンデザイン事務所

ISBN978-4-88730-851-0